浙江省高校"三全育人"综合改革理论与实践丛书

U0749690

协同的力量

浙江省高校管理育人理论与实践

浙江省教育厅　主编

浙江工商大学出版社
ZHEJIANG GONGSHANG UNIVERSITY PRESS
·杭州·

图书在版编目(CIP)数据

协同的力量：浙江省高校管理育人理论与实践 / 浙江
省教育厅主编. — 杭州：浙江工商大学出版社，2021.7
（浙江省高校"三全育人"综合改革理论与实践丛书）
ISBN 978-7-5178-4624-6

Ⅰ.①协… Ⅱ.①浙… Ⅲ.①地方高校－高效管理－
研究－浙江 Ⅳ.①G649.285.5

中国版本图书馆 CIP 数据核字(2021)第 154769 号

协同的力量——浙江省高校管理育人理论与实践

XIETONG DE LILIANG——ZHEJIANG SHENG GAOXIAO GUANLI YUREN LILUN YU
SHIJIAN

浙江省教育厅 主编

出 品 人	鲍观明
策划编辑	尹 洁
责任编辑	鲁燕青 姚 媛
封面设计	观止堂_未氓
责任印制	包建辉
出版发行	浙江工商大学出版社
	（杭州市教工路 198 号 邮政编码 310012）
	（E-mail:zjgsupress@163.com）
	（网址:http://www.zjgsupress.com）
	电话:0571－88904980,88831806(传真)
排 版	杭州朝曦图文设计有限公司
印 刷	杭州高腾印务有限公司
开 本	710mm×1000mm 1/16
印 张	26
字 数	396 千
版 印 次	2021 年 7 月第 1 版 2021 年 7 月第 1 次印刷
书 号	ISBN 978-7-5178-4624-6
定 价	88.00 元

《协同的力量——浙江省高校管理育人理论与实践》

编 委 会

主　编：陈　杰

副主编：於建明　郦解放

参　编：何　波　汪尚华　陈　轶　吴　媛

　　　　姚叶盛　林　洁　徐吉洪　朱皆笑

　　　　查星星　严琴英　贺天成

序

百年大计,教育为本;教育大计,立德为本。党的十九大以来,为全面贯彻落实习近平总书记提出的"要坚持把立德树人作为中心环节,把思想政治工作贯穿教育教学全过程,实现全程育人、全方位育人"总要求,教育部于2018年9月启动了"三全育人"综合改革试点工作,浙江省成为全国首批5个"三全育人"综合改革试点省(区、市)之一。近年来,浙江高校在长期探索的基础上,扎实推进"三全育人"综合改革,取得了一批富有特色的育人成果。这里奉献给广大读者的《浙江省高校"三全育人"综合改革理论与实践丛书》,就是两年多来浙江省高校先行先试形成的硕果。

一

"三全育人"理念是我国教育界在长期思想政治教育工作的探索和实践中逐步成型的。新中国伊始,如何育人的课题就被摆上重要位置。1950年中国教育工会第一次全国代表大会上,就提出了"教书育人、管理育人、服务育人"的思路,并写入《中国教育工会章程》,简称为"三育人"。1957年,毛泽东同志在《关于正确处理人民内部矛盾的问题》中指出:"思想政治工作,各个部门都要负责任。共产党应该管,青年团应该管,政府主要部门应该管,学校的校长教师更应该管。"这一阶段可以视为"三全育人"理念的萌芽。

20世纪80年代中期,改革开放开展得如火如荼,邓小平同志指出,"教育要面向现代化,面向世界,面向未来",培养"有理想、有道德、有文化、有纪律的社会主义新人"。"三个面向"和"四有新人"为当时建立与经济体制、政治体制、科技体制相适应的教育体制改革确立了新目标。

1999 年 6 月，为了落实党的十五大明确的科教兴国战略和可持续发展战略，江泽民同志在全国教育工作会议上强调："以培养学生的创新精神和实践能力为重点，努力造就'有理想、有道德、有文化、有纪律'的，德育、智育、体育、美育等全面发展的社会主义事业建设者和接班人。"素质教育自此进入大踏步发展阶段，而思想道德素质教育作为素质教育中最重要的部分被置于灵魂地位，德育工作也走向了新的深度和广度。

2004 年 10 月，中共中央、国务院印发《关于进一步加强和改进大学生思想政治教育的意见》，提出了在新世纪如何进一步加强和改进大学生思想政治教育的指导思想、基本原则、主要任务和有效途径。2005 年 1 月，胡锦涛同志在全国加强和改进大学生思想政治教育工作会议上指出："把加强和改进大学生思想政治教育工作作为提高党的执政能力、巩固党的执政地位的一项重要工作，摆在更加突出的位置，切实担负起政治责任。"全国高校开始探索党委统一领导，党政群团齐抓共管，全体教职员工全员参与的育人工作新机制。

党的十八大之后，以习近平同志为核心的党中央把高校思想政治工作摆在突出位置，做出一系列重大决策部署。2016 年底，习近平总书记出席全国高校思想政治工作会议，强调"要坚持把立德树人作为中心环节，把思想政治工作贯穿教育教学全过程，实现全程育人、全方位育人，努力开创我国高等教育事业发展新局面"。随后，中共中央、国务院印发《关于加强和改进新形势下高校思想政治工作的意见》，进一步强调，要坚持全员全过程全方位育人，把思想价值引领贯穿教育教学全过程和各环节，形成教书育人、科研育人、实践育人、管理育人、服务育人、文化育人、组织育人长效机制。

2017 年 10 月，党的十九大胜利召开，习近平总书记在党的十九大报告中强调"建设教育强国是中华民族伟大复兴的基础工程，必须把教育事业放在优先位置，加快教育现代化，办好人民满意的教育"。进入新时代，用习近平新时代中国特色社会主义思想指导新时代中国高等教育内涵式发展，因势而新、因局而变、因时而进，通过"三全育人"综合改革推动高校思想政治工作不断创新。2017 年底，教育部出台了《高校思想政治工作质量提升工程实施纲要》，在"三全育人"框架内完整规划了课程育人、科研育人、实践育人、文化育人、网络育人、心理育人、管理育人、服务育人、资助育人、组织育人"十大育人"体系,将高校"三全育人"工作进一步推向纵深。

回溯历史,从"三育人"到"三全育人",一个"全"字浓缩了中国高校70多年育人理论和实践的探索,见证了党对高校思想政治工作的一贯重视,勾勒了中国教育改革波澜壮阔的历程,反映了党对育人规律的深刻把握和不断认识。

二

高校"三全育人"综合改革作为落实新时代党的教育方针的有力抓手,体现了政治高度、教育广度和改革深度。

从政治高度看,"三全育人"综合改革以培养担当民族复兴大任的时代新人为己任。新时代的中国教育,首先要回答"培养什么人、怎样培养人、为谁培养人"的根本问题。当今世界正在经历百年未有之大变局,其主要特征是世界多极化、经济全球化、社会信息化和文化多样化。这些情况的出现深入地推动世界的发展变化。当今的青年学生正是在世界多极化、经济全球化、社会信息化和文化多样化的时代背景下成长起来的,并经受着纷繁复杂社会思潮的深刻影响。面对百年未有之大变局,"培养什么人""为谁培养人"的命题更为清晰,实现更为迫切,我国高等教育肩负着培养社会主义事业建设者和接班人的重大任务,必须坚持正确的政治方向,把立德树人根本任务摆在首位,因此,思想政治教育就在一切教育环节中拥有了根本性、基础性和前提性的价值和地位。2019年3月18日,在学校思想政治理论课教师座谈会上,习近平总书记再次强调育人的重要性,指出"青少年阶段是人生的'拔节孕穗期',最需要精心引导和栽培"。为党和国家培养担当民族复兴大任的时代新人,需要高点谋划、全面布局,针对当代青年学生的时代特征、思想特征、心理特征,开展系统性、连贯性、持续性的工作,建立全要素、全方位、全领域的体系,以解决"怎样培养人"的问题。

从教育广度看,"三全育人"综合改革致力于学生德智体美劳的全面发展。习近平总书记在全国教育大会上强调要"培养德智体美劳全面发展的社会主义建设者和接班人",体现了素质教育的整体性,凸显了"五育"之间互补共生、相互融合的内在联系。为促进学生德智体美劳的全面、均衡、协调发展,高校思想政治教育需要深化"三全育人"综合改革,更新教学理念,创新育人方式,变革育人策略,涵盖家庭、社会、学校、学生各育人主体,融入专业知识教育、思想道德教育、社会综合实践教育,将之全方位贯穿学校教育、社会教育、终身教育全领域。"三全育人"作为落实新时代高校立德树人根本任务的有效途径,其着力点在于打造"德育共同体",以最大程度凝聚各种教育力量,整合各方教育资源,形成各级政策合力,以增强时代感、实效性和吸引力。

从改革深度看,"三全育人"综合改革强调整体性推进和协同性突破。"三全育人"亮点在"全",重点在"全",难点也在"全"。因为"全",就需要各育人要素的协同配合、各育人过程的严丝合缝、各育人方面的协同共建。10多年来,高校"三全育人"成绩显著,但不可否认,"员"的缺失、"程"的断裂、"位"的空缺依然存在。为了从根本上突破这些难点、堵点、薄弱点,教育部提出"十大育人"体系,将其作为新时代思想政治工作质量提升和"三全育人"综合改革的主要抓手。与传统的思想政治教育较多将育人主体落在党团组织和辅导员身上相比,"十大育人"重点在三个方面下功夫:一是突出专业教师育人作用的发挥,将育人融入教学与科研之中,强化了"课程育人"和"科研育人";二是突出当代青年学生"网络原住民"的特点,倡导学生自我教育、自我服务、自我管理,强化了与线下教育相配合、全景式的"网络育人";三是突出管理者和广大教职工的育人职责,强化了包括行政人员、实验人员、保安队员、宿管人员等不同群体在内的"管理育人"和"服务育人"。此外,更加关注学生心理特征的"心理育人"、更加体现资助政策的"资助育人"、更加突出社会功能的"实践育人"等都是新育人体系的着力点,从而营造出人人关心育人、时时参与育人、处处体现育人的良好氛围和一盘棋格局。

三

浙江是中国革命红船起航地、中国改革开放先行地、习近平新时代中国特色社会主义思想重要萌发地,2020年3月习近平总书记考察浙江时,赋予了浙江"努力成为新时代全面展示中国特色社会主义制度优越性的重要窗口"的新目标新定位,2021年6月《中共中央 国务院关于支持浙江高质量发展建设共同富裕示范区的意见》发布,支持鼓励浙江先行探索高质量发展建设共同富裕示范区。"三地一窗口"的政治自觉和使命担当已经深入浙江省各级党委政府和百姓民众的心中,也充分体现在浙江省高校"三全育人"综合改革这一项重点工作上。

综合改革试点两年多来,浙江省教育厅将"三全育人"摆在突出位置,注重统筹规划,强化平台建设,创新体制机制,出台《浙江省全面深化高校"三全育人"综合改革实施方案》,建立省级"三全育人"改革实施目标管理机制,"十大育人"每个项目都制订详细实施方案,明确任务书、时间表、路线图,并遴选8—10所高校进行重点支持,形成了如火如荼的"十大育人"齐头并进之势,绘就了全省百余所高校共同践行"三全育人"的多彩画卷。在此基础上,浙江省教育厅注重经验提升和理论挖掘,汇聚了省内100多位领导和专家学者的协同攻关,主持撰写了这套《浙江省高校"三全育人"综合改革理论与实践丛书》。

丛书以"三全育人"理念为统领,以"十大育人"载体为视角,以综合改革为核心内容,共十卷本,既独立成卷又相互关联形成一体。每一卷围绕一个育人载体,包括总体报告和实践案例两大部分。总体报告部分从历史追溯、基本内涵、总体思路、具体举措、主要成效、未来展望等几大板块进行系统阐述;实践案例以重点支持高校的实践为基础,广泛征集了全省高校的经典案例。可以说,本套丛书从省域的层面对高校"三全育人"综合改革进行了深入思考和系统研究,是目前国内第一套全面研究和阐述"十大育人"深刻理论和生动实践的系列研究著作。通读丛书全稿,可以体会到浙江省高校"三全育人"综合改革的几个特点。

第一,突出育人纲。"纲举方能目张",无论是"三全育人",还是"十大育人",其核心都在于育人,育人是所有工作的出发点和归宿。浙江省高校"三全育人"综合改革,深刻领会习近平总书记提出的"坚持把立德树人作为中心环节"的要求,紧紧抓住"育人"这一总纲,以"育人"之纲举推进"三全"和"十大"之目张,使思想政治工作体系贯通学科体系、教学体系、教材体系、管理体系,形成全员全过程全方位育人格局。"十大育人"虽然分列十卷,高校的具体案例被归属为不同的育人类别,但在具体的项目实施中其实往往兼具多个育人功能,并不能简单、机械地进行割裂,将十卷本作为一个体系看,更能体会到全员全过程全方位育人贯通一致的本质关系。

第二,饱含浙江味。马克思主义认识论告诉我们,人类认识的两个过程的互相联结——由特殊到一般,又由一般到特殊。"三全育人"在中国高校的实践符合高等教育的规律、青年成长的规律,因而是具有一般性的,但是落实到不同区域、不同土壤的具体办学中又具有其特殊性。今天的高校不再是社会边缘的"象牙塔",而是现代社会的"轴心机构",是科技进步的"孵化器"和社会进步的"加速器",同时它也受到来自政治、经济、文化、社会、生态文明等方方面面的影响,这对于省属高校来说尤其如此。浙江省高校的综合改革就处处打上了浙江的烙印,比如:"红船精神"、浙江精神对"文化育人"的深刻影响,浙江民营经济对"科研育人"的积极推动,"绿色浙江"和"绿水青山就是金山银山"理念在"实践育人"中的主动践行,浙江"最多跑一次"改革对"服务育人"的启发指向,"数字强省"战略对"网络育人"的强大支撑,等等。可以说,浙江高校"十大育人"成果是在浙江大地上生长出的果实,浓浓的"浙江味"流露在字里行间。立足浙江,又跳出浙江,这些举措虽然不能被其他省份的高校照搬照抄,但是对于高校挖掘好地方资源、加强与地方的融合有着积极的启示意义。

第三,富有校本色。综观各高校案例,我们发现,浙江高校本着实事求是的精神,在"十大育人"项目实践中坚持做到从本校历史传统出发,从自身学科优势出发,从学生主体需求出发,从办学实际出发,抓住顶层设计、平台搭建、项目设计、资源整合、科学评价五大重点,因地制宜、就地取材、因材施教,呈现出百花齐放、百家争鸣的局面。在全员育人上,更加着力于专职与兼职、经师与人师、教育人士与社会人士之间的结合;在全过程育人上,更加着力于显性与隐性、动态与静态、课堂教学与日常生活等不同育人方式的融合;在全方位育人上,更加着力于课内与课外、校内与校外、线上与线下等不同育人场域的综合。通过综合改革,各高校的主动性、积极性和创造性得到充分发挥,教师群体的政治意识、育人情怀和奉献精神得到极大激发,广大青年学生的理想信念、专业知识和素养能力得到全面提升。

　　习近平总书记曾寄语浙江的干部群众,要"干在实处永无止境,走在前列要谋新篇,勇立潮头方显担当"。以这样的要求来观照浙江高校"三全育人"综合改革工作,我们才刚刚起步,任重道远。"潮平两岸阔,风正一帆悬","三全育人"只有进行时没有完成时,立德树人责任永远在肩上,全面深化改革永远在路上。

编委会

目　　录

党建引领　凝心聚力

思想铸魂　筑实阵地

立德为本 春风化雨

品质管理 传道有方

数字赋能　智慧治理

扛起新时代立德树人使命
奋力打造管理育人"重要窗口"

　　中国特色高等学校承担着人才培养、科学研究、社会服务和文化传承创新的重要职能,肩负着为人民服务、为中国共产党治国理政服务、为巩固和发展中国特色社会主义制度服务、为改革开放和社会主义现代化建设服务的时代使命。习近平总书记在全国高校思想政治工作会议上指出:"要坚持把立德树人作为中心环节,把思想政治工作贯穿教育教学全过程,实现全程育人、全方位育人,努力开创我国高等教育事业发展新局面。"中共中央、国务院印发的《关于加强和改进新形势下高校思想政治工作的意见》强调,学校管理工作要体现育人导向,要将育人融入学校管理的始终。中共教育部党组印发的《高校思想政治工作质量提升工程实施纲要》明确了构建包括"管理育人"在内的"十大育人"体系的基本任务,规划了"十大育人"体系的实施内容、载体、路径和方法。"十大育人"体系建设的全面推进,对于高校正确回应"培养什么人、怎样培养人、为谁培养人"这个根本性问题,开拓高校思想政治工作新境界,促进我国高等教育发展,同我国新发展阶段的奋斗目标和实现中华民族伟大复兴"中国梦"的紧密结合,具有重要的理论与实践意义。

　　管理育人历来是党和政府教育政策的重要组成部分。1950 年 8 月,中国教育工会第一次全国代表大会提出了"教书育人、管理育人、服务育人"(简称"三育人")的思路。1994 年 7 月,《国务院〈关于教育改革和发展纲要〉的实施意见》提出,"要从政策和制度上保证'教书育人、管理育人、服务育人'的落

1

实"。2004 年 10 月，中共中央、国务院印发的《关于进一步加强和改进大学生思想政治教育的意见》将"坚持教育与管理相结合"作为基本原则之一。从"三育人"到"三全育人"再到"十大育人"体系，管理育人一以贯之地与中国的教育事业同频同步、同向同行，是一个历久弥新的历史概念，具有重要的教育价值和时代价值。

育人是高校最本质的职能和价值诉求，是教育的生命和灵魂，高校育人的目标是要培养全面发展的人、培养担当民族复兴大任的时代新人。管理是人类各种组织活动中最普通和最重要的一种活动，现代管理学大师彼得·德鲁克认为："管理是一门科学，一种系统化的并到处适用的知识；管理是一种器官，是赋予组织以生命的、能动的、动态的器官；管理是一种工作，它有自己的技巧、工具和方法；同时管理也是一种文化。"高校管理是对学校的教育、教学、科研、后勤和师生员工等各项工作进行计划、组织、协调和控制的全部活动，以实现人才培养目标和各项工作目标。因此，高校管理育人是落实立德树人根本任务，协同各方管理力量，将管理思想、管理功能、管理技术及管理过程，与育人目标、育人方式、育人途径及育人资源等有机融合，对学生的世界观、人生观和价值观施加影响，使其成为中国特色社会主义事业合格建设者和可靠接班人的教育活动。

高校管理工作育人是全员的、全过程的、全方位的"管理思政"育人。全员的管理育人是高校全体教职工作为管理者、教育者，通过每个人的岗位职责、管理行为以"身正为范"培养和影响学生，促进学生的成长和进步。全过程的管理育人，是育人工作贯穿招生、培养、就业等各环节，根据学生的身心发展规律及不同阶段的学习重点有针对性地实施教育的联动过程，是涵盖计划、组织、领导、协调、控制等一切管理工作的全部过程。全方位的管理育人，就是统筹育人资源和育人力量，形成人人、事事、时时、处处全方位管理的立体化、动态化育人格局。管理育人作为一种重要的教育思想，是以人为本管理思想的体现，"一切为了学生，为了学生一切，为了一切学生"；管理育人是制度规范育人，在以章程为统领的规章制度体系的制定、执行过程中，必须渗透"以学生为本"的育人意涵，把规范管理的严格要求和春风化雨、润物无声的教育方式结合起来；管理育人是协同治理育人，是融合在思政管理、行政管理、教学管理、科研管理、后勤管理等方面的同向同为，同时是嵌入"十大育人"体系的其他育人子体系之中的同频共振。

党的十八大以来，以习近平同志为核心的党中央把高校思想政治工作摆在突出位置，做出一系列重大决策部署。全国高校采取有力有效措施，积极主动开展工作，在管理育人工作中创造了许多成功的做法，积累了丰富宝贵的经验。浙江省教育主管部门和各个高校一直十分重视管理育人工作，对新时代推进育人理念和育人方式变革的重要课题，进行了积极的理论和实践探索，取得了明显成效。本书作为"十全育人"体系的管理育人篇，聚焦高校"治理体系现代化""意识形态阵地管理""教师思想政治工作"3个重点领域，开展了较为系统的理论研究和案例集编，既有高校管理育人内涵意蕴的诠释、逻辑思考的定位、举措成效的评估，又有紧密结合校情，围绕"党建引领、凝心聚力""思想铸魂、筑实阵地""立德为本、春风化雨""品质管理、传道有方""数字赋能、智慧治理"五大主题的实践案例60个，反映了近年来浙江高校管理育人的最新成果。

本书的编撰是中国特色社会主义进入新时代，浙江高校自觉扛起立德树人的时代使命，深入推进"三全育人""十大育人"体系建设"重要窗口"的成果展示，是管理育人鲜活的"浙江经验"的具体呈现。书中关于管理育人的理论论述，对于深入理解管理育人的丰富内涵，进一步拓展管理育人的研究视野，探索管理育人的方法路径，具有一定的指导价值；收录的实践案例是浙江高校的创新性经验成果，具有可复制、可推广性，对高校管理育人如何抓实、抓深、抓出成效具有很强的示范效应。本书的编撰对于高校促进思想政治教育的改革发展，促进教育治理体系和治理能力的现代化，促进"管理育人"氛围和良好教风、学风和作风的形成，促进高等教育质量的提高，具有重要的现实价值，也可以为广大从事管理育人工作的同人提供有益的借鉴和参考。

"三全育人"是新时代高校思想政治工作的一项长期任务，是新时代高等教育内涵式、高质量发展的必然要求。管理育人作为"三全育人"的重要内容，需要求真务实，不断完善中国特色现代大学制度，着力构建以大学章程为统领的现代大学制度体系，不断提升学校治理体系和治理能力现代化水平，努力形成齐心协力立德树人的生动局面；需要力戒形式主义，练实功、动实招、见实效,大力推进"三全育人"综合改革,将思想政治工作贯穿学校教育管理服务全过程,引导教学科研、党政管理、服务保障等各部门教职员工把工作重心落到切实提升育人成效上;需要发挥"钉钉子"精神,启动一批浙江省高校管理育人攻坚项目,切实解决学校立德树人和人才培养过程中的矛盾和壁垒;需要始终不忘为党育人的初心,牢记为国育才的使命,深入研究和掌握学生成长成才规律,通过科学务实的管理手段,充分释放高校办学活力、激发办学动力,努力培养一批又一批担当民族复兴大任的时代新人。

一、高校管理育人的内涵阐释

(一)高校管理育人的概念演进

管理育人是中华人民共和国成立 70 多年来党和政府一以贯之的教育政策方针,也是新时代我国高等教育改革发展的重要目标和任务。管理育人的提出与发展是与中国的教育事业同频同步、同向同行的,是一个历久弥新的历史概念,具有理论与实践的双重意义。1950 年 8 月,中国教育工会第一次全国代表大会提出了"教书育人、管理育人、服务育人"("三育人")的思路。"三育人"的提出是对原有的中国教育制度的一次历史性的革新与超越,也是对中国教育模式的一种创新与探索。1957 年 6 月,毛泽东同志在《关于正确处理人民内部矛盾的问题》中指出:"思想政治工作,各个部门都要负责任,共产党应该管,青年团应该管,政府主管部门应该管,学校的校长教师更应该管。"这是高校管理育人思想的萌芽,其工作重点是思想政治工作。

改革开放以来,"提高民族素质,多出人才,出好人才"成为我国教育体制改革的根本目的。在这种背景下,管理育人被提上了中央政府的决策议程。1985 年 5 月,《中共中央关于教育体制改革的决定》提出:"在改革中还要充分注意调动学校思想政治工作人员、行政管理人员、后勤工作人员和其他工作人员的积极性。"1994 年 7 月,《国务院关于〈中国教育改革和发展纲要〉的实施意见》提出,在"加强德育队伍建设,不断提高队伍素质"的同时,"要从政策和制度上保证'教书育人、管理育人、服务育人'的落实"。此阶段,管理育人成为一种高校改革与发展的政策追求。进入 21 世纪,"把什么样的高等教育带入 21 世纪"就成为我国高等教育必须回答的"世纪之问",其核心是如何培养更多的创新人才。2004 年 10 月,中共中央、国务院印发《关于进一步加强和改进大学生思想政治教育的意见》,提出要"努力解决大学生的实际问题",要"通过服务育人、管理育人,把党和政府对大学生的关怀落到实处",同时要"制定完善有关规定和政策,明确职责任务和考核办法,形成教书育人、管理育人、服务育人的良好氛围和工作格局",明确提出要为高校管理育人提供制度和政策保障。

党的十九大报告提出:"经过长期努力,中国特色社会主义进入了新时代,这是我国发展新的历史方位。"新时代,对高校管理育人提出了新要求。2017 年 2 月,中共中央、国务院印发了《关于加强和改进新形势下高校思想政治工作的意见》,提出要"坚持全员全过程全方位育人。把思想价值引领贯穿教育教学全过程和各环节,形成教书育人、科研育人、实践育人、管理育人、服务育人、文化育人、组织育人长效机制"。同年 12 月,中共教育部党组正式印发了《高校思想政治工作质量提升工程实施纲要》,明确提出构建课程、科研、实践、文化、网络、心理、管理、服务、资助、组织"十大育人"体系。这标志着管理育人已成为新时代高校思想政治工作的一项重要内容。

(二)高校管理育人的研究综述

通过对现有领导讲话文稿和研究文献的梳理,发现对高校管理育人的内涵界定主要有以下 5 种观点。

第一,原理说。原理说从高等教育规律的视角,将高校管理育人视作"教育学的一条重要原理",或将其视为"一种教育思想"。因此,原理说也可称为"思想说"。持原理说的论者认为,管理育人是高校培养教育人的重要工作,是教育学的一条重要原理。它是教育者根据一定的社会要求,对受教育者有目的、有计划、有组织地传授知识技能,培养思想品德,开发智力和体力的活动,以便把受教育者培养成为具有健康人格、能为社会服务的人。持思想说的论者认为,管理育人是一种教育思想,即学校要在学生培养过程中,通过全校教职工和一切育人环境条件,形成一个涉及各方面的育人系统,营造一个有广泛内容和空间范围的关心、爱护、帮助、教育、引导、督促和保证学生健康成才的教育环境,培养德智体美等全面发展的合格人才。①

第二,过程说。持过程说的论者认为,管理育人是高校实现德育目标的一个过程,在这个过程中涉及的相关管理部门及管理人员,共同致力于育人这一系统工程,形成一种育人合力。过程说持论者还认为,高校管理育人是指学校的管理部门及其人员在政治素质、思想观念和道德品质等方面施加影响,使之趋向于学校德育目标的过程。高校管理育人是全员参与的育德过程,管理育人是范围广泛的系统工程。

第三,功能说。功能说将管理育人作为高校育人工程的重要组成部分,对于培养社会主义建设者和接班人发挥着重要作用。如德国教育家赫尔巴特在《普通教育学》中指出:"如果不坚强而温和地抓住管理的缰绳,任何功课的教育都是不可能的。"捷克教育家夸美纽斯认为,学校中从事管理工作的管理者与传授知识的教师同等重要,即赋予学校管理者同等重要的育人功能。

第四,活动说。活动说将管理育人视作为高校办学行为和实现育人目标的活动。持活动说的论者认为,高校管理育人的主体是高校管理部门及其管理人员、任课教师、图书管理员及后勤人员等,以实现学校办学和育人目标,促进学生的成长和进步。管理育人的内容是思想政治教育和德育,通过管理行为,提高人的思想境界、政治素质和道德水平。管理育人的媒介是管理活动,通过管理活动实现育人的目的。基于此,活动说持论者进一步认为,管理育人是高校管理人员和任课教师等在教育教学活动中通过管理行为,对学生在思想境界、政治素质和道德水平方面施加影响,使之趋向于高校办学和育人目标的活动。②

第五,综合说。综合说一方面认为高校管理育人是一项涉及各级各类管理机构及管理人员的综合性活动,另一方面认为管理育人要培养德智体美劳

---

① 朱政:《高校管理育人的现状及路径探析》,《中国成人教育》2015年第9期,第26—29页。

② 董世坤:《观念·制度·文化:高校管理育人再思考》,《江苏高教》2019年第7期,第91—94页。

全面发展的综合性人才。持综合说的论者认为,管理育人是指高校的各级各类管理人员,把育人贯穿于管理工作的始终,把育人作为管理工作的出发点和落脚点,在日常管理工作中,坚持"以人为本",坚持"一切为了学生,为了学生一切,为了一切学生"的原则,根据一定的社会要求,对受教育者有目的、有计划、有组织地传授知识技能,培养思想品德,开发智力和体力的活动,以便把受教育者培养成为具有健康人格、能为社会服务的人。也有研究者认为,高校以育人为管理工作的基本出发点,通过行政管理、教育教学管理、科研管理等各项管理活动,利用教师、制度、榜样及环境等资源,提高学生的思想道德品质及政治素质,完成学校既定的德育目标,使学生成为高素质的综合性人才。①

(三)高校管理育人的价值特征

高校管理育人具有 4 方面的价值特征。

第一,人本性。从某种意义上来讲,高校的管理在本质上是"育人的管理"。管理作为高校工作的一个重要环节,是通过各种管理活动、管理行为、管理制度、管理文化,产生育人的作用和效果,对学生产生影响,充分体现以人为本、关爱每一位学生健康成长的理念。

第二,专业性。当前高校管理工作内容越来越专业化,如人事管理、党务管理、教学管理、科研管理、学生管理、学术管理、行政管理、法律事务管理、财务管理、资产管理、后勤管理等,对专业化知识、信息化技术等的应用越来越广泛,对专业化人才的需求量急剧增加。② 高校管理工作内容的专业化,反映在高校管理育人本身就是一种专业性的活动。

第三,联动性。从管理主体上来看,管理育人更多地强调高校行政职能部门、学院系所、学科专业等的同频共振,共同致力于培养德智体美全面发展的社会主义建设者和接班人。从教育教学的主体来看,管理育人是教育管理

① 王帅:《新形势下推进高校管理育人工作的有效途径》,《学周刊》2016 年第 4 期,第 237—238 页。

② 任媛媛、张昶、王少宾等:《新形势下高校管理育人内涵探析》,《文教资料》2018 年第 32 期,第 116—117 页。

者与受教育者之间的有效互动。

第四,复杂性。高校管理育人的复杂性主要是指高校管理工作内容多样复杂,涉及学生事务的方方面面,是落实"为了一切学生,为了学生一切,一切为了学生"的真实体现。

新时代赋予了管理育人更重要的使命与意义。一要有利于办学目标的实现。管理育人因赋予高校管理机构、管理工作人员以育人的使命而提升了管理工作在高校中的地位,进而提升了高校管理人员在高校中的使命感和存在感。同时,管理育人工作的大力开展有利于塑造高校良好的办学形象,也能保证办学目标的实现。二要有利于制度体系的完善。管理育人能推进和加快现代大学制度建设。将管理和育人相融合,是高等教育人才培养模式和管理思路的拓展,是推动现代大学制度建设的新抓手,也是发展中国特色社会主义高等教育的探索。通过制定并严格执行各项管理规章制度,引导、协调、规范和约束学生、管理者和其他人员的行为,以形成良好的教风、学风和管理者作风,以及师生员工良好的思想素质,为教书育人、服务育人的实施起到更好的支撑作用。三要有利于教育方式的创新。管理育人因管理成为育人的桥梁与纽带而加强了其与科研、教学之间的协同性。管理育人因直接承担育人的任务和全面开展育人道德工作而进一步加深了高校管理人员与专任教师、学生的联系。①

二、高校管理育人的逻辑思考

(一)践行新时代高校管理育人使命的"三重维度"

2018年9月,习近平总书记在全国教育大会上强调:"要把立德树人融入思想道德教育、文化知识教育、社会实践教育各环节,贯穿基础教育、职业教育、高等教育各领域,学科体系、教学体系、教材体系、管理体系要围绕这个目

---

① 董世坤:《观念·制度·文化:高校管理育人再思考》,《江苏高教》2019年第7期,第91—94页。

标来设计,教师要围绕这个目标来教,学生要围绕这个目标来学。"2020 年 10月,中共中央、国务院印发的《深化新时代教育评价改革总体方案》提出,要完善立德树人体制机制,改进学科评估,强化人才培养中心地位。因此,新时代高校管理育人需要放置于"立德树人"这一时代使命视野下来进行审视和考量,围绕政治、理念、方法 3 个维度积极创新,不断优化管理育人的内容,提升管理育人的水平。

1.政治维度:坚持党的领导是高校管理育人的根本前提

党的十九大报告强调:"党政军民学,东西南北中,党是领导一切的,是最高的政治领导力量。"党的领导是办好中国特色、世界水平的现代教育的根本政治保证。因此,坚持党的全面领导是推进高校管理育人的基本前提。习近平总书记强调:"办好我国高等教育,必须坚持党的领导,牢牢掌握党对高校工作的领导权,使高校成为坚持党的领导的坚强阵地。"党的十九大报告提出,新时代党的建设要"以党的政治建设为统领",并"把党的政治建设摆在首位"。因此,坚持党的领导是高校管理育人的基本前提,也是根本政治保证。

第一,要落实高校党委管理育人的主体责任。要切实加强高校基层管理部门的组织建设,提高党的基层管理组织的思想政治工作能力和育人能力。具体来讲,就是高校基层管理组织要以政治建设为统领,在"坚定执行党的政治路线,严格遵守政治纪律和政治规矩,在政治立场、政治方向、政治原则、政治道路上同党中央保持高度一致"这一基础上,坚定不移以立德树人为中心,以学生成长成才为使命,将思想政治工作贯穿教育教学全过程,提升学生的理想抱负水平和综合素质能力。在新时代,我们要办好中国特色社会主义高校,就必须全面贯彻党的教育方针,始终以政治建设为统领,强化高校党委育人的主体责任,以确保育人方向不偏移,落实好立德树人的根本任务。

第二,要加强教师的党性锻炼,提高管理育人的政治本领。习近平总书记强调:"高校教师要坚持教育者先受教育,努力成为先进思想文化的传播者、党执政的坚定支持者,更好担起学生健康成长指导者和引路人的责任。要加强师德师风建设,坚持教书和育人相统一,坚持言传和身教相统一,坚持潜心问道和关注社会相统一,坚持学术自由和学术规范相统一,引导广大教师以德立身、以德立学、以德施教。"一方面,高校教师要加强马克思主义理论学习,不断提高理论水平,从科学理论中汲取真理支撑和思想力量,并将真理和思想应用到自身的教学、科研与实践上,丰富管理育人的经验与技术,提升管理育人的能力与水平;另一方面,高校教师要严格遵守党的各项纪律,夯实立身、立业、立言、立信、立德的基石,坚持以德立身、以德立学、以德施教,不断开拓管理育人新境界。

第三,要提升高校思想政治教育的亲和力和针对性。遵循新时代高等教育发展规律、高校育人规律及学生成长成才规律是新时代高校管理育人的前提。高等教育普及化已成为我国高等教育改革发展的规律与背景。教育部发布的《2020 年全国教育事业统计主要结果》显示,2020 年我国高等教育毛入学率达到了 54.4%,这表明我国高等教育已正式进入了普及化阶段。浙江省教育厅发布的《2020 年浙江省教育事业发展统计公报》显示,2020 年浙江省高等教育毛入学率为 62.4%,在全国省区市中处于高等教育普及化的前列。按照世界高等教育著名专家马丁·特罗的观点,高等教育进入普及化阶段以后,在"质"与"量"上都会呈现出一些新的特征,其中之一便是"对大学的管理者要求'专业管理人员'"。因此,高等教育普及化对高校管理育人带来了新挑战,提出了新要求。这就要求高校管理者要从政治高度把育人工作摆在突出位置,都要守好一段渠、种好责任田,做既懂教育又善管理的人,平等对待每一个学生,尊重学生的个性,理解学生的情感,包容学生的缺点和不足,善于发现每一个学生的长处和闪光点,让所有学生都成长为有用之才,做学生成长成才的导师。

2.理念维度:践行立德树人是高校管理育人的价值指归

第一,立德树人是高校管理育人的立身之本。从内涵上讲,立德树人是人才成长的根本规律,是办人民满意教育的根本要求,也是素质教育的根本目的。习近平总书记在北京大学师生座谈会上的讲话强调:"要把立德树人内化到大学建设和管理的各领域、各方面、各环节,做到以树人为核心,以立德为根本。"

高校的管理本质上是"育人的管理"。因此,高校管理育人重在立德树人。党的十八大报告提出:"把立德树人作为教育的根本任务,培养德智体美全面发展的社会主义建设者和接班人。"此后,习近平总书记围绕坚持立德树人这一根本任务做出了许多重要论述,提出了明确要求。习近平总书记在全国高校思想政治工作会议上指出:"高校立身之本在于立德树人。"在北京大学师生座谈会上,习近平总书记进一步强调:"大学是立德树人、培养人才的地方,是青年人学习知识、增长才干、放飞梦想的地方。"党的十九大报告强调:"要全面贯彻党的教育方针,落实立德树人根本任务。"在全国教育大会上,习近平总书记要求:"坚持把立德树人作为根本任务。"培养德才兼备的高层次人才是高校的历史使命和根本职能,也是高校区别于其他社会组织的本质特征,是高校安身立命之本、生存发展之基。尽管随着历史的发展,高校承载的社会职能越来越多,但立德树人、培养人才是高校的首要职能和根本任务。习近平总书记强调:"人才培养一定是育人和育才相统一的过程,而育人是本。人无德不立,育人的根本在于立德。这是人才培养的辩证法。办学就要尊重这个规律,否则就办不好学。"作为高校内部的管理机构和管理人员,要不忘初心,始终围绕立德树人开展管理活动,将立德树人贯穿管理活动的各领域、各方面、各环节。因为,"大学是立德树人、培养人才的地方,是青年人学习知识、增长才干、放飞梦想的地方"。

第二,立德树人是检验高校管理育人的成效之标。立德树人是人民满意教育的根本要求,是检验高校一切工作成效的根本标准,也是检验高校管理育人成效的重要标准。习近平总书记曾强调,只有培养出一流人才的高校,才能够成为世界一流大学;要把立德树人的成效作为检验学校一切工作的根本标准。衡量高等学校办学成效的根本标准不是科研产出,不是社会服务,而是培养了什么样的人,培养的人怎么样,培养的人在社会主义现代化建设中发挥了什么作用。将立德树人作为检验高校管理育人成效的重要标准,包括宏观和微观2个层面的含义。从宏观层面看,高校管理育人的内容还涉及人才数量规模、类别层次、结构效益等方面的评估;从微观层面看,就是高校的管理职能部门、管理工作者都要将育人列为重要职责,并参与人才培养的质量规格、知识能力、核心素养等方面标准体系的制定,形成全校的育人合力。因此,高校管理育人就是要积极回应人民群众对教育的综合利益诉求,努力办好"成学之教""成人之教""成业之教""成己之教""幸福之教"。

第三,立德树人是加快推进高校综合改革之核。加快推进综合改革是新时代我国高校的鲜明特征。推进综合改革既是新时代高校管理育人的重要内容，也是管理育人的重要保障。当前，"双一流"建设已成为引领新时代我国高等教育高质量内涵式发展的国家工程。党和政府关于"双一流"建设的重要政策文件中都将立德树人提高到国家战略的高度，将立德树人视为高校内部治理体系和治理能力现代化的核心。如国务院颁布的《统筹推进世界一流大学和一流学科建设总体方案》第五条提出："坚持立德树人，突出人才培养的核心地位，着力培养具有历史使命感和社会责任心，富有创新精神和实践能力的各类创新型、应用型、复合型优秀人才。"《统筹推进世界一流大学和一流学科建设实施办法（暂行）》第二条提出："以中国特色、世界一流为核心，落实立德树人根本任务。"《关于高等学校加快"双一流"建设的指导意见》第二十四条提出："以立德树人成效作为根本标准，探索建立中国特色'双一流'建设的综合评价体系。"进入新时代，高校要把"立德树人"作为推进"双一流"建设的根本任务，把立德树人贯穿"双一流"建设全过程。要实现立德树人目标，高校就要为学生提供温馨、温暖、温情的学习和生活环境，将成人、成才、成器、成事、成功教育贯穿人才培养全过程。[①]

3. 方法维度：推进治理现代化是高校管理育人的实践路径

党的十九届四中全会开启了"中国之治"的新篇章，为深入推进高校治理体系和治理能力现代化提供了根本遵循。高校治理现代化是国家治理体系和治理能力现代化的重要组成部分。治理现代化之"现代"，不仅仅是一个时间概念，更是一个价值概念，指向的是一种创造性行动在空间的转移，是新时代中国大学推进高质量内涵式发展的迫切需求，也是高校管理育人与时俱进的实践路径。

第一，要不断完善党委领导下的校长负责制。健全"党委领导、校长负责、教授治学、民主管理"的大学治理体系，建立健全党委统一领导、党政分工合作、协调运行的工作机制，确保以人才培养为中心的各项任务的完成。"党委领导"主要指高校党委要发挥"总揽全局、协调各方"的作用，充分发挥党委

---

① 胡金焱：《加强党对高校的全面领导，牢牢把握立德树人根本任务》，《光明日报》2018年6月5日，第5版。

在管理育人中的核心作用，忠诚党的教育方针，牢牢把握立德树人根本任务，努力培养德智体美全面发展的社会主义建设者和接班人。"校长负责"就是要执行党的教育方针，制订管理育人的正面清单和负面清单，在高校行政管理中扩大育人队伍，加强育人理念，融入育人元素，丰富育人内容，提高育人成效。"教授治学"就是可以进一步发挥教授群体在管理育人中的作用，比如将教授群体吸收为修改规章制度的主体。"民主管理"就是让广大教职员工、学生广泛参与到学校的管理工作中来，为管理育人集思广益，出谋划策，夯实管理育人的群众基础。

第二，要不断优化大学内部制度体系。要全面审视、修订大学章程。高校章程彰显大学精神、昭示大学使命，是高校办学治校理念和相关规章制度的集中体现，是高校管理的基本准则，是学校明确办学方向、突出办学特色的重要保障。从这种意义上讲，大学章程不是可有可无的，而是事关高校前途、命运的重要文献。因此，大学章程要主动适应新时代立德树人根本任务的需要，为高校管理育人提供法理保障和制度支撑。要优化高校规章制度体系。高校要推进管理育人，就需要重点审视学校现有的管理制度是否体现育人的要求，现有的管理制度的制订过程和具体内容是否反映学生的利益与诉求，是否有利于形成育人的合力，从而在学校总的组织规程和活动准则中明确育人的目标和要求，凡是不符合育人要求的规章制度都需要加快"废、改、释、立"的进程，保证高校教学、科研、服务和管理各个环节有章可循，明确学校各管理部门的育人职责、育人要求、育人平台、育人资源，引导高校行政管理部门向育人服务转型。因此，新时代高校要根据党和政府的政策要求，自身的办学定位、办学目标、办学愿景、办学资源、办学环境等，对治理理念、治理体系、治理结构、治理资源等进行综合考量，将政府要求、社会需求、师生诉求等作为完善高校规章制度的重要因素，为高校管理育人提供制度保障。

第三，要不断提升干部队伍、管理队伍和教师队伍的现代化治理能力。要按照好干部标准，选好配强各级领导干部和领导班子，制定管理干部培训规划，提高各类管理干部育人能力。建立干部考核评价、激励监督机制，重视考核结果的运用。坚持从严管理干部，个人事项报告、离任经济责任审计、兼职管理、出国（境）审批管理等工作制度完备，有章可循，管理到位。要强化管理人员的育人自觉,研究梳理各管理岗位的育人元素、育人职责,编制行政管理岗位说明书,明确管理育人的内容和路径,培育一批"管理育人示范岗",引导管理干部用良好的管理模式和管理行为影响和培养学生,把育人功能发挥纳入管理岗位考核评价范围,作为评奖评优条件。要加强教师队伍的聘用与管理,严把教师聘用、人才引进政治考核关,严格教师资格和准入制度,建立健全师德考核制度,并贯彻落实到位。对教师的思想政治、品德学风进行综合考察和严格把关,在新教工的招聘中突出对其思想政治状况的考察。新教师入职培训强化师德教育专题,在优秀教师团队培养,以及骨干教师、学科带头人和学科领军人物培育过程中,精心设计师德教育方面的专题内容。

(二)加强新时代高校意识形态阵地管理的"三大关键"

意识形态工作是党的一项极端重要的工作。2013 年 8 月,习近平总书记在全国宣传思想工作会议上指出:"能否做好意识形态工作,事关党的前途命运,事关国家长治久安,事关民族凝聚力和向心力。"作为创造知识、传播文明、培养人才的主要阵地,高校肩负着学习研究宣传马克思主义、培养中国特色社会主义事业建设者和接班人、掌握意识形态话语权的战略性使命和任务。高校意识形态的阵地管理从概念界定上来说指的是使师生在理想信念、价值理念、道德观念上紧紧团结在一起的平台、载体和方法。加强意识形态阵地的有效管理是建设社会主义现代化高校的必然要求和落实管理育人根本任务的现实需求,是检验立德树人成效的根本标准。高校必须坚持正确的历史观、大局观、发展观,把握"政治引领、机制完善、载体创新"3 个关键环节,切实加强思想保障、组织保障和宣传保障,引导学生树立社会主义核心价值观,推动高校意识形态话语权建设由传统模式向现代模式转型,保证高校社会主义办学的底色与方向。

1. 政治引领:坚持党对高校意识形态工作的领导毫不动摇

意识形态的本质属性是政治性。建设社会主义大学的意识形态工作阵地需要服从党的领导,坚持党性原则,确保马克思主义在高校意识形态领域中的指导和主导地位旗帜不倒。党的十九届五中全会强调,要加强前瞻性思考、全局性谋划、战略性布局、整体性推进。因此,在高校意识形态工作的政治引领上,高校要提高贯彻新发展理念、构建新发展格局的能力,进一步构建党建统领的整体智治体系,使浙江省高校的意识形态工作真正面向现代化、适应现代化、引领现代化。

第一,要不断扩大马克思主义在高校意识形态领域的理论影响力和辐射面。浙江高校一直坚守"为党育人、为国育才"的初心和使命,在知识共同体、学术共同体基础上,坚持全员育人形成"德育共同体",明确专业课教师挑起课程思政重担,实现知识传授与德行培养的统一。各高校要用超学科的理论视野构建高校意识形态话语权,实现马克思主义理论与人文社科、自然科学等专业的视域交融,进行跨界、重塑、融合,着力构建"大思政"的育人格局,用科学理论培养人,用正确思想引导人,用主流价值涵育人,推进意识形态工作健康有序发展。

第二,要加强培育和践行社会主义核心价值观长效机制建设。把社会主义核心价值观贯穿育人全过程,秉承德育至上的理念,弘扬优秀中国传统文化的精神传统。浙江高校基于各校实际,以"中国实践、身边案例、主题教育"为重点,以师生校友的优秀事迹激励学生,打造弘扬社会主义核心价值观、占领意识形态阵地的"主战场"。各高校要以体验式、参与式的锻炼,引导广大师生对主流意识形态的认同,深刻把握主流意识形态的科学性和真理性。

第三,要坚决防范与抵御宗教势力向校园渗透。当前严峻的国际形势对做好抵御利用宗教渗透特别是宗教极端思想渗透工作敲响了警钟,高校进一步抵御利用宗教渗透和防范校园传教工作的任务更加繁重。要坚持教育与宗教相分离原则,增强高校意识形态管理中应对师生思想多元化、宗教问题突出化等问题和挑战的能力,加强综合治理,站稳守好高校意识形态的前沿阵地。浙江高校在宗教信仰学生教育管理工作中取得较大成效,普遍实施分类管理管理模式,统一编印发放宗教政策法规知识手册等相关资料,帮助学生正确理解国家的民族和宗教政策。

2.机制完善:保障高校意识形态阵地管理运行安全有序

自觉主动地开展阵地管理的体制机制建设,牢固树立大局意识,发挥协同效应,形成党委统一领导、党政齐抓共管、各部门分工负责的工作模式。着力做好机制体制的顶层设计工作,完善高校改革破题机制、强化意识形态阵地管理的争先创优机制,形成层层放大的滚雪球效应。

第一,要全面落实意识形态工作责任制。加强和改进高校思想政治工作,必须深入把握意识形态工作责任体系的内在关系,这是提高管理育人成效的根本保证。坚持高校党委在意识形态阵地建设中的核心地位,强化党组织思想引领,防范、预判和化解各类风险。浙江高校积极发挥二级学院、教师及辅导员工作室等多重平台,通过定期组织主题教育,先后形成了各项意识形态管理制度。因此,高校既要发挥宣传部门的牵头抓总作用,又要发挥院系、学工、支部的主体作用,按照"谁主管谁负责"的原则,建设和管理好意识形态阵地,形成合力。

第二,要着力健全意识形态工作队伍建设机制。高校作为意识形态工作的前沿阵地,要落实好立德树人的根本任务,肩负起引领师生的根本使命,履行好掌握舆论主动权的根本职责,就必须不断增强高校意识形态工作队伍的定力、动力和能力,配备具有深厚的马克思主义理论素养,能够掌握社会主义意识形态基本内容,对西方的价值观念和意识形态能够做出客观而又公正的评价,敢于"发声"和正确"发声",能坚守道德底线且具有高度责任意识的专业教师、思政教师、辅导员等加入意识形态工作团队,确保国家主流意识形态在高校声音发得出、阵地守得住。高校要建设政治素质高、全局意识强、执行有力的意识形态工作领导干部队伍;要坚持高标准、严要求,选优配强思想理论宣传专职队伍;要选聘一批政治强、业务精、作风正,乐于奉献、关爱学生的优秀导师;要建设一支积极传播马克思主义、坚定捍卫主流意识形态,能够成为大学生成长成才人生导师的辅导员队伍[①],切实做到队伍有人管、舆情有人察、阵地有人守、工作有人干,保障意识形态阵地管理工作的高效运行。

第三,要科学设计管理育人绩效评价机制。加强学校思想政治工作领导小组对"意识形态阵地管理"的工作统筹、决策咨询和评估督导。把意识形态阵地建设融入高校的管理和教育教学中,提升意识形态阵地管理的针对性和实效性。建立健全党委常评、部门互评、学院自评、学生参评的评价体系。浙

---

① 周芳、任怡:《坚决筑牢高校意识形态阵地的四个维度》,《人民论坛》2021年第Z1期,第156—157页。

江高校研究制定了教师课外育人工作的考核制度,将课外育人工作纳入专业教师的岗位职责,制定了较为完善的工作要求、考核办法与激励机制,为管理育人的具体实施起到更好的支撑、促进和监督作用。

3.载体创新:促进新时代高校意识形态传播方式多元融合

构筑线上线下同心圆,因势利导推进高校意识形态的传播手段、表达方式的创新,注重语言的亲和力和贴近性,强化方法的吸引力和生动性,真正实现意识形态工作的接地气、入人心。浙江高校在意识形态阵地管理过程中,始终坚持把立德树人作为中心环节,创新思政课程的教学方式,灵活运用多媒体渠道,在高校意识形态阵地管理的多元传播载体创新中取得了明显成效。

第一,要守好思政理论课堂主阵地。思政课程内容要讲得鲜活、讲得走心,根据大学生的心理特征设置合理议题,整合话语载体,优化话语内容。在专业教育课程方面,根据不同学科专业特色和优势,引导教师挖掘提炼专业知识体系中所蕴含的思想价值和精神内涵,科学提升专业课程的广度、深度和温度,将课程思政元素有机融入课程教学,在通识课程和公共基础课程教育中,不断加强大学生理想信念,厚植爱国主义情怀,提升人文与科学素养。

第二,要建设高校网络媒体全矩阵。高度重视"互联网+"对高校意识形态的冲击,研究总结新时代下高校意识形态话语权的新规律和新模式,疏通意识形态话语的堵塞渠道,增强各个传播渠道的联动效应,提升意识形态话语传播的有效性。要改变先前"单向灌输"的填鸭式宣传,变为"讲故事、诉情怀",宣传理念从"以我为主"转变为"以人为本,以内容为主,从细微之处体现人文关怀",加入声音、图片、视频等多媒体传播途径,吸引广大师生的广泛关注,只有这样才能在新媒体平台上使高校意识形态阵地管理取得良好宣传效果。

第三,要推进意识形态舆情管理信息化。牢牢把握高校网络意识形态工作的领导权、管理权和话语权,建立网络舆情常态监测和预警机制,以云计算、大数据分析为手段,收集容易引发舆情的敏感信息,充分掌握师生思想动态。着力提升舆情分析研判能力和水平。面对复杂的社会舆论环境,要在党委统一领导下,团结、凝聚和引领一大批各学科专家学者积极开展对主流意识形态的研究,特别针对国际国内意识形态领域重点、热点和难点问题,定期组织专家学者充分运用网络舆情平台大数据有计划、有组织地加以研究，面向师生有的放矢地加以科学解答，引导师生全面客观准确地把握意识形态领域的重大问题。

（三）把握新时代教师思想政治工作的"四个要点"

教师是管理育人中最一线也最重要的群体，肩负着"传播知识、传播思想、传播真理"和"塑造灵魂、塑造生命、塑造人"的神圣使命。以习近平同志为核心的党中央高度重视教师队伍建设问题，尤其突出教师思想政治工作的极端重要性。习近平总书记强调，要凸显教师思想政治工作先行先导的地位。教师思想政治工作是加强和改进高校思想政治工作的重点领域和关键环节，是高等教育治理体系和治理能力现代化的重要内容，被纳入建设社会主义教育强国的总体战略，对学生思想政治工作起着重要的引领和示范作用，具有比学生思想政治工作更高的目标层次和更复杂的现实境遇。加强教师思想政治工作是新时代高校思想政治工作"因事而化、因时而进、因势而新"的应有之义，也是新时代管理育人的重要内涵。进入新发展阶段，要积极践行新发展理念，遵循教育规律和教师成长发展规律，强化高校教师思想政治素质和师德师风建设，在推动高校教师队伍高质量发展上要把握 4 个着力点。

1.着力党建核心引领，把稳"思想之舵"

加强党对高校的领导，确保高校始终成为"党的领导的坚强阵地"和"培养社会主义事业建设者和接班人的坚强阵地"，是办好中国特色社会主义大学的根本保证。习近平总书记强调："要加强高校党的基层组织建设，创新体制机制，改进工作方式，提高党的基层组织做思想政治工作能力。"加强教师思想政治工作是一项政治任务。强化党建驱动引领教师成长，就要确保党牢牢掌握高校教师队伍建设的领导权，保证教师队伍建设沿着正确的方向前进，使高校教师切实增强"四个意识"、坚定"四个自信"、做到"两个维护"，为忠实践行"八八战略"、奋力打造"重要窗口"，勇挑重担、勇开新局，真正成为党执政兴国的坚定支持者和可靠力量。

第一，构建党管教师思政工作新体制。党委会要定期研究教师思想政治工作,明确党政机构与队伍职责,打造专兼结合、素质优良的工作力量。成立教师思想政治工作委员会、师德建设委员会,设立党委教师工作部,从而不断完善党委统一领导、党政齐抓共管、部门分工合作、院系具体落实、教师自我约束的工作格局和机制。完善教师思想政治工作组织管理体系,充分发挥高校党委教师工作部在教师思想政治工作和师德师风建设中的统筹作用。将加强和改进教师思想政治工作纳入年度计划、院系评估、党建述职、支部评议等环节,切实推动各部门各层面落实工作责任。

第二,强化教师党支部的主体作用。夯实基层教师党支部"硬底盘",就要强化党支部在团结、带领、教育、服务全体教职工中的作用,把坚定正确的政治方向放在党支部建设的首位,优化党支部设置,探索教师党建工作向最活跃、最具创新能力的组织拓展,扩大党组织和党的工作覆盖面。教师党支部要严格落实"三会一课"和组织生活会制度,不断增强党内政治生活的政治性、时代性、原则性、战斗性;要服务学校改革发展稳定,全面贯彻落实学校党委决策部署和学校中心工作,教育引导广大教师积极投身学校转型升级改革发展,提高人才培养质量,促进学校和谐稳定,从而充分发挥党支部在政治思想引领、规范组织生活、团结凝聚师生和促进中心工作等方面的主体作用。

第三,促进党员教师发挥更大作用。健全党员教师立足岗位做贡献的长效机制要以支部书记和党员教师为抓手。一方面,强化教师党支部书记带头作用。注重选拔党性强、业务精、有威信、肯奉献的教师党员担任党支部书记和支部委员,大力推进教师党支部书记"双带头人"培育工程。发挥教师党支部书记思想引领作用,形成党员、教师争做教学科研骨干的良好氛围,实现党建工作与教学科研同频共振、有机融合。另一方面,强化教师党员的表率作用。加强教师党员教育培训,选树教师党员先进典型,充分发挥教师党员的先锋模范作用。积极探索建立把骨干教师培养成党员,把党员教师培养成教学、科研、管理骨干的"双培养"机制,重视做好在优秀青年教师中发展党员工作。

2.着力初心使命教育,补足"精神之钙"

习近平总书记旗帜鲜明地提出:"好老师应该做中国特色社会主义共同理想和中华民族伟大复兴中国梦的积极传播者,帮助学生筑梦、追梦、圆梦,让一代又一代年轻人都成为实现我们民族梦想的正能量。"2020 年,面对突如其来的新冠肺炎疫情,广大教师牢记为党育人、为国育才使命,奋战在抗击疫情和停课不停学不停教 2 条战线上,守护亿万学生身心健康,展现了立德树人的初心和担当。高校教师思想政治工作之魂在于"不忘初心、牢记使命",在于补足"精神之钙"。所谓"补钙",就是要坚持正确的政治方向,坚守铸魂育人的初心和使命,其关键在于高校教师要坚定理想信念,学习领会社会主义核心价值观,继承发扬中华优秀传统文化与一切先进思想文化。①

第一,带头坚定理想信念,增强立德树人的责任感。习近平总书记指出,坚定理想信念极端重要,否则,精神上就会"缺钙",就会得"软骨病"。心有所信,方能行远。教书育人,播种未来,科学而崇高的理想信念,是引领社会发展的旗帜,也是引领广大教师传播文明的指路明灯。广大教师理想信念坚定与否,直接关系到教育事业的健康发展,关系到社会价值目标能否最终实现。习近平总书记强调,要积极引领广大教师牢牢树立和坚信中国特色社会主义理想信念,自觉肩负起国家使命和社会责任。信念的坚定源于理论的自觉,要加强对教师的理论武装,引导广大教师坚定为党育人的初心和为国育才的立场,把培养社会主义建设者和接班人作为根本任务,培养一代又一代拥护中国共产党领导和我国社会主义制度、立志为中国特色社会主义奋斗终生的有用人才。

第二,带头践行社会主义核心价值观,增强教书育人的荣誉感。习近平总书记指出:"核心价值观,承载着一个民族、一个国家的精神追求,体现着一个社会评判是非曲直的价值标准。"他在第 23 次全国高等学校党的建设工作会议上做了重要指示,要求高校教师坚持立德树人,把社会主义核心价值观融入自身的教书育人当中。同时,在全国高校思想政治工作会议上习近平总书记指出,要大力培育和弘扬社会主义核心价值观,引导广大师生坚定信仰、积极传播和模范践行社会主义核心价值观。教师要自觉将社会主义核心价值观融入高等教育全过程,把传承和弘扬社会主义核心价值观看成是自己的

---

① 程奎、严蔚刚:《习近平高校教师思想政治工作思想探析》,《现代教育管理》2018年第 2 期,第 19—21 页。

政治责任和教育使命,积极做培育和弘扬社会主义核心价值观的表率。

第三,带头继承发扬中华优秀传统文化与一切先进思想文化,增强为人师表的使命感。"四史"教育是新时代高校教师思政工作的必修课。高校教师应当带头学党史、新中国史、改革开放史和社会主义发展史,了解历史事实,厘清历史脉络,把握历史规律,形成科学的历史认知,实现知识、价值、行动相融合,爱党、兴国、成才相统一,从而在学思践悟中奋发有为。只有对中华优秀传统文化具有系统完善的体会和认识,对中华民族历史和命运进行深入思考,对当下中国的基本国情深刻掌握,才能传承发扬好中华优秀传统文化,在教学科研过程中做到"四个讲清楚",成为"先进思想文化的传播者"。唯有如此,才能增强"四个自信",保持中华民族精神的独立性,才能引导学生形成、深植爱国主义意识,形成正确的世界观、人生观和价值观。

3.着力师德师风建设,筑牢"信仰之基"

高校教师思想政治工作的关键是加强师德师风建设。党的十九届五中全会明确提出要建设"教育强国",要建设"高质量教育体系",必须加强师德师风建设,提升教师教书育人能力素质,培养德智体美全面发展的社会主义建设者和接班人。习近平总书记始终重视师德师风建设并深刻指出,好老师对一个人、一个学校、一个民族而言都是一笔宝贵的财富。习近平总书记强调:"要加强师德师风建设,坚持教书和育人相统一,坚持言传和身教相统一,坚持潜心问道和关注社会相统一,坚持学术自由和学术规范相统一,引导广大教师以德立身、以德立学、以德施教。"

第一,以德立身,以身作则。以德立身是高校教师立德树人的根本前提。教师思政工作的第一步是提升自我思想道德水平,树立良好的师德师风。师德要适应人的全面高质量发展而不是单一高速度发展,要适应素质教育第一、德育优先而不是单纯追求应试教育能力,要适应既要金山银山更要绿水青山、既要教育公平均衡更要有质量的形势。高校教师要强化道德理论素养,把先进的道德观念和理想信念作为安身立命的基础,在科研实践、教学实践中有效融入道德实践。学校要利用教师节等契机,对教师中的榜样人物和先进典型进行表彰和奖励,激发教师荣誉感与价值感,形成良好的师德师风建设导向,建设一支政治素质过硬、业务能力精湛、育人水平高超的高素质教师队伍。

第二，以德立学，严谨治学。立学，就是认认真真地学习，勤勤恳恳地钻研，积累扎实的学识，做出一流的学术。以德立学贵在勤奋治学、钻研求学、持之以恒、诚实守信、追求真理。这不仅是高校教师职业道德建设的中心工作，更是高校教师立德树人的核心任务。所谓"学高为师，身正为范"，唯有治学严谨、立学求真的高校教师才能够赢得学生、培养学生。这就要求高校应加强学术道德教育，完善教师学术规范教育培训、学术不端行为预防查处等制度。同时，高校应通过科学合理的考核评价体系将师德师风建设目标明确化、规范化、具体化，建立师德师风评价反馈机制，形成一支业务精湛、师德高尚的教师队伍，营造良好的治学之风。

第三，以德施教，潜心育人。施教，就是传道、授业、解惑。以德施教是高校教师立德树人的基本路径。教育部部长陈宝生强调，教师的天职就是教书育人，教授就得教书授课，离开了教书授课就不是教授。完善高校教师教学培训机制，形成以德为先的教师培训体系，是确保师德师风落到教学实践的重要步骤。加强教师岗前培训，形成以老带新的师德传承机制，引导教师热爱教学、倾心教学、研究教学，孜孜不倦地探索道德教育与专业知识教育相结合的有效路径，做到潜心育人、润物无声。

4. 着力青年教师成长，锻造"未来之才"

习近平总书记高度重视青年教师的思想政治工作，明确指示高校要加强和改进青年教师思想政治工作。根据教育部 2020 年的统计，全国高校90.01%的教师年龄在 55 岁以下，45 岁以下的教师占 67.55%，青年教师占据着高校教师队伍中的绝大部分，是推进高等教育发展、实现中国梦的基础性力量。加强和改进高校青年教师思想政治工作，对于全面贯彻党的教育方针、确保高校坚持社会主义办学方向、培育德智体美全面发展的社会主义合格建设者和可靠接班人，具有极为深远的意义。

第一，强化对青年教师的思想引领。习近平总书记在全国高校思想政治工作会议上指出："马克思主义是科学理论，具有强大真理力量。马克思主义指导我们找到了我国革命、建设、改革的正确道路，给我国社会带来深刻变革，给中国人民带来巨大福祉。"高校要做好马克思主义学习研究宣传工作，要下大决心培养一批政治素养高、业务素养优良的马克思主义学者,尤其是青年马克思主义者。深入学习贯彻习近平关于青年教师思想政治工作的思想,引导广大青年教师坚持"四个相统一",争做"四有"好老师,当好"四个引路人"。

第二,加强青年教师能力建设。坚持能力提升与青年教师专业特长、爱国主义教育、职业发展、服务社会等相结合,创造条件,加大投入,搭建平台,鼓励青年教师参加社会实践活动,鼓励青年教师参与产学研结合项目,开展调查研究、学习考察、志愿服务,引导教师正确认识自身社会责任,在实践中受教育、长才干、做贡献,促进广大教师坚定理想信念、练就过硬本领、勇于创新创造、矢志艰苦奋斗、锤炼高尚品格,有效激发其投身国家教育事业发展的积极性、创造性,做学生健康成长的指导者和引路人,为推进高等教育高质量内涵式发展,在我国实现"两个一百年"奋斗目标的新征程中贡献力量。

第三,建立资深教师与青年教师结对制度。推行老教师与青年教师"结对子""传帮带"等"青蓝相承"系列活动,加强对青年教师职业规划的关心、业务发展上的指导和思想信念上的引领,实现薪火相传共成长,形成一个心系人才培养的育人共同体。关心优秀青年教师,坚持现任教师与未来教师"两代师表"并行,传承"师道永恒"的精神文脉,倡导"身正为范",为他们的工作、成长创造良好条件,促使青年教师爱教、乐教、善教。引导培养青年教师以高度的责任感和使命感做好对学生的思想引领,在成为科学家的同时成为教育家。

三、高校管理育人的举措成效

(一)党建引领,育人工作领导体系日臻完善

始终坚持党对高校的全面领导。浙江省委高度重视高校育人工作,2005年,在时任省委书记习近平同志的主持下,浙江建立了省领导联系高校和定期为高校师生做形势政策报告制度。2012年以来,浙江分别召开全省高校党建工作座谈会、全省高校思想政治工作会议、全省高校党建思政工作会议、全

省教育大会，印发《关于加强新形势下高校基层党组织建设的若干意见》《关于加强和改进新形势下高校思想政治工作的实施意见》《关于加强和改进大学生教育引导工作的若干意见》等一系列重要文件，建立省委教育工委书记向省委年度党建述职制度，高校党委、二级学院（系）党组织、基层党支部"三级书记"抓基层党建述职制度和党员评议制度，全面实施堡垒指数、先锋指数管理。2018年，浙江成立教育工作领导小组，建立了党委统一领导、党政齐抓共管、部门各负其责的教育领导体制。

坚决落实管党治党、办学治校主体责任。浙江高校党委坚持把方向、管大局、作决策、保落实，把党的领导贯穿高校工作的各方面、各环节，教育引导广大干部师生增强"四个意识"、坚定"四个自信"、做到"两个维护"。坚决贯彻执行普通高等学校党委领导下的校长负责制，试点实施高校二级学院（系）党组织领导下的院长（系主任）负责制。加强对育人工作的统一领导，不断完善学校《党委会议事规则》《校长办公会议事规则》，将立德树人根本任务贯穿办学治校的全过程，将育人工作的重大事项纳入学校议事范围，定期进行专题研讨和重点部署，强化对育人工作的顶层设计和思想引领；对于涉及教育的重大事项和涉及学生利益的重大问题，严格落实公众参与、专家论证、风险评估、合法性审查和集体讨论决定等程序要求。

协力打造开放互动的党建育人共同体。坚持以党的政治建设为统领，以提升组织力为重点，以推动事业发展为落脚点，充分发挥党建示范引领作用。以教育部"双创"培育单位创建为契机，开展党组织标准化建设，推动基层党建创新提质，打造战斗堡垒作用突出、政治引领作用明显、党员能够充分发挥先锋模范作用的先进基层党组织。深入实施高校党建"抓院促系、整校建强"铸魂行动，把党建工作与思想政治教育、管理育人有机结合，不断凝聚育人工作合力，形成"大党建"工作格局；深入探索把党支部建在学科方向、团队上，建在班级里、公寓内、社团中，把临时党支部建在大型活动里，打造"党建＋"升级版，强化支部的组织引领作用和育人功能。浙江大学以高质量党建引领高质量发展，将办事大厅窗口导入科学的管理轨道，通过"党建＋管理""党建＋服务"，建设党建示范区，树立典范，形成了管理育人的示范效应。

健全落实党建工作保障机制。加大学生类型多样、设施完善的"党员之家"的建设力度,充分发挥学生党建对大学生思想政治教育工作与大学生成长成才的辐射和引领作用。深入实施"双带头人"培育工程,落实党务干部队伍保障、党建工作经费保障,抓实党内各项制度建设等,推动全校各级党组织全面进步、全面过硬,为推进高校内涵式发展提供坚强的组织和条件保障,各级党组织成为师生最贴心、最依赖的组织依靠和坚强堡垒。

(二)思想铸魂,意识形态阵地管理严丝合缝

全方位筑实筑牢意识形态各领域阵地。筑实意识形态阵地,既要用足、用好课堂教学这个主渠道,在课堂主渠道正面宣传的同时,又要敢抓敢管,敢于亮剑,有理有利有节地在各个阵地开展舆论斗争。2019 年,浙江省教育厅组织召开高校思政理论课名师研讨会,以研讨促改革,不断抓好全员、全过程、全方位育人的高校意识形态阵地管理。浙江高校紧紧围绕立德树人根本任务,以办好思想政治理论课为抓手,以破解思想政治教育现实问题为导向,以创新方式方法为关键,以协同联动为保障,在理念思路、内容形式、方法手段方面开拓创新,充分整合思想政治教育资源,切实用好课堂教学主渠道,筑牢意识形态各领域阵地,有效落实了立德树人根本任务。

严格落实意识形态工作责任制。浙江高校全面贯彻落实党的十九大、全国宣传思想工作会议、全省宣传思想工作会议精神,严格执行《中国共产党宣传工作条例》《党委(党组)意识形态工作责任制实施办法》《浙江省党委(党组)意识形态工作责任制实施细则》等文件要求,高质量推进"不忘初心、牢记使命"主题教育,牢固树立"四个意识",坚定"四个自信",做到"两个维护",坚持学校党委履行意识形态工作的主体责任,完善制度,改进机制,创新办法。浙江工业大学按照属地管理、分级负责和"谁主管谁负责"的原则,切实履行好党委主体责任,严格落实党委书记"第一责任人"、党委分管领导"直接责任人"和班子其他成员"一岗双责"的要求,将意识形态工作纳入年度二级党组织书记述职评议、党风廉政建设等事项的重要考核内容,严格实行意识形态一票否决制,考核结果作为领导班子、领导干部实绩考核的重要内容。

着力规范宣传思想新兴阵地管理。习近平总书记指出:"要运用新媒体新技术使工作活起来,推动思想政治工作传统优势同信息技术高度融合,增

强时代感和吸引力。"浙江高校在加强和改进宣传思想工作过程中,抓好传统阵地建设的同时着力加强新兴阵地建设,切实完善宣传思想阵地管理制度,实施主动管理、规范管理和有效管理。一方面,浙江高校积极主动开发、利用、建设和管理微博、微信等网络媒体平台,通过网络途径用中国话语阐释马克思主义意识形态内容,提高校园媒体的舆论引导力,争夺高校意识形态主导权的"主战场",确保马克思主义意识形态以学生喜闻乐见的形式和话语有序传播。另一方面,加强网络阵地建设,抢占网络宣传阵地的制高点,积极营造晴朗、绿色文明的网络空间,从源头上阻断非主流意识形态信息的不良传播,为高校意识形态工作健康发展营造良好的舆论环境。① 浙江传媒学院建立健全校园网络安全管理制度,牢牢掌握网络意识形态工作领导权,在全国高校率先建成新型媒体矩阵"未来之声"全媒体中心,2017 年起连续 3 年被评为"浙江省高校新媒体综合力十强",每年在《人民日报》等主流媒体发表外宣报道 500 余篇(次),同时加大学生记者团培训力度,推动网评工作,用好媒体矩阵,唱响舆论传播主旋律。

全面抵御和防范宗教向校园渗透。浙江高校牢牢坚持党的宗教工作基本方针,坚持教育与宗教相分离,落实好《宪法》《教育法》《普通高等学校学生管理规定》《宗教事务条例》要求,坚决抵御宗教渗透,任何组织和个人不得利用宗教进行妨碍国家教育制度的活动,形成抵御宗教渗透的严密防线。加强校内外制度建设,引导师生树立正确的宗教观,严禁在校园传播宗教、发展信徒、设立宗教活动场所、举行宗教活动、建立宗教组织,加强对高校讲座、论坛、学术交流、接受境外资助和个人资助等管理,加强校园网络监管,坚决阻断利用宗教对高校渗透和校园传教的渠道。充分发挥校园广播、报刊、网络、宣传橱窗等校园媒体的作用,通过网上主题班队会、班级讲座等,开展形式多样、生动活泼的宣传教育活动,形成师生共同抵御宗教活动向校园渗透,坚持把理想信念教育有机融入健康向上的校园文化建设,用优秀文化和科学精神占领校园文化阵地。浙江水利水电学院联络新疆驻浙江教育协调工作小组、

---

① 钟发亮:《新时代加强高校意识形态工作的着力点》,《光明日报》2018 年 12 月 19 日,第 6 版。

民族事务管理部门、公安部门和地方政府,会同统战部、宣传部、教务处、总务处、保卫处、校团委等校内部门,携手共建"阿木工作室",成立"政策、思想、学业、心理、生涯"五大指导团队,系统开展"铸魂、固本、融合、帮扶"四大教育成才计划,实现全过程引领、精准化帮扶和个性化指导,走出了一条高校抵御和防范宗教渗透教育管理工作的特色道路。

(三)立德为本,教师思想政治工作走心走实

全面加强党对高校思想政治工作的领导。历届浙江省委、省政府高度重视高校思想政治工作,2005年,在时任省委书记习近平同志的主持下,浙江建立了省领导联系高校和定期为高校师生做形势政策报告制度,省领导深入高校开展调查研究并为大学生做形势政策报告300多场次。全国高校思想政治工作会议召开后,省委常委会多次专题研究高校思想政治工作,印发《关于加强和改进新形势下高校思想政治工作的实施意见》。党的十九大及全国教育大会召开后,省委领导带头深入高校开展宣讲,推进会议精神落地落实。在省委领导的示范带动下,全省各地各部门高度重视、齐抓共管,各高校党委积极落实主体责任,不断凝聚高校育人工作合力。

充分发挥教师党支部的战斗堡垒作用。浙江高校认真落实教育部党组《关于加强新形势下高校教师党支部建设的意见》要求,以提升组织力为重点,切实加强和优化教师党支部建设,提高教师党建工作实效。大力推进教师党支部书记"党建带头人、学术带头人"培育工程,基本实现"双带头人"支部书记选拔方式全覆盖,使教师党支部书记普遍成为"双带头人"。加强青年教师党员发展工作,认真落实《关于新时代加强在高校高知识群体中发展党员工作的若干意见》,及时把那些符合条件的优秀青年教师,特别是学科带头人和学术骨干吸收到党内来。加大"党员之家"建设力度,着力打造一批特色鲜明、内容丰富、形式新颖、群众口碑好的教师党建工作品牌。通过开展形式多样的网络知识竞赛、微党课等活动,使网络成为推动学校教师思想政治工作的重要平台,实现线上线下齐抓并进。

大力加强高校师德师风建设。坚持改革创新,不断探索新时期师德师风建设的规律特点和方式方法,增强师德师风建设的实际效果。全面落实《关

于全面深化新时代教师队伍建设改革的意见》《新时代高校教师职业行为十项准则》,把提高教师思想政治素质和职业道德水平摆在首要位置,将其作为人才引进、职务晋升、干部选拔、岗位聘任、评奖评优、年度考核、聘期考核等各个环节考察的重要内容。加强教师文化建设,创建学习交流工作平台,实现教师政治学习有保障、师生交流有载体、成果交流有平台、校内活动有空间。积极构建教师社会实践载体,组织教师深入农村、社区、企业等基层一线,参与社会实践活动,深入了解国情、社情、民情。关注教师发展诉求和价值愿望,落实教师主体地位,激发教师的责任感、使命感,建立健全领导干部与教师谈心谈话制度,加强对教师的关心关怀,帮助解决教师实际困难。高度关注教师的心理健康问题,建立完善教师心理疏导机制,帮助他们更好地应对工作压力、舒缓职业倦怠。

全力打造"思政课程"和"课程思政"同心圆。浙江高校始终以高度的政治自觉,扎实推进习近平新时代中国特色社会主义思想进教材、进课堂、进头脑,打造"思政课程"和"课程思政"同心圆。实施高校马克思主义学院质量提升计划,全省重点建设 11 所马克思主义学院,引领和带动其他高校马克思主义学院建设,并推动形成各自教学和研究特色,实现省属本科院校马克思主义学院全覆盖。深入实施"加强和改进高校思想政治理论课建设的十项举措"和"加强和改进大学生思想政治工作的十项举措",扎实推进"三全育人"综合改革试点。实施思想政治理论课教学效果提升计划,成立浙江高校思想政治理论课教学指导(督导)委员会,修订《中国特色社会主义在浙江的实践》等德育教材,加强对思政课教学的检查和督导,定期发布教学效果评估报告。组织开展教育教学大讨论,设立"思政课程与课程思政"专题调研组,全面推进课程建设。针对思想政治理论课兼具知识性、政治性和思想性,以及教学要求高的特点,紧紧围绕"价值塑造"和"思想引领"的教育功能,改变传统的教育教学工作思路,突破传统课堂教学的局限,不断丰富思政课程教育教学内容,努力创新教育学习形式,形成了内涵丰富的"思政大课堂"。采取报告会、座谈会、研讨会及专题调研等多种形式,深入研讨如何进一步加强课程思政建设,破解提升课程思政建设的重点难点问题,把意识形态教育融入课程教学,更新观念、凝聚共识、提升实效。浙江音乐学院立足学校实际,结合学校学科特点和学生专业特色,积极探索思政课程改革,在教学内容体系、教学组织形式、实践教学管理等方面做好谋划与设计,主动融入学校"大思政"工作体系,打造具有"浙音"辨识度的思政课程改革模式。

持续推进思想政治工作队伍建设。把高校思想政治工作队伍纳入高校人才队伍建设总体规划,落实专职思想政治工作人员和党务工作人员不低于全校师生人数的1%、思想政治理论课专职教师岗位师生比不低于1∶350、一线专职辅导员岗位师生比不低于1∶200、专职心理健康教育教师师生比不低于1∶4000等要求,切实保障相应的编制和待遇。实施思想政治理论课教师素质提升计划,加大思政课教师队伍建设力度,3年内配足建强思政课教师队伍,每年选派20名思政课骨干教师赴国外研修。出台名师工作室建设标准,陆续推出2批100家"浙江省高校思想政治理论课名师工作室",锲而不舍地把高校思政理论课教改工作和研究工作结合起来,以"名师"带动思政教师素质的整体提升。进一步加强辅导员队伍建设,以发挥辅导员在大学生思想政治教育中的骨干作用为目标,以提升辅导员综合素质为核心,以完善辅导员队伍建设机制为重点,树立辅导员"多样化配备、分类别培养、专业化发展"的建设理念,制定辅导员"发展有方向、学科有归属、专业有依托"的发展规划,打造辅导员"工作有平台、上升有通道、发展有空间"的工作环境,严格辅导员选聘、培养、发展的各个环节,全面提高辅导员的政治素质、职业能力和专业水平,努力建设一支政治强、业务精、纪律严、作风正,敬业爱岗,结构合理,专业化水平较高的辅导员队伍。

(四)品质管理,多元协同育人模式彰显优势

健全治理体系,夯实高质量管理基础。浙江高校把依法治教和章程建设作为推进高等教育改革的重要环节,不断完善以大学章程为统领的治理体系。2013年下发《浙江省教育厅关于贯彻实施〈高等学校章程制定暂行办法〉的指导意见》,2015年底所有公办高校全面建成"一校一章程",2016年下发《浙江省教育厅关于深入推进依法治教的若干意见》,统筹推进教育法治建设,进一步确立了立德树人根本任务和人才培养的中心地位,为构建育人工作体系提供了重要遵循和基础保障。通过章程建设,全面落实党委领导下的

校长负责制，完善党委领导、校长治校、教授治学、民主管理的治理结构；不断健全以学术委员会为核心的学术治理体系，充分发挥学术组织在管理育人中的作用，增强对学校发展规划、教学科研单位设置、中外合作办学、重大教育项目合作、教学科研经费安排等育人相关要素设置的建议权；系统梳理校内各项规章制度和管理文件，切实加强规范性文件的合法性审查，对于不适应育人工作要求、不符合育人工作规律的管理制度，坚决予以修改或废止，确保育人工作在规范性文件中的一致性体现。实行全员岗位聘任制，充分挖掘岗位的育人元素，编制岗位说明书，明确岗位育人职责和实施路径，作为岗位个人年度考核、职务职级晋升及各类评奖评优的重要依据，将育人工作贯穿到学校管理的各个环节，真正落实全员管理育人的责任担当。温州大学实施"机构改革优功能、人事改革强动能、制度改革提效能"三大改革，以改革激发活力、以创新驱动发展，不断规范学校内部治理体系和治理结构，全面提升学校教育治理效能和管理育人水平。

汇聚各方力量，开展全方位管理育人。浙江高校积极融合思政管理、行政管理、教学管理、科研管理、校园管理等方面，开展全员、全方位的协同管理育人。浙江大学推进"一站式"学生社区综合管理模式育人探索，撬动和整合全校育人资源，强化"园院"协同，打造管理协同"云生态"，建立精细的网格化学生管理模式，构建全员全过程全方位育人格局，提高了学生社区管理育人实效。台州职业技术学院秉持"管理不是目的，育人才是根本"的服务理念，在文明寝室建设中坚持做到管爱相融，管育并举，通过制度管人、流程管事、标准做事、规范行事等管理举措，不断提升文明寝室建设管理育人水平。丽水学院积极推进书院制改革，建立由学工主导、后勤保卫协助、教育教学协同、二级学院为主实施的书院教育管理模式。浙江高校通过加强思想教育与专业教育的互通合作，联动教师育人工作与思想政治教育工作，构建学风浸润的育人模式，实现"课程思政"全覆盖，把育人工作落实到每门课、每堂课中，着力破解知识教育与思政教育"两张皮"的难题。嘉兴学院把"讲堂的建设与管理"作为一项常态工作来抓，推动校园讲堂"三化"（规范化、多样化、品牌化），着力打造育人"金课堂"，确保思想政治教育贯穿大学生的课余学习生活全过程。浙江高校通过整合校外企事业单位的资源，联合举办一批高水平特色学院或混合所有制学院,推进行业科研院所与特色发展高校深度融合,打造一批实践教学基地、专业学位研究生联合培养基地、浙派名师培养基地等,汇聚更多社会资源开展协同育人,增强大学生的社会责任感,提高人才培养的质量。

推进民主管理,切实保障学生合法权益。浙江高校坚决贯彻以人民为中心的发展思想,坚持以"生"为本,不断创新民主管理方式,切实优化教育服务,深入推进信息公开,畅通利益诉求渠道,充分保障学生合法权益。各高校都建立了领导联系学生,"书记有约","校长有约",校领导与中层干部联系学生支部、联系学生寝室等工作机制,走进学生,倾听诉求,充分保障学生多渠道、多方式对学校管理工作提出意见建议的民主权利。不断完善信息公开制度,健全学生权益保护机制,充分发挥学校申诉处理委员会、学生权益组织的作用,保障学生知情权、参与权、建议权和监督权,切实维护学生的合法权益。不断加强对共青团、学生会、研究生会等学生组织的领导,深化共青团改革,切实引导好、组织好、影响好、服务好学生。推动学生参与民主管理,保障学生在各级党代会、教代会、团代会、学代会的"参政议政"权,引导学生自我管理、自我教务、自我服务,培养学生民主意识和主人翁精神。台州学院在浙江高校中首创学生议事会制度,这是一种学生参与高校民主管理的制度,至2021年已坚持了19年。学生议事会是在学校的组织领导下,学生议事代表按照一定的议事规则、程序和要求,充分讨论、商议学校发展和学生成长成才过程中需要学校决策的各种事项,特点是师生共同参与,平等对话,当面交流,当场答复。该制度实施以来,在激发学生的民主参与意识,推进学校的民主管理,促进学校发展和学生成长等方面发挥了重要作用。

强化育人导向,健全考核评价激励机制。浙江高校将育人要素纳入教学成果奖、学位点建设、专业建设、课程建设、学生创新创业大赛及学科竞赛奖、继续深造率、就业率等的评价指标体系,作为教师年度考核、聘期考评、绩效评价的组成部分,与承担教学、科研任务一样计入教师工作量,考核结果与薪酬待遇、职称晋升、岗位聘任挂钩,作为评优、授予荣誉称号等的基本条件。浙江师范大学通过部门职责、岗位职责修订,明确各岗位管理育人的内容、程序和标准,把育人职责履行情况和育人功能发挥情况纳入各级各部门和各岗位的绩效考核评价范围,作为评先评优依据,使育人工作成为全校每位教职工应尽职责、义务和自觉行动,推动全员育人得到实现。浙江农林大学有效构建"一二课堂"协同育人体系,通过整体设计学校第二课堂工作内容、项目供给、评价机制和运行模式,实现学生参与第二课堂可记录、可评价、可测量、可呈现的一整套工作体系和工作制度。浙江工业大学制定《教师课外育人工作条例》《本科生导师制实施办法》等制度,将课外育人工作纳入每一位专业教师的岗位职责,制定了较为完善的工作要求、考核办法与激励机制。

(五)数字赋能,整体智治育人格局加速成型

数字赋能加快教育治理现代化。互联网、大数据、人工智能等现代信息技术不断取得突破和广泛应用,为高等教育高质量发展提供了前景广阔的新机遇和强大持久的新动能。2003年,浙江首次提出"数字浙江"建设并上升为"八八战略"的重要内容。2018年,浙江正式提出政府数字化转型,标志着"数字政府"建设进入加速发展期。浙江高校抓住机遇、勇立潮头、主动作为,聚焦新时代对高等教育的新需求,全面推进《浙江省教育信息化"十三五"发展规划》《浙江省教育信息化三年行动计划(2018—2020年)》《浙江省数字化改革总体方案》《浙江省教育领域数字化改革工作方案》等,加快浙江教育数字化转型发展,撬动教育领域各方面改革,强化以数字化赋能高等教育高质量发展,激发高等教育系统性变革的内生动力,高水平推进浙江省教育治理现代化,办好人民满意的高等教育。

智慧化校园建设提升管理效能。浙江高校以"数字浙江"建设为牵引,综合运用数字化技术、数字化思维、数字化认知,对学校管理体制机制、组织架构、方式流程、手段工具进行全方位系统性重塑,构建高校治理新平台、新机制、新模式,加快推进整体智治,提升管理效能。浙大城市学院围绕建设数字治理第一校的目标,通过数字化改革全力推进机关部门流程再造、高效协同、迭代式创新和制度重塑,打造"数据协同、业务协同、校院协同"和"治理直达、师生直达"的"三协同两直达"数字治理模式,从整体上推动部门业务数字化和数字业务化,促进学校整体智治螺旋式迭代上升,形成全校共享的"数字红利"的良好局面。浙江传媒学院强化学校管理全过程的数智场景建设和应

用,围绕事项梳理、流程优化、业务协同、数据共享、平台整合等方面,营造治理有方、管理到位、风清气正的育人环境,形成制度完备、运行有效、保障有力、线上线下融合的数智管理模式。湖州职业技术学院的网上办事大厅将标准化管理与人性化管理相结合,不断拓展管理育人的新思路和新办法,优化改进现有管理服务模式,持续为校本治理现代化赋能,推进学校各项工作落实、落细、落地。浙江高校对标教育部《教育信息化 2.0 行动计划》《浙江省高校智慧校园建设评价指标体系(试行)》等要求,加快推进教育信息化转型升级。浙江农林大学以"师生的时间是农林大学最宝贵的财富"为治校理念,以"一库一表"工程为"总抓手"与"突破口",建立以人为核心的跨领域、多业务协同应用的校园整体智治平台——"智慧浙农林",基本形成"校务服务便利、协同办公高效、监督管理精准、教育决策科学、数据开放有序、资源应用共享"的数字化教育治理模式,从根本上提升全体师生的获得感与幸福感。浙江旅游职业学院围绕"数字赋能到系统性、全方位制度重塑"的核心理念,通过建设校务服务平台、校园智慧大脑等,实现从碎片化治理到协同治理、整体治理的转变,以数字化转型引领学校各项事业的创新发展。

数字化教学提升教育质量。浙江高校积极推进教学平台、教学管理、质量评价的数字化应用,加大教学管理育人的力度。建设 20 所省级"互联网＋教学"示范性高校。鼓励高校共建优质公共基础课、专业基础课和创新创业类课程,建设 1000 门省级精品在线开放课程。建设虚拟仿真实验教学资源管理平台,认定 1000 个省级虚拟仿真实验教学项目。积极推进线上线下相结合的混合式学习,开展基于网络的课程教学与评价,建设 100 个省级在线教学名师空间,认定 1000 个"互联网＋教学"省级教学改革案例、1000 堂"互联网＋教学"省级示范课和 1000 种新形态教材,促进"互联网＋"课堂教学创新。建立和完善"互联网＋"教学质量标准,规范在线学习和跨校选课的程序和考核评价办法,规范在线开放课程学分认定和转换办法,扩大学生学习选择权,确保在线课程的学习质量。建设基于大数据的教学质量监控和学习评价系统,强化学生学习进度和学习效果监控与预警。

一体化服务提升保障水平。浙江高校坚持以人为本,不断深化"最多跑一次"改革,全面打造基础设施"一片云",信息数据"一张表",师生办事"一站式"，用户服务"一网通"，建立覆盖校园业务的一体化综合保障体系，为学校提供全方位、全过程信息化服务，为师生提供精准化、便捷化服务。中国美术学院结合"数字国美"建设，创新校园安全科学精密智控，加强疫情联防联控，探索高校人员智控系统建设，实现校园防控常态化管理和精准化智控，推进校园信息化管理能力和育人水平。宁波大学以数字化转型为动力，以"一站服务、一网通办、一键即通"的"三个一"工程为总抓手，打造"师生需求在哪里，学校服务就在哪里"的沟通平台和快速响应机制，将"全员、全过程、全方位育人"的理念贯穿其中。浙江工业职业技术学院借助信息化手段整合数据资源、优化办事流程，建立了 8 小时工作制、24 小时服务制，提供"一对一"服务，基本实现校务服务事项网上办事、掌上办事全覆盖。浙江中医药大学深入推进以"学生为中心"的学教一体化生态链建设，遵循科学管理原则，充分考虑学生思想特点和成长规律的有机融合，描绘学生数字画像，助力智慧精准育人。

党建引领 凝心聚力

浙江高校始终坚持加强党建引领，不断深化党建引领基层治理现代化的理论研究与实践探索。通过"管理创新，服务育人"、开展"党建网络思享会"、抓好"四心"，构建"三三制"学生党员教育培养体系，打造"一核四治"管理育人新模式，深化"五金工程"育人模式，搭建"创意—创作—管理"三大平台，创新学生党员教育管理新模式，助推学子成长成才，推动浙江省高校党建引领再创新经验、再上新台阶。各高校深刻认识高校党建引领的重要性，牢牢把握党建引领工作的正确方向；不断提高高校党组织的吸引力、凝聚力、战斗力；持续深化党建引领管理育人的探索与实践，努力为全国提供更多成功的做法和经验。

党建引领，管理创新，服务育人

——浙江大学

作为国内高校中首个一站式师生服务平台，浙江大学行政服务办事大厅设立于 2013 年 2 月，是浙江大学服务师生的重要窗口平台，也是浙江大学推进"最多跑一次""最多找一人"改革的重要支撑平台和浙江大学党建示范校的重要展示平台。浙江大学行政服务办事大厅以党建为引领，坚持"一流管理 服务师生"的理念和"把困难留给自己，把方便让给师生"的原则，将"育人"思想贯穿管理服务全过程，形成管理创新服务育人的典型实践，连续获评"全国青年文明号""全国巾帼文明岗"，入选浙江省高校党建特色服务品牌案例。

一、目标思路

浙江大学行政服务办事大厅紧紧围绕"一流管理 服务师生"的理念进行管理服务育人的实践。8 年来，其以推进浙江大学校务治理体系和治理能力现代化为长远目标，以让师生高效办事、快乐办事、满意办事为现实目标，坚持以高质量党建引领高质量发展，深入落实立德树人根本任务，强化管理创新，提升服务育人的实效，通过"党建＋管理""党建＋服务"，深入推进党建示范区建设和"最多跑一次""最多找一人"改革，做到"三个强化""四个推进"，形成管理服务育人的示范效应。

（一）"党建＋管理"

一是强化制度建设,优化育人环境。建立规范完善的窗口管理制度体系和科学有效的考核体制,将窗口各项服务纳入科学的管理轨道,提高办事大厅窗口管理的制度化、规范化和科学化水平。二是强化作风建设,树立育人形象。编制并完善《窗口人员服务规范》,实施师生办事满意度评价,持续推进办事大厅窗口工作人员行为管理标准化,树立"业务熟、态度好、有温度"的窗口工作作风。三是强化能力建设,提升育人水平。定期开展理论学习、业务培训、工作研讨、读书分享等学习活动,提升窗口工作人员的综合素养和服务能力。

（二）"党建＋服务"

一是积极践行"三服务",推进行政服务办事大厅窗口服务事项网上办、掌上办、快递达,依托校务服务网建立统一的服务事项数据库,优化办事指南,推行"一事一码",实现师生办事"最多跑一次"或"跑零次";二是积极探索异地异校服务模式,推进多校区自助服务点建设,实现师生跨校区办事就近办、自助办、掌上办;三是推进社会服务窗口建设,实现师生不出校门办实事;四是推进学校统一咨询服务热线建设,打造浙江大学校务服务"总客服",实现师生办事咨询"最多找一人"。

二、实施举措

（一）强化党建引领

成立行政服务办事大厅功能性党支部,积极开展支部学习教育活动,以党建引领群团建,激发窗口人员理想信念、服务意识和创先争优意识,实现党建与窗口服务同频共振,无缝对接,促进党建工作与窗口服务深度融合,党建工作与服务师生双驱动。

（二）完善体制机制

在行政服务办事大厅筹建期，学校成立行政服务办事大厅建设领导小组和办事大厅管理中心，统筹推进办事大厅整体建设和运行工作，管理中心归口党委办公室、校长办公室管理；优化行政服务办事大厅窗口队伍结构，加强人员配置，鼓励优秀的管理干部到办事大厅工作和锻炼，推进新入职员工、新提任科级干部到行政服务办事大厅窗口服务的机制；明确窗口工作人员实行管理编制与考核相分离的体制，将行政服务办事大厅窗口考核结果纳入部门年度考核，强化考核结果运用，增强窗口工作人员的服务意识和竞争意识。

（三）健全制度保障

健全行政服务办事大厅窗口规章制度，制定办事大厅窗口管理办法、窗口考核细则、工作人员服务规范等一系列规章制度，提出明确的服务质量标准：实施师生办事满意度评价、窗口办事公开制、窗口首问责任制、窗口 AB 角工作制和"六制"工作法等制度；制订办事大厅现场应急处置预案和窗口办事高峰应急预案；及时修订和完善窗口工作流程、工作标准、办事程序，确保服务师生落到实处。

（四）构建激励文化

加强培训，坚持开展窗口新进员工岗前培训、窗口业务培训和专业技能培训，帮助窗口工作人员适应新岗位，胜任新要求；做好内部考核和评选，依托钉钉群实行上下班打卡考勤，不定期检查窗口工作，促进作风建设；开展窗口工作季度考核，以及流动红旗、先进个人、服务标兵等荣誉称号的评选，以考核为杠杆，推动服务质量提升，打造竞争型团队；建立办事大厅内部学习会议制度，积极打造团队文化，推出"厅说""悦读书·悦分享·悦办事""美自己·悦师生"等系列品牌活动，定期组织外出调研和各类专家讲座、女性沙龙、心理团辅、春秋游、集体生日会等，凝心聚力打造学习型、效率型、竞争型、服务型团队文化。

三、特色创新

(一)先锋示范,党建引领管理服务育人

依托"党建＋管理""党建＋服务",扎实开展党建示范工作。坚持理论学习"三结合",即学习与工作例会相结合、学习与支部活动相结合、学习与改进日常工作相结合,开展专题研讨交流,推动党员学习教育常态化、制度化、规范化。设立"党员之家"和窗口党员示范岗,党员统一佩戴党徽上岗,树立窗口"一名党员一面旗帜"的良好形象;开展"不忘初心、牢记使命"党员志愿服务活动,亮承诺、亮身份、亮职责,引领窗口工作人员"带头学习提高、带头转变作风、带头开拓创新、带头提升服务、带头争创一流",培育党性强、素质高、能力卓越的管理团队和服务队伍。

(二)开拓创新,改革推动管理服务育人

坚持从师生需求出发设计服务路线,及时梳理、更新办事指南,不断优化办事流程,推进网上办、自助办、窗口代办、快递代跑腿等多种办理模式,实现师生办事从"少跑一趟路"到"最多跑一次"或"跑零次";设置公安专窗,启用西湖区公安分局浙江大学紫金港综合服务办事大厅,设立浙江省对外交流服务中心浙江大学办事处、江南人才-浙大服务中心,对接杭州市西湖公证处、中国石油天然气集团、中国石油化工集团等社会单位定时上门驻点服务,实现师生办理出入境、户籍、居住证、公证等社会业务"零距离";积极探索异地异校服务模式,建成紫金港、玉泉、西溪、华家池、舟山、海宁等各校区自助服务点,推出多个自助终端,实现21项师生证明类事项自助打印,满足师生跨校区办事需求。

(三)务实笃行,文化提升管理服务育人

聚焦师生办事高频问题,多渠道调研,主动协同部门落实解决,增强师生

获得感;暑期严格落实窗口 AB 角工作制,保持窗口正常开放,做到思想不缺位、服务不断线;针对开学季、毕业季等办事高峰期,推出窗口预约服务、延时服务,满足师生"急事急办"需求;实施窗口首问责任制,让师生高效办事;推行窗口"星级"服务,让师生满意办事;注重环境建设,利用办公设备、走廊空间加强文化展示和服务宣传,让师生幸福办事;疫情期间,及时推出"云窗口""云办事""一窗一码",服务师生不打烊。

(四)凝心聚力,实践强化管理服务育人

设立多个学生志愿者服务基地,强化培训、管理,分别担当办事大厅"服务第一岗"和"校区代办岗",引导师生高效办事,服务师生就近办事;培育大厅学生助理团队,全方位服务办事师生;探索党委学生工作部窗口由学生自我管理、自我服务。累计助力 1000 余名学生在服务与学习中实现"自我管理、自我服务、自我教育、自我监督"。

四、育人实效

(一)强化服务,增强师生办事获得感

自启用以来,行政服务办事大厅共受理师生各类服务事项 112 万余件,师生满意率连续 8 年保持在 99.99%,窗口事项全部实现"最多跑一次"或"跑零次"。

(二)提升形象,促进管理服务理念转变

通过创品牌、树形象,充分发挥"窗口效应",通过对窗口工作人员的双重管理,实现行政服务办事大厅窗口部门业务与管理深度融合,双向输出,双向辐射,双向促进,让"师生为本"理念全面渗透到机关管理服务工作中,工作作风明显好转。

(三)培育骨干,促进人才储备

自启用以来,行政服务办事大厅窗口工作人员共荣获校内外荣誉 30 次,

其中党团员 21 人次。共有 30 余人次被提任为科级干部或到重要岗位工作，人事处、总务处等部门建立了党员干部到行政服务办事大厅窗口轮岗制度，彰显行政服务办事大厅作为后备干部培养重要平台的作用。

(四)树立典范,引领高校治理体系建设

行政服务办事大厅共接待中组部、教育部、团中央等上级部门参观 10 余次,接待清华大学、北京大学、南京大学等兄弟高校参观调研 300 余批次 3000 余人次,带动 50 余所高校建立一站式服务平台,引领省属高校全面推进"最多跑一次"改革。相关经验做法被教育部网站刊登,并被《领跑者》《中国纪检监察》《浙江教育报》等媒体报道,省委和学校主要领导对相关做法做出重要批示,为探索建立中国特色现代大学制度、促进高校治理体系和治理能力现代化积累了宝贵经验。

"青春正当时，理论正当午"：研究生党建网络思享会

——浙江工业大学

"青春正当时，理论正当午。"2018年，为进一步深化"全员育人、全过程育人、全方位育人"理念，持续拓展管理育人载体，扎实推进研究生思想政治教育工作，浙江工业大学党委研工部主动探索、积极创新，推出"理论正当午"研究生党建网络思享会。3年来，"理论正当午"研究生党建网络思享会已持续开展系列活动56期，探索并建立了"每日一'习'话、每周一分享、每月一交流"研究生党员理论学习新常态新机制，为打造一支有凝聚力、战斗力的研究生党建骨干队伍，提升研究生党支部工作水平和质量发挥了重要作用。

一、目标思路

浙江工业大学坚持打造有温度的研究生思想政治教育，积极推动思政工作与党建工作相融合相促进，不断将管理育人的触角延伸至网络云端，融合、融通于研究生工作的全方位、全过程。2018年至今，"理论正当午"研究生党建网络思享会始终围绕"网络搭台、师生唱戏、共创共享"的理念，聚焦学习习近平新时代中国特色社会主义思想，充分发挥高校管理育人功能，以研究生党建工作中心为抓手，以"研究生党建"微信群为阵地，面向全校研究生党支部(学生)书记和党建工作骨干开展理论宣讲，努力提升研究生思想政治教育

质量,强化研究生党建骨干队伍建设。

二、实施举措

"理论正当午"研究生党建网络思享会每期都会邀请校内外专家学者、杰出校友、朋辈榜样等优秀嘉宾围绕时政热点、社会焦点、理论前沿等内容进行专题分享。经过 3 年的发展与创新,活动在原有"每周五中午开展线上交流,每学期开展线下分享"的基础上全面创新升级,开启了"每日一'习'话、每周一分享、每月一交流"的提质发展新模式。

(一)每日一"习"话,理论武装再深化

每日一"习"话聚焦新时代紧扣新思想,采取"嘉宾抛话题,党员齐分享"的形式,进一步打造研究生党员理论学习常态化新机制。活动由分享人围绕习近平总书记的一段重要讲话或论述进行简要分享与解读,研究生党员骨干各抒己见,互相交流。每天一刻钟的学习分享,有效帮助研究生党员骨干学深悟透习近平新时代中国特色社会主义思想的内涵与意义,实现了理论武装再深化,形成了理论学习新常态。

(二)每周一分享,党性修养再锤炼

每周一分享作为"理论正当午"研究生党建网络思享会的主要形式,在每周五中午都会通过"浙工大党建"微信群,以"语音＋文字＋图片＋视频"等多种分享方式相结合的模式开展。活动广泛邀请优秀党务工作者、杰出校友、身边榜样典型进行专题分享,结合主题教育,围绕理想信念教育、学术能力提升、职业生涯规划等主题积极开展大学习、大讨论,进一步推动研究生党员骨干党性修养再锤炼、政治素养再提升。

(三)每月一交流,主题教育再延伸

每月一交流采取"前期调研＋中期开展＋后期反馈"的策划模式,面向全

校研究生党支部(学生)书记,定期开展每月一次的线下或线上的交流学习活动。活动内容结合时事热点,涉及研究生学习和生活的方方面面,为全校研究生党支部(学生)书记搭建了交流和学习的平台。

三、特色创新

(一)"线上线下"齐推进,创新形式方法多

"理论正当午"研究生党建网络思享会坚持"每日一'习'话、每周一分享、每月一交流"的模式,融合"线上+线下"平台,打破"时间+空间"限制,拓展"校内+校外"嘉宾,努力提升活动的针对性、时效性和参与度。线上交流以"语音+文字+图片+视频"等多种分享方式相结合的模式,打造"便捷高效、灵活及时"的网络思享会平台,打破时间和空间的壁垒,让来自不同学院、不同支部的研究生党员和党建骨干可以随时随地尽享理论盛宴。线下活动采取"前期调研+中期开展+后期反馈"的策划模式,通过对研究生党员骨干群体进行跟踪调研,获悉最及时、最准确、最受学生喜欢的线下活动内容与形式,增强学生参与的积极性。

(二)"理论实践"相融合,分享内容主题多

"理论正当午"研究生党建网络思享会广泛邀请校内外优秀党务工作者、杰出校友和身边榜样典型进行专题分享交流。从"与时俱进的井冈山精神"到"我眼中的改革开放 40 年",从"研究生党员的初心与使命"到"筑梦铸魂——从党的十九大报告中学'文化'",再从"如何成为一名全国'百名研究生党员标兵'"到"勇攀科研高峰,敢做时代弄潮儿",分享内容不仅仅局限于研究生党建相关知识,更涵盖了研究生理想信念教育、学术能力提升、职业生涯规划等多样化内容,充分满足研究生的多元需求,切实为学生们提供最前沿、最需要的分享内容,是研究生党建工作质量提升的有力抓手。

(三)"分享提问"两结合,互动及时收获多

"理论正当午"研究生党建网络思享会采用"嘉宾分享、交流互动、抢答积分"的形式,在嘉宾主题分享结束之后,研究生党支部(学生)书记和党建骨干可自主提问互动,主讲嘉宾在线实时答疑,大大提高了学生与嘉宾之间的交流效率,在拉近彼此距离的同时更让学生开阔了视野、拓展了格局,学生在聆听与互动之间有了更多的参与感和获得感。活动最后的"思享强国"环节和抢答积分制度进一步提升了活动的趣味性,激发了学生主动参与活动的内生动力,从而引起学生心理的碰撞与思想的共鸣,让党建和思政工作真正"活起来"。

四、育人实效

(一)打造思政工作品牌,构筑铸魂育人高地

"理论正当午"研究生党建网络思享会作为浙江工业大学研究生"124"党建育人体系的重要组成部分,始终把握时代脉搏,讲好中国故事,服务青年成才,倾力打造"共建、共享、开放"的云端思政工作平台。截至2020年底,活动已累计开展专题分享会56场,实现了研究生党支部(学生)书记和党建工作骨干的全覆盖。活动坚持创新学习形式、精选学习内容、增强学习实效,以显著的思想性、规律性和艺术性,逐渐成为研究生群体中有生命力、有影响力、有引领力的党建工作特色品牌。活动先后被中新网、"中国研究生"微信公众号等媒体平台专题报道。

(二)服务青年成长成才,提升立德树人实效

"理论正当午"研究生党建网络思享会高度契合学生成长的心理期待,符合学生发展的现实需求,用学生"听得懂"的语言、"想看见"的资讯、"走得进"的方式,实现了党员学习教育的多元化、立德树人的日常化,创新发展的开放化,是党员教育的加油站、全校师生的服务站。"理论正当午"研究生党建网

络思享会就像研究生思想政治工作中的一抹"暖阳",极大地提升了研究生筑牢信仰之基、补足精神之钙、把稳思想之舵的主动性和实效性,激活了学校思想政治工作的内生动力,取得了良好的育人实效。

(三)创新云上学习方式,拓宽管理育人载体

当前,新冠肺炎疫情席卷全球,云端学习优势进一步彰显。"理论正当午"研究生党建网络思享会正是高校思想政治工作在"互联网+"时代碰撞出的青春火花。浙江工业大学运用新媒体技术和青年学生喜闻乐见的方式,进一步拓宽管理育人载体,按照"网络搭台、师生唱戏、共创共享"的理念,推进"云端思想引领、云端心理关怀、云端管理服务",实现了"通过云端聚起来、通过互动拢起来、通过内容带起来"。活动积极引导广大研究生党员正面发声、理性思辨,唱响好声音、传播正能量,进一步构建了全新的学习方式,形成了一批有温度、有力度、有深度的思想政治工作好理念、好经验和好做法,增强了思想政治工作的文化力量和示范功能。

着力抓好"四心"，培育"最美护理"

——浙江中医药大学

浙江中医药大学护理学院研究生党支部积极践行习近平总书记关于"以美育人、以文化人"的重要论述，结合浙江省"最美"文明品牌效应和护理学科美学的要求，以"最美护理"党建品牌为特色，着力抓好"四心"，培育"最美护理"。护理学院研究生党支部由护理学硕士研究生和博士研究生组成，截至2020年底，共有党员64人，其中正式党员52人，预备党员12人。党支部在护理学院党委扎实推进"全国党建工作标杆院系"培育创建工作的统领下，结合教育部"三全育人"试点院系相关要求，积极发挥党支部的战斗堡垒作用，入选浙江省高校首批"研究生样板党支部"培育创建单位。

一、目标思路

护理学院以习近平总书记关于教育的重要论述中的"以美育人"重要思想为指导，结合浙江省"最美现象"文明品牌效应及护理学专业美学的要求，秉承南丁格尔精神和"博爱、博学、精诚、精进"的院训精神，着力打造"最美护理"育人品牌，形成"以美修身、以美启智、以美怡情、以美促新"四位一体的育人新模式，努力培养道德素养高、专业素养强、人文素养全、创新素养优的新时代"最美护理人"；以培育"最美护理"人才为基点，贯穿"以美修身、以美启智、以美怡情、以美促新"4条主线，形成特色鲜明、协同互动、精益求精、效果显著的一体化育人体系。

二、实施举措

（一）建设学习型党支部，发挥党组织的圆心辐射作用

护理学院研究生党支部注重理论武装强化教育，坚持"三会一课"制度，制定规范的支部学习制度，定期开展支部学习活动。创新学习形式，以支部共学为主、分组讨论为辅；以集中研学为主，居家自学为辅；以线下培训为主，线上教育为辅。突破支部跨年级、分学专硕士等因素限制，开展学习流动站、学习漂流瓶等方式，评选学习标兵，营造良好的比学赶超学习氛围，有效提升基层党员的学习效率，保障学习效果。

（二）创建服务型党支部，发挥党组织的先锋模范作用

护理学院研究生党支部始终坚持以服务社会为使命，开展社校共建服务点等活动，开展为社区老人测血压、推拿、血糖监测等常规健康保健工作；结合学校特色，开展中医健康养生知识宣教，促进全民健康意识和健康知识的提升。积极参与各类志愿实践活动，将理论与实践相结合，在实践中掌握新知识，积累新经验，增长新本领，形成学以致用、用以促学、学用相长的良性循环。

（三）打造创新型党支部，发挥党组织的战斗堡垒作用

护理学院研究生党支部不断创新工作形式，积极探索"党建＋学科"的主题党日活动模式，发挥研究生的特长，以"传帮带"等形式带动本科生、研究生等的科研能力提升，助力学科建设发展。同时，党支部还发挥校友辐射效应。护理学院的校友遍布浙江省各大医院，利用校友资源集中且广泛的优势，党支部主动联系校友联络站，挖掘"党建＋校友"的党建活动载体，促进高校与临床更深度融合，发挥"1＋1大于2"的功效。

三、特色创新

(一)抓思想建设"筑同心",做"最美"引领者

1.制度保障"要我学"

护理学院研究生党支部突出思想建设,认真学习习近平新时代中国特色社会主义思想,以及党的十九大和十九届历次全会精神。制定《党支部理论学习制度》,提出落实政治理论学习的要求,每学期制订政治理论学习计划,明确学习内容。强化学习考核登记,把参与政治理论学习情况作为党员考核的重要依据。2018年至今,已组织政治理论学习39次、主题党日活动37次。

2.形式创新"我爱学"

护理学院研究生党支部始终不渝抓学习教育,成功探索"不唯讲也有听、不唯看也有谈、不唯上也有增、不唯学也有悟、不唯会也有网"的政治理论学习"五不五有"模式,该学习模式得到了上级教育主管部门的肯定与好评。党支部成立习近平青年思想研究会和"最美宣讲团",宣讲团成员2017级研究生高航荣获浙江省思政微课大赛一等奖。

3.联系实际"有效学"

护理学院研究生党支部把握政治理论学习时机,对重要节点、重要会议精神努力做到第一时间传达学习,确保学习的时效性和新鲜感。在国际护士节来临之际,党支部成员认真学习习近平总书记关于护士工作的重要讲话精神,做到学习"地对地",避免学习"空对空",确保学习的针对性和实效性。围绕党建重点工作,开展"不忘初心、牢记使命"主题教育,学习伟大抗疫精神,组织"致敬最美逆行者"校友寻访活动,寻访近100名一线抗疫校友。

(二)抓讲好故事"增信心",做"最美"传播者

1.拓展国际视野,讲好中医故事

护理学院研究生党支部立足中医药特色,传播中医药文化。2018年以

来,有 17 名党员赴英国、西班牙、日本等国开展中医药文化交流。党支部先后接待比利时西弗兰德大学、美国护士协会、英国中央兰开夏大学等代表团 10 余次共计 80 余人,组织参观浙江省中医药博物馆、胡庆余堂、雨田中医馆,体验中医药魅力,活动曾被《人民日报》报道。

2. 牢记初心使命,讲好护理故事

党支部成员在临床实践期间实现零失误、零投诉、零差评,用人单位满意度保持在 99% 以上。党支部成员在临床实践中坚守职业道德,用爱心、耐心、细心服务病患,深受临床医护工作者、患者及家属的赞许,共收到表扬信 50 余封。党支部成员 2019 级护理学研究生倪琪琦的先进事迹被浙江经视《战"疫"最美护士》专栏报道。

3. 讴歌最美逆行,讲好抗疫故事

原党支部成员刘晓作为武汉大学人民医院的一名护士冲锋在抗疫第一线,并撰写发表新冠肺炎相关科研论文。原党支部成员刘华龙作为浙江省援鄂医疗队队员,辗转于武汉大学中南医院和武汉市金银潭医院 40 余日,相关事迹被《浙江日报》、浙江卫视等媒体报道。党支部挖掘 180 多名援鄂校友的育人元素,通过具有感染力的"小故事",展现校友与疫情战斗的"大事件",将校友抗疫事迹汇编成《致敬最美逆行者》专辑。"勇当'四个先锋'"的抗疫举措被全国高校思想政治工作网宣传报道。

(三)抓奉献社会"强爱心",做"最美"实践者

1. 打造特色志愿服务,厚植大爱情怀

护理学院研究生党支部积极开展老年护理培训、残障儿童护航、临终关怀陪护、爱心医疗下乡、中医护理推广、急救知识宣教等特色志愿活动,共建立 15 个志愿服务基地,坚持每周一次志愿服务,累计参与志愿服务达 1500 余人次,受益群众达万余人。其中,"南滕急救公益项目"获得浙江省志愿服务项目大赛铜奖,"乐生——儿童临终关怀服务项目"获得浙江省第三届妇女儿童公益服务项目创意大赛一等奖。

2. 凝练专业实践品牌,践行大医精诚

护理学院研究生党支部结合专业特色,开展"小天使课堂""男护生联盟"

"博士医疗科技团""研究生预约帮扶"等志愿服务品牌活动。抗击新冠肺炎疫情期间,党支部成员积极参与抗疫志愿服务工作,累计服务时长达1000多小时,相关事迹登上"学习强国"学习平台。博士医疗科技宣讲团获全国暑期"三下乡"社会实践优秀团队,并被《中国中医药报》报道。

3.拓展志愿服务渠道,弘扬大德精神

党支部成员积极参与大型赛事志愿服务,在G20杭州峰会、国际专科护士大会、中西医结合老年护理高峰论坛、"迎亚运"杭州青春毅行大会等重大活动中贡献力量,先后获得G20杭州峰会志愿服务杰出志愿者、浙江省优秀志愿者、国际毅行大会优秀团队等荣誉称号。抗击新冠肺炎疫情期间,积极对接山东万容生物科技有限公司,向浙江大学附属第一医院、浙江大学附属第二医院等捐赠抗疫医疗物资共计20余万元。

四、育人实效

(一)立足"青苗计划",服务成长成才守初心

针对低年级,党支部实施"青苗计划"。组织举办"杏林风"学术文化艺术节,开展学术沙龙活动,开办"最美大讲堂",开展"科技创新早临床早实践"活动,开通学科竞赛经验分享交流等,选拔优秀党员开展科研启蒙活动,实现从科研意识培养到项目培育孵化等环节的多方位训练,努力营造浓郁的学术文化氛围。

(二)立足"远志计划",助力科技创新见成效

针对高年级,党支部实施"远志计划"。2018年至今,护理学院获拔尖创新人才重点培育资助5人,国家奖学金7人,成功申报实用新型专利和计算机软件著作权30余项。4篇论文入选中华护理百篇优秀论文,16篇论文获护理学术成果奖。获第七届CMB中国护理网研究生论坛口头汇报一等奖、浙江省"挑战杯"大学生创业计划竞赛一等奖、浙江省大学生职业生涯规划大赛二

等奖等。

(三)立足"丹心计划",成就护理骄傲当先锋

针对毕业生,党支部实施"丹心计划"。党支部在浙江大学附属第一医院、浙江大学附属第二医院等10余家医院成立校友联络站,通过搭建校友平台,实现资源互通、以老带新、共同进步。从党支部走出来的党员中涌现出一大批护理骨干,先后获得全国卫生健康系统新冠肺炎疫情防控工作先进个人、全国就业创业工作先进个人、浙江省抗击新冠肺炎疫情先进个人、浙江省优秀共产党员、浙江省五一劳动奖章、浙江省五一巾帼标兵等荣誉。

强化"四个协同",推进"大思政"工作实践

——浙江财经大学

　　浙江财经大学党委以习近平新时代中国特色社会主义思想为指导,全面贯彻落实全国高校思想政治工作会议和全国教育大会精神,坚持立德树人的根本任务,以"三全育人"为总要求,围绕学校财经育人的办学特点,发挥学校思想政治工作领导小组作用,统筹构建"大思政"格局,创新工作理念,统筹协同配合,强化"四个协同"长效机制,充分发挥思想政治教育在"三全育人"工作中的重要作用,抓好师生政治引领和价值引领,聚焦重点领域和重点环节,强化育人主体,细化育人过程,优化育人环境,探索建立全员、全过程、全方位育人体系,着力培养德智体美全面发展的高素质财经人才。

一、目标思路

　　为使"三全育人"各项工作落实落细,学校整体设计,使相关职能部门和基层单位联动,分工协作,进一步增强思想政治工作实效性,形成了"四个协同"长效机制,即"顶层设计"与"机制建设"协同,"思想导航"与"文化营造"协同,"教师队伍"与"管理队伍"协同,"思政课程"与"课程思政"协同。

二、实施举措

(一)"顶层设计"与"机制建设"协同,扛起"思政育人"责任

凝聚育人共识,广泛宣传发动,切实增强"大思政"育人理念支撑。学校党委书记李金昌亲自提出构建"五个三"思想政治工作体系:围绕"三重"教育内容,融通"三维"教育载体,实现"三通"教育途径,鼓励"三式"教育方法,发挥"三师"队伍作用,全员联动挖掘育人深度。一是上下联动。学校成立由党委书记任组长的思政工作领导小组,构建党委统一领导、党委职能部门牵头协调、相关部门分工负责、各级党组织及院系上下联动、全校教职工共同参与的"大思政"格局。二是左右联动。将育人工作嵌入师生日常的工作、学习和生活之中,构建形成教学部门、管理部门、教辅部门相互配合、相互促进、左右联动的体制机制。三是全员协同。提升育人程度,通过综合导师制,创新协同育人机制,将课程、科研、实践、文化、网络、心理、管理、服务、资助、组织"十大育人"板块分解到相关部门和各学院,构建职责清晰、同心同向、协同推进的工作机制,提升育人工作实效性。结合与思政工作密切相关的方面分别出台配套文件制度,涵盖理论学习、基层党建、教师思想政治工作、学生思想政治工作、思想政治工作队伍、管理服务工作6个方面,破解校内协同育人工作难题,打通校内协同育人的"最后一公里",使育人工作的机制更加顺畅、合力更加凝聚、协同更加有效。

(二)"思想导航"与"文化营造"协同,明确"思政育人"方向

坚持全过程育人,3个阶段细化育人举措,把育人工作贯穿从入学到毕业的各阶段,融入教学、管理和服务工作全过程。

入学阶段:侧重进行理想信念教育。通过书记校长带头讲"新生思政第一课",引导学生树立德智体美全面发展的成长成才目标;通过综合导师,引导学生重视生涯规划,为每一位学生建立职业生涯规划指导;通过专业名师、

专业行业精英分享学术和职业成长经验感悟,为学生职业生涯规划提供建议和引导;将"校友元素"融入始业教育,聘请部分校友担任新生班主任,通过举办"学长论坛""梦想课堂""校友故事会"等活动,让校友的为学、为人、做事之道在学生的思政教育方面发挥生动的示范效应。

培养过程阶段:侧重进行道德养成和职业技能教育。"综合导师制"以学生学业指导为核心,兼顾学生的思想品德教育和生活、心理等方面的指导和引导,在专业教育中融入学生思政教育,充分调动和强化专业教师开展大学生思政教育的积极性、主动性,实现教书与育人的融合。聘任校外杰出人士担任学生职业发展导师,引导学生深入了解学科专业特点,结合职业兴趣挖掘自身潜力,帮助学生修正职业发展目标,使职业生涯规划指导逐步个性化、专业化、专家化。

毕业阶段:侧重进行职业道德教育。发挥朋辈引领的榜样示范作用。让身边人讲身边事,连续 15 年开展自立自强"十佳青年"评选表彰活动,使之成为学生参与面最广、受教育最深、最喜爱的品牌活动。把"廉洁元素"融入学生毕业教育中,培养大学生清正廉洁的思想素质和良好的职业道德。每年向毕业生发放《廉洁从业,走好人生的每一步》学习手册,通过召开主题班会等形式开展廉洁从业教育,提高学生抵抗腐败的免疫力。

(三)"教师队伍"与"管理队伍"协同,营造良好育人氛围

学校以立德树人为根本任务,以"三全育人"为总要求,坚持全员育人,努力形成全体教职员工参与育人的良好氛围。一是发挥领导干部在学生思想政治工作中的带头作用。通过校党委理论中心组专题学习,校领导班子成员带头深入研学、带头讲好党课、带头创新实践,开展"相约星期四"书记校长面对面等活动,中层领导干部深入课堂、班级、寝室、学生,了解倾听诉求,及时发现、帮助解决实际问题。二是发挥专业教师在学生思想政治工作中的指导作用。学校已连续 20 年实施综合导师制,通过教师在"思想上引导,学习上辅导,生活上指导,心理上疏导",构建起以学生为本的教师教书育人新平台。重视养成教育,不断深化文明寝室建设。深入学生班级和寝室,与学生面对面、心贴心,及时了解学生需要,帮助解决实际困难和问题,以自身言行教会

学生讲礼貌、懂感恩、乐助人、会谦让，营造向上、向善的寝室文化氛围，实现行为指导与文化熏陶的结合。注重教学相长，推动教风学风两促进。学校深入开展了"正作风、树教风、抓学风"主题活动，教风、学风建设取得比较明显的成效。学校通过综合导师制，打通校院之间、学校与学生之间的育人渠道，充分发挥教师的积极性，做到纵向衔接、横向贯通，形成一级促一级、层层抓落实的机制，实现育人工作的无缝对接和全覆盖。三是发挥教辅人员在思想政治工作中的能动作用。教辅人员在育人中坚持"真诚理解学生、真情引导学生、真心关爱学生"。学校全面统筹各领域、各环节、各方面的育人资源和育人力量，做好学生理想信念引领、专业知识传授、能力素质提升、社会实践锻炼、道德品质教育、健康体魄塑造等工作，从而使思想政治工作贯穿学生大学4年的整个过程。例如，学校一名宿管阿姨患白血病，学生自发献血援助，这一行为被新华社、《中国教育报》、央广网、网易等媒体报道，充分体现了学校教辅人员与学生情感交融、互爱互助的良好氛围。

（四）"思政课程"与"课程思政"协同，线上线下全平台育人

形成思政课与其他课程的协同效应。提高思政课主阵地育人的有效性，强化其他课程同向育人的协同性，拓展第二课堂辅助育人的互补性。学校开设与中国特色社会主义经济发展密切相关的课程，将"中国特色社会主义在浙江的生动实践案例"引入课堂教学，将角色体验、问题辩论等方式融入课堂，使中国特色社会主义核心价值观与专业教学有机融合，推进小班化、讨论式教室建设。打通第一课堂、第二课堂，立足财经特色，组织开展"知行浙江"社会实践活动。新媒体创新思政育人方式。充分利用网络载体，开展思政育人，保障大学生成长成才。校党委书记、副书记分别为全校师生上以"疫情下的中国""青春应该与谁同行"为主题的"网络思政公开课"。各学院党委副书记及思政辅导员做客抖音直播间，开展"战'疫'之声，前行之灯"思政云微课，从爱国主义教育、社会责任教育等内容入手，开启新学期网络思政新篇章。各学院第一时间召开"易班"网络专题会议，重点排摸，落实疫情防控举措，及时做好学生心理疏导、预警工作，通过新媒体平台科普疫情防控知识，传播正能量。通过在线打卡、网络会议等形式，研究学生思想动态，持续开展毕业生

学业规划等思政工作。

三、特色创新

学校发挥思想政治工作的传统优势,抓好顶层设计,探索创新"一体化领导、专业化运行、协同化育人"的思想政治工作体制机制,构建以课程思政、日常思政为主体,文化思政、网络思政为浸润,学科思政为支撑的"大思政"格局。

(一)抓好顶层设计,探索创新"大思政"体制机制

学校推动建立"大思政"育人格局的体制机制,实现从"学生工作系统内部的大思政"到"主渠道主阵地相结合的大思政",再到"全校思政工作各要素相互协同的'五位一体'大思政"3个层次。第一层次为"学生工作系统内部的大思政"。这一层次以实现学生日常思想政治工作内部的整体性、协同联动和整合贯通为目的。第二层次为"主渠道主阵地相结合的大思政"。这一层次旨在解决日常思政队伍专业化发展问题和主渠道主阵地脱节问题。第三层次为"全校思政工作各要素相互协同的'五位一体'大思政"。这一层次旨在解决全校思想政治工作各要素不协调问题。

为应对新形势、破解新问题,贯彻落实全国高校思想政治工作会议精神和《中共中央、国务院关于加强和改进新形势下高校思想政治工作的意见》精神,学校成立了思想政治工作领导小组,统筹教职工和学生思想政治工作;成立了党委教师工作部,加强教师思想政治工作和师德师风建设;成立了三全育人协同创新研究院,作为学科思政大平台,统筹文学、历史学、哲学、教育学、政治学、心理学等相关学科,以及大学、附属中小学的研究力量和资源,共同加强思想政治教育的理论和应用研究。

(二)抓好队伍建设,提升思想政治教育科学化、专业化水平

按照专兼结合、结构优化的要求,学校采取超常规培养模式,致力于锻造一支思想政治素质过硬、教学科研精湛、工作能力突出的高水平思想政治工

作队伍。一是加强培训研修,着力提升全员业务素质和能力水平。学校注重建设思想政治工作队伍专业化发展的平台,开展解决学生思想困惑、应对重大突发事件、处理复杂问题的各类理论与实践能力培训。二是促进队伍融通和凝聚,着力解决各管一摊、各自为政、协同育人不足的问题。选派思想政治素质过硬的教师到党委教师工作部、党委宣传部和党委学生工作部挂职,同时选拔优秀骨干适当承担思政课专题教学任务。这两支队伍之间的相互融通,保证了学校思想政治工作主渠道建设与主阵地建设的人员聚合和协同联动。三是选派业务骨干驻外访学,着力满足新时代高校思想政治工作队伍视野宽广的要求。学校向国内外知名大学派驻业务骨干访学 1—2 年。借此努力培养一支既有扎实专业基础又有广博见识学识,既坚守中国立场又通晓当代世界发展的思想政治教育创新型人才队伍。

四、育人实效

(一)全员育人形成共识

学校上下形成共识,全员育人,发挥整体优势。学校将"三全育人"工作与师德师风建设相结合,持续开展"师德教风建设"活动,落实综合导师制,充分发挥教师在育人工作方面的正向激励作用,增强每位教师的"育人"意识和能力。例如,工商管理学院多年以来,坚持开展优秀综合导师评选活动,每年评选出 5 位在教学等工作中成绩突出的导师,予以奖励。被新华社报道的学校的"导师有约"制度,就是综合导师制的深入推进,其规定学生学业有困难必约、思想有困惑必约、就业要指导必约、竞赛做项目必约、考研出国要辅导必约。这项制度的推进,进一步拉近了导师和学生的距离,使得一部分本科生较早地深入导师项目或参与学科竞赛当中,取得了丰硕的育人成果。法学院严城老师带病上课,"史上最安静课堂"将教师的尽责敬业展现得淋漓尽致。公共管理学院"钱江学者"特聘教授彭毅老师,潜心教学,用课题经费、自己的工资默默支持培养学生,带领学生参加清华大学"建设工程与管理创新竞赛"、浙江省首届高校 BIM 应用技能大赛等,荣获多个团队及单项一等奖等。此外,校内还涌现出像工商管理学院沈渊老师这样深受学生爱戴的师德标兵。

(二)全过程育人一以贯之

学校将学风建设作为育人工作的主线,从新生入学到学生毕业,对学生的学习情况进行跟踪性的关注和掌握,根据不同阶段学生学业成长的特点和需求,针对不同年级的学生导师开展分类学习学业指导工作。每年组织 2000 余名经管类各专业学生开展大规模学情调查,重点调查学校教育环境、学生投入、学生成长与收获、专业与学校满意度、学生压力与毕业计划、学生人口统计特征 6 个维度。多年来,学校不断夯实人才培养初心,持续打造浙财育人品牌。截至 2020 年 6 月,学校有 692 人考取北京大学、浙江大学、哥伦比亚大学等国内外著名高等学府的研究生,平均考研率从 10% 左右上升到 20% 以上,部分专业的考研率更是超 50%。学校的育人成效得到全社会的广泛认可,学校本科录取分数线持续多年在省属高校中名列前茅。

(三)全方位育人凝聚合力

学校党政协同推进育人工作。将思政工作与教学科研和"双一流"建设工作统一谋划、统一推进,强化统一领导、统一部署、统一评价,凝聚形成了全方位育人工作的合力。以"党建领校"推进"质量立校"。学校按照全面从严治党要求,狠抓作风、教风和学风建设,为深化本科生招生培养模式改革、建立研究生导师权责机制等"质量立校"战略举措奠定了坚实的党建基础。2018 年 12 月,学校会计学院入选第二批"三全育人"综合改革试点院(系)名单(共 42 个)。2019 年 1 月,学校文化育人项目"大师大奖大平台——以特色展馆为依托的多维文化育人模式的实践和探索"成功入选第二批高校思想政治工作精品项目(全国 100 所)。学校 2019 级、2020 级学生全部入驻"易班",前后共组织 10 余次大型校级活动,参与人数基本覆盖全校所有在读学生,月活跃用户人数稳居省内前十,2020 年度获全国易班共建评优工作"优秀易班共建高校",同时还获得 2020 年度浙江省"优秀易班共建高校""优秀易班工作站"和浙江省高校"十佳迎新案例"等多项荣誉。

　　浙江财经大学秉承"进德修业，与时偕行"的校训，全面统筹学校各领域、各环节、各方面的育人资源和育人力量，紧紧围绕学生成长诉求，做好学生理想信念引领、专业知识传授、能力素质提升、社会实践锻炼、道德品质教育、健康体魄塑造等工作，践行办学初心，勇担育人使命，持续不断增强"思政育人"各大平台支撑能力，更大力度探索"思政育人"系统工程，努力开创学校育人新格局。

搭建三大平台，建设三人小组，助力"三全育人"

——浙江传媒学院

为进一步发挥好学科指挥棒作用,引领专业及课程一体化建设,促进二级学院内涵式发展,浙江传媒学院文化创意与管理学院(以下简称"学院")紧紧扭住学科专业一体化建设这一牛鼻子,以搭建三大平台为支撑,以建设三人小组为保障,以助力"三全育人"为目标,整合优化学科专业资源,探索学院创新发展、高质量发展新路径。

一、目标思路

学院立足发展定位与学科专业资源优势,秉持"学科专业一体化"建设理念,探索实践"333"模式,即搭建 3 个"学科专业一体化"工作平台,组建涵盖 3 个岗位的"学科专业一体化"工作团队,为实现 3 个维度育人成效提供机制保障。通过强化学科引领、夯实专业根基、激发基层动能,科学谋划和扎实推进学院学科专业一体化建设,为学生成才和教师发展创设良好环境,为学校建设"国内一流、国际知名高水平传媒大学"贡献力量。

二、实施举措

(一)搭建三大平台,资源配备更合理

学科专业一体化体系的科学有序运转,有赖于集约有效的组织保障。学院基于现有师资的学科学历背景,搭建起以新闻传播学、戏剧影视学、经济管理学等学科为支撑的3个学科专业一体化平台,即"创意策划与传播平台"(简称"创意平台")、"媒体创作与应用平台"(简称"创作平台")、"文化经济与管理平台"(简称"经管平台")。3个平台与文化创意产业链的"创意—创作—管理"3个环节充分对接,一方面开展面向特色领域与细分方向的学科研究,另一方面培养产业链上特定环节的特定人才。从单个平台来看,可以充分挖掘所处产业链链位的特性,让学科研究与专业建设寻找到最大公约数,以同一化的平台建设,保障学科与专业的一体化推进。如图1所示,3个平台互为支撑,构建起共同服务于文化创意产业学科研究与人才培养的学科、专业生态系统。

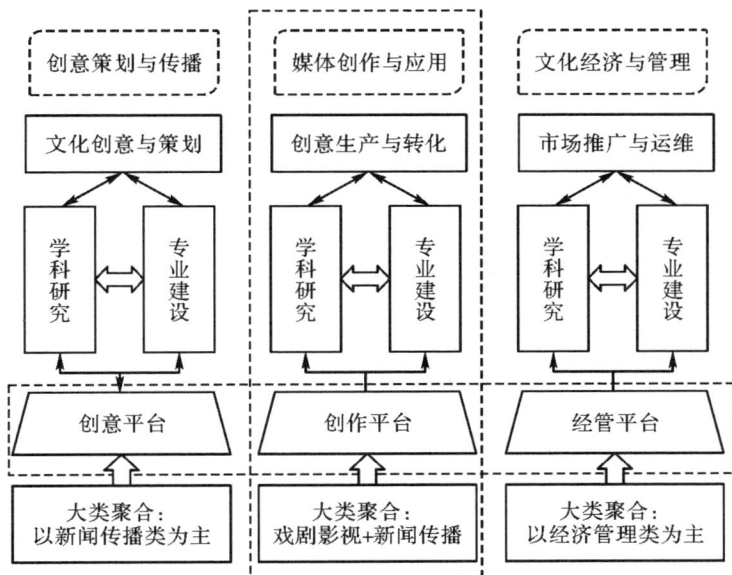

图1　学院的学科专业一体化建设系统

(二)组建三人小组,分工协作更有效

在平台上组建涵盖"学科带头人、专业负责人和系主任"的"三人小组"。在选拔程序上,学院先确定学科带头人,然后由领导班子与学科带头人根据教师自主报名情况,共同确定专业负责人和系主任。在工作开展方面,明确"三人"职责分工。以"经管平台"为例,学科带头人主持平台全面工作,履行平台学科建设、科研和社会服务、教职工考核等相关职责;专业负责人主持本专业人才培养方案制订、建设规划、专业点申报(评估、检查)、教育教学交流、教学研究与教学创新等相关工作;系主任负责系部年度工作计划制订、学生教育(新生始业教育、实习实训、小学期、毕业实习、毕业论文)、系部运行组织协调、社会服务等相关工作。经管平台三人小组内部形成"大事有商量,小事分头做"的团队协作氛围,取得了良好的工作成效,获得浙江省教科研先进集体荣誉称号,文化产业管理专业获批国家级一流本科专业建设点。

(三)助力"三全育人",师生获得更全面

实现"三全育人"的关键在于要让全员明确育人工作的任务和目标,并形成有效的激励保障机制。通过指标分解,学院将人才培养、科研创作、社会服务等各项重点工作,以量化指标下达 3 个平台。平台再根据各自年度工作重点、师资队伍结构等情况,对任务做二次分解并落实到每一位教师,最终实现"千斤重担大家挑,人人肩上扛指标",形成了"想干事,能干事,干成事"的制度条件与工作氛围,大大提升了师生的获得感。在全员共同努力下,学院推动省委宣传部与学校联合成立浙江省社会治理与传播创新研究院,秘书处落户学院,推动了浙江出入境边防检查总站与学校达成全面战略合作;学院还成立了"浙传-南派泛娱 IP 研究院""浙传-华与华超级符号研究院""灵玲文旅协同研创中心"等 8 个科创与育人平台。自 2019 年起,学院先后承接了浙江省台办、杭州市亚组委等近 40 家单位的合作项目;建立健全了学生创新创业人才培养服务体系,各个平台的学生培养项目,如创意平台的小学期采风、创作平台的短视频大赛、经管平台的学生影展等,都办得有声有色;通过参与"浙里寻梦·遇见乌镇"在浙台湾大学生互联网生活体验营活动、海峡两岸大

学生短视频大赛等平台活动,教师团队得到锻炼,学生得以成长。

三、特色创新

学院以推进学科专业一体化建设为主线,找准找好改革与创新发展的发力点,让学院的内涵式发展从理念走向现实。

(一)学科建设:向学科深度融合聚焦,实现体系化

作为一个瞄准文化创意产业,从事文化产业学科研究的二级学院,学院按照"大、中、小相结合"的发展思路,构建统分结合、交叉融合的学科体系。大是指"大类聚合",对现有的学科资源加以梳理、聚类,形成新闻传播学、工商管理学、戏剧与影视学等若干一级学科平台。中是指"中坚阵地",是指相关学科单元组合成为学科组团,成为相对稳定的学科团队,构建学科活动阵地,对以传媒影视为重点的文化产业展开多学科研究。小是指"小美方向",是指在各一级学科单元之间搭建资源融通的桥梁,交叉整合出若干个学科创新团队,有组织地针对一些小而美、高而精的问题开展深入研究,形成系列研究成果。

(二)专业建设:向特色领域聚焦,实现集群化

通过对现有专业的仔细研判,以文化产业链的纵向关系为遵循,构建涵盖"文化创意与策划—创意生产与转化—市场推广与运维"这3个顺次递进的专业大类的学科专业一体化平台。广告学、公共关系学、会展经济与管理、网络与新媒体、媒体创意、文化产业管理、经济学7个专业,明确地对应到上、中、下游的3个专业类别。通过相对聚类的专业编队,原本相互独立的专业形成了基于产业链条的内在逻辑关系,各有侧重、各司其职地培养人才,在学院内部构建起相对完善的人才培养体系。

(三)平台建设:向集约开放聚焦,实现组织化

基于对学科组团与专业组队的分析,在最大范围内画出学科与专业建设

平台的同心圆,搭建了既能凝聚学科力量,又能集中办学资源的一体化平台,组建了能够实体化运转的一体化系部。从运行效果来看,3个平台的三人小组,除了结合"三全育人"工作要求,完成学校和学院的"规定动作"外,还能根据各自平台的学科专业特点,设计出为师生所欢迎的"自选动作",在学院内部形成"比学赶超"的竞争氛围。

(四)人才建设:向长板发展聚焦,实现梯队化

学院根据现有人才队伍现状,深入实施分层分类培养计划,支持教师个性化发展。以学校确立的科研为主型、教学为主型、科研教学并重型、社会服务型等职称晋升类别为依据,引导教师磨砺核心技能,提升业务水平。以拉伸长板的形式凸显竞争优势,提升学院人才队伍的综合实力。强化学院人才梯队的顶层设计,注重引育拔尖人才、锻炼中坚力量、培育青年人才,打通人才队伍的晋升和发展通道,激励全体教职工为立德树人和学院发展做出更大贡献。

四、育人实效

(一)把握方向性,明确了育人目标

学科专业一体化建设,解决了学院学科专业建设过程中存在的学科支撑作用不明显、专业集群优势不凸显的问题。学院以学科建设为龙头,在发展战略中统筹规划学科建设与专业建设,将专业建设的要素内容有机融入学科建设。把专业建设中的内容要素,如人才培养方案的制订与优化、师资队伍建设、课程与教材建设、实验平台建设、实习实训基地建设等,纳入学科建设,从人才培养的全局着眼,促进学科建设对专业建设的有效支撑,提升人才培养效果。

(二)突出针对性,遵循了育人规律

学科专业一体化建设,解决了人才培养方案中专业课程拼盘式组合的问

题,学院通过凝练办学特色,构建与学院办学定位相匹配的学科专业体系,聚焦重点和优势,集中建设好优势特色学科专业群,打造并不断增强集群优势,通过相对聚类的专业编队,原本相互独立的专业形成了基于文化创意产业链条的内在逻辑关系,在学院内部形成相对完备的专业建设闭环,在整体上形成面向某一行业或特色领域的人才培养体系。对内进一步提升了师生的获得感,对外打响了学院的特色育人品牌。

(三)注重实效性,创新了育人机制

学科专业一体化建设,增强了学院专业建设的敏捷性和前瞻性,深化了对行业变化和需求的调研论证,提高了人才培养与社会、行业发展的契合度,寻找到了学科专业建设与服务社会相结合的生长点。例如,在学科专业一体化人才培养模式建构方面,学院以"产教融合、科教协同、校企合作"为突破口,调动校内外资源,完成科创到账经费近2500万元,总额和完成比例均居所有三级学院前列。

弘扬"红船精神"，践行育人使命

——嘉兴学院

嘉兴学院党委始终坚持把弘扬"红船精神"与立德树人紧密结合，以"红船精神"为引领，加强党对高校的全面领导，将党建育人工作作为建设基层党建高地的重要内容，切实发挥全校各级党组织、群团组织在全员育人、全方位育人、全过程育人中的引领示范和育人纽带作用，努力构建内容完善、标准健全、运行科学、保障有力、成效显著的高校党建育人工作体系，不断开创学校党建育人工作新局面。

学校现有二级党组织 19 个，其中二级党委 13 个、党总支 1 个、直属党支部 4 个、党工委 1 个，实现了党组织全覆盖，形成了一支人员充足、结构合理的专兼职党务工作队伍，二级学院全部配备专职组织员，确保基层党建队伍"专职、专管、专用"。

一、目标思路

（一）以工作体系建设为重点，健全党建育人机制

充分发挥全校各级党组织的育人保障功能，制定规范、科学、民主的组织制度体系，建立健全符合现代大学治理体系要求的组织育人机制，推动学校各级党组织自觉担负起管党治党、办学治校、育人育才的主体责任。

(二)以理想信念教育为核心,创新党建育人形式

注重传承和弘扬"红船精神",把坚定正确的政治方向、坚定理想信念放在首位,引导大学生继承革命传统、传承红色基因,增强文化自信和价值观自信。通过党建品牌、党建示范点、家园党建、智慧党建等形式,创新工作模式、载体、方法和途径,使组织育人形式"活"起来、效果"强"起来、影响"广"起来,保持学校思想政治工作的生机和活力。

(三)以协同育人体系为抓手,优化党建育人模式

在校党委的统一领导下,构建思想政治教育全程育人、全方位育人、全员育人的"大思政"格局;做好顶层设计,形成上下联动、关系清晰的协同育人工作体系;充分强化党团组织的育人功能,增强党团组织的凝聚力和向心力。

(四)以培育时代新人为目标,提升党建育人实效

德智体美全面发展人才的培养,一体化育人工作体系的构建,为培育现代公民提供应有的校园道德文化氛围,将学校各项工作的重心真正落到育人效果上,加快实现教育教学更有温度、思想引领更有力度、立德树人更有效度的建设目标,切实增强学生的获得感。

二、实施举措

(一)全面推进党建育人制度创新

围绕标准化、规范化、特色化、品牌化的基层党建工作目标,不断完善党建工作体系,建立二级党组织书记和基层支部书记述职评议制度,将"两学一做"学习教育与主题党日活动、"三会一课"制度有机融合,全面实施党支部"堡垒指数"和党员"先锋指数"考评管理。认真落实"一切工作到支部"的要求,建立健全教工党支部书记参与学院发展规划等重大事项决策机制,学生

支部书记参与学生的重大权益决策等制度,并落实党支部书记、支委的工作待遇,基层党务干部荣誉感明显增强、积极性普遍提高;制定了《中共嘉兴学院委员会关于实施教师党支部书记"双带头人"培育工程的工作规划(2018—2020)》《中共嘉兴学院委员会关于加强党支部标准化建设的意见》《嘉兴学院党务工作人员专业技术职务评聘办法》等文件,充分发挥基层党组织的战斗堡垒作用,全校基层党建工作制度化、规范化、程序化水平进一步提高。

(二)重视加强党建育人平台载体建设

坚持把"红船精神"与革命传统文化的传承和创新作为党员教育的首要内容,强化党性教育,重视党员素质,提高基层组织战斗力。着力构建以"两场馆"(党建育人馆和"红船精神"育人成果展示馆)、"两平台"(红船先锋党员教育管理服务平台和"红船云"智慧党建平台)、"一中心"(党群服务中心)、"一基地"(省高校党员干部教师革命传统教育培训基地)为基础的"2211"党建育人阵地,实现党员发展、教育、管理线上线下齐步走;构建以传统党课为主体,现场党课、新型党课为补充的党员教育阵地,用好红色资源,建好以"红船精神"、理想信念、革命精神、传统文化、改革开放成果等为主要内容的党员教育基地。

三、特色创新

(一)勠力构建党建协同育人格局

坚持以"红船精神"为思想引领,在开展课堂教育和道德养成中厚植理想信念。充分利用课堂育人主阵地,把"红船精神"融入课程,积极开展"红船精神"辅助教材建设和教学案例建设。改革人才培养方案,在必修课和选修课中,合理安排"红船精神"的教学内容,开设了"红船精神与时代价值"必修课、"红船精神与当代大学生"选修课、"红船领航中国梦"形势政策课。积极发挥各类群团组织的育人纽带作用,开辟了"红船精神"引领下的党建育人第二课堂,把"红船精神"系列讲座、党员志愿服务等活动融入其中,"SRT(Students Research Training,大学生研究训练计划)""新苗计划"等创新实践项目中纳入"红船精神"党建研究专项,鼓励全校师生党员通过实践研究加深对"红船精神"内涵的理解,发挥"红船精神",当好红船"护旗手"。

(二)持续增强党建特色品牌建设

校党委始终坚持把"红船精神"作为组织育人特色品牌建设的重要精神底蕴。各学院结合自身实际和学科专业特色,打造了一批叫得响、立得住、师生员工认可的党建特色品牌。学校每年评选党建特色品牌 10 个,培育党建示范点 10 个。商学院党委"'双线三模块'做实大学生党员发展"入选教育部《基层党组织书记案例选编(高校版)》;设计学院党委开展红动设计品牌活动,师生共创的"红船精神"物化设计系列作品在全国、省厅级大学生红文化主题比赛中多次获奖;文法学院党委组织师生利用休息时间自编自演红色话剧《初心》,并在全国巡演 80 余场,被新华社、中央电视台、《光明日报》等 70 余家媒体报道 200 多次;师范学院 6 个党支部与平湖市经济技术开发区各基层党组织协同推进校地党建"一镇一品",受到社会好评。

四、育人实效

(一)党建育人体制机制更加完善

通过试点改革,学校建立健全了二级学院"党委统一领导、党政分工合作、各方协调运行"的工作机制,修订了二级学院党委工作规则、党委会议事规则、党政联席会议议事规则,从制度上保证了党委的领导核心地位。加强组织的民主监督管理,构建现代组织育人机制,建立健全教工党支部书记参与学院发展规划等重大事项决策机制,学生支部书记参与学生的重大权益决策等制度,基层党务干部荣誉感明显增强,积极性普遍提高。

(二)党建育人思想引领更见成效

校党委紧紧围绕立德树人根本任务,切实加强试点学院党建育人成才工作,推动学校基层党组织充分发挥促进学生健康成长成才的引领作用。各二级学院党委抓党的思想政治建设更加坚强有力,更加自觉地坚持以习近平新时代中国特色社会主义思想为指导,更加自觉地弘扬首创、奋斗、奉献精神,扎实做好基层党组织的思想引领工作。文法学院党委组织师生利用休息时间自编自演红色话剧《初心》并在全国进行巡演,被中央电视台、《光明日报》、《中国教育报》等70余家媒体报道200多次。在剧本创作和排演过程中,有102名同学为早期中国共产党人的信仰和行动所感染,主动递交了入党申请书,充分展现了试点学院基层党组织对青年学生的强大吸引力和向心力。

(三)党建育人组织体系不断完善

在"红船精神"的引领下,学校不断探索符合时代要求和地域特色的高校党建工作新方法。目前,学校的党建工作组织完善、队伍健全、特色鲜明、重点突出、优势明显,已形成浓厚的党建工作氛围和良好的学校治理体系。学校党建工作硕果尤丰,校党委在2017年度浙江省高校基层党建工作述职评议考核中名列省属高校第一名。《马克思主义在中国早期传播史料长编(1917—1927)》获浙江省第十九届哲学社会科学优秀成果奖,"高校文化育人模式的构建与实践"荣获浙江省教学成果二等奖。

(四)党建育人成才效果更加凸显

校党委认真学习贯彻习近平总书记南湖重要讲话精神,大力弘扬"红船精神",切实加强全校各级党组织的思想政治建设,带动全校师生党员充分发挥党员的示范引领作用,学生荣获浙江省杰出志愿者、浙江省十佳大学生、"浙江骄傲"等称号。党建引领学科竞赛初见成效,学科竞赛获奖数量和质量较2017年均有很大的提升。材料与纺织工程学院教师指导学生"国创项目"4项,党员参与率达75%;"省创项目"6项,党员参与率达83%;党员教师带头指导学生考研,考研录取率达 26.1%;带头指导各类学科竞赛,省级以上获奖 23 项。在协同育人工作体系带动下,学校基层党建对育人成才的引领作用明显增强。

构建"三三制"学生党员教育培养体系，创新学生党员教育管理模式

——丽水学院

为全面贯彻落实全国高校思想政治工作会议精神,加强和改进新形势下的学校思想政治工作,建立符合高校特点的学生党建工作体制机制,自2016年起,丽水学院学生党建工作具体由党委学工部负责实施。党委学工部创新工作机制,构建"三三制"学生党员教育培养体系,通过创建教育主阵地、搭建网络学习微平台、践行公益服务岗3个平台,将学生党员教育培养和作用发挥贯穿于"入党积极分子—发展对象—学生党员"3个发展阶段。加强对学生党员特别是毕业班党员的教育管理,创新在外实习党员教育管理方式,扎实推动新形势下高校学生党建工作的开展。

一、目标思路

学生党建工作是高校开展思想政治教育的主要抓手,也是加强思想政治工作的有效途径。充分发挥高校基层党组织的战斗堡垒作用,提高大学生思想政治教育工作实效,是当前高校学生党建工作中亟待解决的重要课题。综观高校学生党建工作,对标《普通高等学校学生党建工作标准》,"重智育、轻德育""重前期发展、轻后期培养"的现象依然突出。构建"三三制"学生党员教育培养体系,有利于加强对学生党员的日常培养教育考察,有利于解决学

生党建工作中"重发展、轻教育"的现象。

做好新时代高校学生党建工作,要以习近平新时代中国特色社会主义思想为指导,牢牢坚持党的领导,聚焦立德树人,引导青年学生"扣好人生的第一粒扣子",确保高校始终成为培养社会主义事业建设者和接班人的坚强阵地。丽水学院学生党建工作始终坚持以习近平新时代中国特色社会主义思想为指导,全面夯实学生党建基础,筑牢党员学习主阵地,贯彻落实教育部党组《普通高等学校学生党建工作标准》,形成"三三制"渐进式党员教育培养工作格局。"三三制"即三阶段、三平台。完善入党积极分子培养、发展对象培养和党员(预备党员)教育3个阶段相衔接的教育培养体系,从推优入党到党员发展实施全过程不间断培养;通过创建教育主阵地、搭建学习微平台、践行公益服务岗3个平台将学生党员教育培养和工作贯穿发展全过程。

二、实施举措

(一)"三三制"学生党员教育培养有序推进

创建教育主阵地。2016年至今,丽水学院共开展入党积极分子培训班5期,发展对象培训班9期,学生党员教育培训班5期,通过集中学习、个人自学、主题讨论、公益服务(主题调研)等学习活动,培训积极分子4894人,培训发展对象2397人,培训学生党员2156人,发展学生党员1923人。

搭建学习微平台。创新教育形式,探索"微思政"模式。学生处官方微信平台开设"党员之家"栏目,开展线上网络党课学习,通过学生熟悉而乐见的传播渠道,搭建学生党员学习互动平台,构建学生党员课内与课外、校内和校外立体化、零距离的网络思政教育互动空间。

践行公益服务岗。以学院或书院为单位,组建学生党员志愿服务队,开展公益服务或主题调研活动。学生党员注册志愿者累计2000多人,共计3000余人次参与了文明城市创建志愿服务、敬老院爱心服务、特殊教育学校义教、义务修车、急救技能普及等党员志愿服务活动。

(二)制度化、规范化建设日趋完善

制度化管理稳步推进。推出"学分卡"制度考核,优化学分计算办法和考核等级,出台《学生党员理论学习与实践学分制考核办法》和《学生党员考评办法(试行)》。

规范化建设执行到位。规范党员发展工作流程,编制《规范化发展学生党员工作手册》和《丽水学院大学生党员发展工作流程图》,贯彻落实《普通高等学校学生党建工作标准》,按年级或院(系)设置学生党支部。目前,学生党支部共 30 个,在校学生党员人数 1190 人,其中正式党员 309 人,预备党员 881 人,占全校学生总人数的 9.33%。

(三)探索学生党建新阵地,搭建党建工作新载体

打造学生党建微阵地。深入开展"互联网+微党建"工作,加强网络"党员之家"和"指尖上的党建"阵地建设。以学院、书院、学生支部为单位,创建学生党员微信群,组建网络党员之家。

搭建书院学生党建新载体。把党建工作延伸至学生公寓,推进学生党建工作进书院,成立书院学生党员工作站,制定《学生党员工作站实施办法(试行)》,"亮"出党员身份,"标"识党员寝室,增强党员意识,把书院党员工作站建成培育和践行社会主义核心价值观的实践阵地、推动大学先进文化建设的思想阵地。

三、特色创新

(一)创新学生党员教育培训模式,推出"学分卡"制度考核

构建"三三制"党员教育培养体系,通过"三平台"有效解决党员继续教育和作用持续发挥的问题。推出"学分卡"制度考核,贯穿党员教育培训全过程,每个教育环节给予相应的学分,培训总学分达到 12 分及以上方可获得结

业证书,结业证书作为预备党员转正、正式党员考核的重要依据。采用学分制考核强化了党员继续教育的意识,多样化的学习形式为党员提供了理论学习和实践的平台,锤炼党性修养,强化党性意识,充分发挥学生党员在社会、学校等各个领域的先锋模范作用。

(二)离"家"不离"党",创新在外实习党员教育管理方式

毕业班学生具有党员比例高、毕业压力大、校外实习时间长等特点,群体流动性大,很难集中管理。特别是师范类和医学类毕业生,大四整个学年基本上都在校外实习。这批学生党员远离了党支部的管理和教育,疏远了与党组织的沟通和联系,导致在学生党员管理上存在"真空"或"盲区",无法形成有感染力的贯穿学生教育全过程的思政教育局面。鉴于此,丽水学院创新在外实习党员教育管理方式,加强学生党员、实习单位和学校三方联动,成立区域化党小组,支部书记"送学上门"。充分利用现代化管理资源,通过新媒体平台,采用 QQ 群、党员微信群等进行学习传达。采用钉钉群进行党课直播,利用钉钉视频会议功能开展主题党日活动,确保实习生党员处处可学习、时时受教育。实现实习党员"流动"不"失控",离"家"不离"党"。

(三)实施"学生党员导生制",充分发挥学生党员在引领和服务大学生成长成才方面的先锋模范作用

丽水学院坚持"一二三四工作法",实施"学生党员导生制",前移党员教育关口,筑好党员发展"蓄水池"。把党员教育前移到入学新生群体,采取一名党员以一个新生寝室为单位结对联系,开展至少两个学期的导生工作,围绕思想引导、学习辅导、生活指导三项内容,强化和规范导生的培训关、考核关、使用关、跟踪关四个关口的"一二三四工作法",打造一支优秀学生党员导生队伍,以学生管理学生、以学生服务学生、以学生引导学生,实现学导并重,以导促学,共同成长。充分发挥优秀学生党员的先锋模范带头作用,增强党组织对大学生的吸引力和感召力。

四、育人实效

自"三三制"学生党员教育培养体系实施以来,丽水学院学生党建工作形成了一定的特色,并取得了部分成绩。2017年工商管理学生党支部的"中国共产党建党95周年"微党课在全国高校"两学一做"支部风采展示活动中,成功入选教育部微党课特色作品。2018年2月5日,《浙江教育报》报道了"丽水学院创新学生党建工作模式",肯定了实施"三三制"学生党员教育培养体系所取得的成效。

丽水学院从以下几个方面做好了学生党建工作。一是坚持党员发展有计划、党员培养有规划、党员考核有制度、党员评选有依据的"四有标准",严格执行党员发展计划,加大在低年级大学生中发展党员的力度。按照党员发展比例逐步提高的要求,合理分配发展指标,优化党员结构,坚持把政治标准放在首位,加大对入党积极分子的培养力度,确保到2022年底在校生中党员占比不低于10%。二是继续创新学生党员教育内容和形式,强化教育的针对性和多样性,充分利用互联网新媒体和"学习强国"学习平台等网络平台,依据学生党员学习需求,以学生党员乐于接受的方式传播党的思想理论,增强学生党员的学习兴趣。通过组织开展丰富多彩的主题党日活动,调动、提升学生党员的参与感,让学生党员在参与的过程中接受教育。三是开展党建样板支部建设,抓好"基础+典型",深化党支部工作创新机制,做到"规定动作"不走样,"自选动作"有特色。充分发挥一个党员一面旗帜效应,探索"党建+"创新模式,积极构建"党建+学习帮扶""党建+学风班级""党建+学风宿舍"等模式,激活党建工作生命力。

建工匠之心，筑卓越之梦
——浙江建设职业技术学院

习近平总书记在 2018 年全国宣传思想工作会议上指出："文化自信是更基础、更广泛、更深厚的自信，是更基本、更深沉、更持久的力量。"为了更好地完成"全员育人、全过程育人、全方位育人"的使命任务，进一步弘扬"格物求新，致远求实"的校训，提炼建筑各专业所蕴含的思想观念、文化内涵、人文精神和道德规范，浙江建设职业技术学院党委紧紧围绕立德树人的根本任务，弘扬办学优良传统，着力打造实施"建心筑梦"卓越引领计划。该计划取"建工匠之心，筑卓越之梦"之意，旨在遵循高素质、强能力、善创新、重实践的人才培养理念，以提升学生综合素质为核心，以培养学生专业技能为抓手，整合各类资源，建立实践育人平台，培养专业基础扎实，适应行业和区域社会经济发展需求，适应能力强、实干精神强和创新意识强的卓越人才，引导学生不断坚定个人梦与中国梦同心、同向、同创、同行的理想信念，勇于担当时代赋予的历史责任，实现卓越人生。

一、目标思路

各二级学院党总支按照学校党委的安排部署，坚持以党的十九大精神和习近平新时代中国特色社会主义思想为指导，培育和践行社会主义核心价值观，引导学生坚定理想信念，明确人生目标，将实现人生价值与社会价值相融合。学校内聚合力,外树形象,做好"五个依托":一是依托"大学生学'习'小组"开展政治理论学习、时政分析大赛等活动,发挥"大学生学'习'小组"的辐射示范作用;二是依托党课团课、"我的支部我的团"等载体进行风采展示,弘扬学校精神和传播育人理念;三是依托二级学院"建心筑艺"等微信公众号打造"筑心党建""建筑青春""榜样力量"等网络品牌;四是依托生态文化走廊等平台,开展"色绘主义"等丰富多彩的学生活动;五是依托志愿服务开展、师生支部结对、教授进课堂、杰出校友交流会等活动,培养学生将个人成才与学校发展、社会发展相结合的使命感和责任感。

二、具体举措

(一)聚共识,铸灵魂

学校深入落实意识形态工作责任制,每年开展 2 次高校意识形态分析研判,及时通报意识形态领域动向,定期开展意识形态工作责任制督查。落实教育与宗教相分离的法律规定,严禁在校园传播宗教、发展教徒和组织宗教活动,抵御宗教文化通过各种途径向校园渗透。

(二)抓阵地,强管理

学校落实班规、班风建设,引导学生从他律走向自律,培养学生做事严谨、严格要求的优良品质;推进寝室文明养成教育,鼓励学生制定学业职业规划,参与科技创新与社会实践,加强文化育人,增强师生的集体荣誉感;加强对课堂、报告会、研讨会、讲座、论坛和学生社团等的引导和管理。

(三)建队伍,强支撑

学校加强教师队伍建设,夯实人才培养的人力资源基础,为学生发展提供坚强支撑。通过专业讲座等多学科、多专业交叉融合的学术交流平台,开拓教师学术视野,加强学术交流;通过青年教师沙龙、青年教师教学能力提升计划等,加强教师交流,充分发挥教学、科研名师的示范引领作用,提高青年教师教学水平;组建和培养竞赛师资队伍,建立高水平的指导教师队伍,营造良好的育人氛围。

三、特色创新

(一)坚持理实结合,构建特色课程体系

学校围绕"知识传授与价值引领相结合"的课程育人目标,构建专业理论课、专业实践课和个性课多元互补的"课程思政"育人体系。结合培养方案修订和课程建设要求,在理论课程中注重学生敬业精神、社会责任感和工程设计伦理的培养,引导学生关注当今全球问题和社会可持续发展问题,树立质量意识、环境意识和安全意识;在实践课锻炼中,通过课程内容设置与教学方法手段创新,培养学生以辩证法的思想去解决工程技术难题,增强学生交流沟通能力、团队合作意识与创新创造能力;在个性化课程中设置批判性思维与研究方法类课程,引导学生独立思考,培养学生批性判思维与终身学习能力。

(二)坚持创新引领,搭建实践育人平台

开展以科学探究为导向的文献阅读、专题研讨活动,激发学生的创新创业意识,点燃学生的科学热情,培育学生的研究精神;以项目为引领,吸引学生进入实验室,引导学生在科研过程中克难奋进、诚实守信;加强大学生创新创业计划、"新苗人才计划"等项目的过程化管理,鼓励学生积极申请专利、撰写论文等,培养学生的科研能力;开展项目申报书撰写、答辩技巧、竞赛指导等创新创业培训,增强学生的科技创新能力,提升综合素养;以"建筑知识竞赛""装饰技能大赛"等竞赛,对接省级、国家级赛事,为学生搭建实践育人平台;优化指导教师队伍结构,根据竞赛的特点配备指导教师,吸收不同专业领域的优秀教师,注重教师的知识结构、实践经验和研究成果等,实现指导教

师、学生、项目的无缝对接。例如,建筑艺术学院从 2019 级开始实施科技创新素质培养"摩天攀登"计划,推进建筑艺术学院"星火建筑"科技文化建设,搭建科技创新实践平台,提升了学生科研创新意识和创新能力,强化科研育人。

(三)发挥主体作用,深化校企产教融合

各二级学院党总支深入开展"双百双进"活动,引导大学生参与"最多跑一次"改革,带领学生参加省内外具体项目建设和乡村振兴战略等重点工作。进一步发挥亚厦学院、悦容学院等联合学院的实践育人功能,推进校企合作、产教融合,实现双元主体共同育人,探索建设示范性校企合作共同体和校企合作学生社团化运营方式,定期组织学生参与企业活动,鼓励学生深入企业开展访谈、行业调研、岗位实习等多元化实践探索,进一步提升校园实践技能大赛等校企深度合作项目。

四、育人实效

(一)课程思政入脑入心,育人思想理念有效提升

浙江建设职业技术学院全体师生自觉将社会主义核心价值观教育贯穿课堂教学各环节,将"格物求新,致远求实"的校训融入课程教学内容的各个模块,实现立德树人润物无声。例如,在"园林建筑设计"的课堂上,教师通过理论学习、草稿讨论等方式,让每位学生独立完成一个茶室的设计和绘图,将中华茶文化与建筑设计手段相结合,通过建筑作品加深学生对传统文化的认识和理解。通过"课程思政"育人体系建设,挖掘每门课的思想教育元素,让每门专业课程都将知识传授与价值引领有机结合,使学校教师肩负起"守好一段渠,种好责任田"的育人职责,与学校"大思政"格局完美契合,与学校课程思政同频共振,形成协同育人效应,培养既有家国情怀与社会担当,又有国际视野与创新能力的卓越人才。

(二)以赛促学以赛促教,专业技术能力得到锻炼

学校与建筑市政、装饰、测试等行业协会充分合作,承办各类全国职业院校技能大赛相关应用比赛,通过参加全国赛事,弘扬劳模精神和工匠精神,营造出劳动光荣的社会风尚和精益求精的敬业风气。以赛促学,以赛促教,启发高职院校建筑类相关专业群组建的思路,深化专业建设与课程改革,引领建筑行业新材料、新技术、新工艺、新设备的不断创新,适应建筑业转型和现代学徒制对技术技能型人才培养的需要,深化产教融合、校企合作,达到检验参赛选手专业综合能力和展示职业教育改革成果的目的。

(三)学高为师身正为范,教师思政意识不断增强

学校严格教师政治理论学习制度,制定出台了教师每学年40学时的集中政治学习规定,组织教师用好"学习强国"学习平台等网络平台。进一步完善教师聘任、管理和工作业绩考核制度,将教师参与学生思想政治教育内化为工作职责,计算工作量,落实相关待遇。大力加强师德师风建设,把遵守师德规范作为人才引进、职务晋升、干部选拔等各环节考察的重要内容,对学术不端行为零容忍。"三全育人"的实施使得学校广大教师的思想政治素质进一步提高,能更好承担起教书育人职责,成为学生理想信念、思想道德的楷模。

(四)课程实践交相辉映,学生综合素质明显提高

课程、实践育人厚实了学生的专业基础,营造了浓厚的创新创业文化氛围,增强了学生对专业的认同感,学生培养质量稳步提高,涌现出优秀团支部、十佳大学生等先进集体和先进个人。党建、文化、品德育人提高了学生的思想政治素养,学生将专业所学用于志愿服务,依托专业特色打造志愿服务品牌项目。学生社会实践工作也取得了长足进步,毕业生就业率每年保持在98%以上。

深化"五金工程"育人模式，助推高职学子成长成才

——浙江金融职业学院

浙江金融职业学院会计学院坚持以党建带团建的原则，秉承"服务与提高(学)，引领与发展(团)"的工作理念和"全心全意为同学服务"的工作宗旨，以"创新育人载体，促进学生成才"为目标，以"千日成长工程"和"三双"人才培养模式为平台，强化日常管理，深化工作内涵，实施以"金手指"百名技能尖子培养工程为代表的"五金工程"管理育人模式，深入开展"五明理"教育、"三三六"特色活动，将学生培养成为"品德优化、专业深化、形象美化、能力强化"的社会主义建设者和接班人。

一、目标思路

长期以来，会计学院工作得到了中共浙江省委教育工委的关心和肯定，学院也被评为首批"全省党建工作标杆院系""先进基层党组织""基层党建工作示范点"。学院坚持从高职学生的特点和实际出发，积极探索"千日成长工程"和"三双"人才培养模式，逐步形成了"金手指""金口才""金钥匙""金礼仪""金体班"五位一体的"五金工程"管理育人模式。

二、实施举措

(一)树立党建标杆,为育人工作明确思路

会计学院加强党建标准化建设,紧抓党建工作质量提升,加强在过程管理中动态关注、检测组织建设情况。在建设过程中,持续深化"堡垒指数""先锋指数"考评管理。

凝练党建特色品牌和创建党建示范群,在支部活动开展过程中凝练经验,打造"一支部一品牌",以样板支部的要求为标准,引领推动党建工作全面提升。

持续发挥党建引领作用,在人才培养、教学改革、教研科研、社会服务各个方面不断提高质量,打造特色,不断推出可借鉴、可复制的做法和经验。

有序推进党建工作阵地建设。在学院的休息廊、会议室、读书园地等地放置党建学习资料,在开展党员活动中加强利用现代化信息手段的能力。

把握全媒体平台,全方位彰显党性先锋。发挥网络媒体辐射广、覆盖全、渗透深、时效快的特点,对先锋榜样和优秀事迹进行宣传推广,提高宣传效率,提升宣传效果。

(二)实施"千日成长工程",为学子成才创新载体

会计学院党总支科学设计学生在校 1000 天时间,实施学生"千日成长工程"。一是构筑平台,分阶段有针对地实施。一年级"金院学子",以学校素质教育专设"明理学院"为平台,突出思想政治教育、学业生涯规划教育。会计学院女生占比在 70% 以上,以学校"淑女学院"为平台,培养女生琴棋书画等才艺和当家理财的能力。二年级"院系学友",以各院系专业教育为平台,突出职业能力培养和职业生涯设计。三年级"企业学徒",学院和众多金融机构联合打造"银领学院",以此为平台,注重学生的职业能力和创新创业能力培养。二是丰富载体,全方位多角度培育。以"品德优化、专业深化、能力强化、

形象美化"为目标导向,全过程贯穿理想信念教育,同时配以"四类竞赛、五百榜样、六个千万"活动,全方位提升学生的各项能力。通过思想指引、成长导航、能力培养、典型带动、行为激励等全面培养高素质技术技能型人才。"千日成长工程"实施以来,党风促进学风成果显著,学生素质逐年提升,学生就业率和毕业生对母校的满意度、对母校的推荐率大大高于同类学校。

全国人民代表大会财政经济委员会副主任委员吴晓灵来学校视察时,对会计学院党总支重视学生思想道德教育、重视学生职业能力培养、实施学生"千日成长工程"等做法给予充分肯定和高度评价。"淑女学院"培养的女生,职业礼仪素养较高,得到前来调研的教育部原副部长鲁昕的称赞,并作为典型案例在全国予以宣传。

(三)落实"五金工程",为培养模式优化路径

在管理育人模式实施过程中,思路概括为"一五五",即一条主线,五大举措,五大载体。

一条主线抓思想:深化党团建设,加强青年学子的思想引领,筑坚定理想信念。

五大举措固队伍:举措一,加强制度建设,提升管理水平;举措二,培养团学负责人——银雁班;举措三,开展集中培训,提升工作能力;举措四,每月召开读书月报会,建设学习型团学队伍;举措五,班级素质拓展活动,增强团队凝聚力。会计学院以这五大举措发展形成了一个具备凝聚力向心力的集体,培养学生努力成为有理想、有道德、有文化、有纪律、有作为,敢担当的新时代青年。

五大载体促活力。载体一,班级"十个一"建设,即一支班干部队伍、一套班规、一枚班徽、一项特色活动、一首班歌、一个 QQ 群、一张班报、一个公众号、一套班服、一本总结册。载体二,开展"三三六"系列活动,即"三节""三赛""六千"育人活动。围绕统一部署,继续强化日常管理,深化工作内涵,会计学院编印了《千日成长指南》,深入开展"三三六"系列活动:"三节",即班级文化节、班级素质拓展节和财会学子风采节;"三赛",即职业规划大赛、财会信息化大赛和创新创业竞赛;"六千"育人活动,即千人模拟招聘会、千人技能

赛、千人礼仪班、千人演讲会、千人实践团、千人运动会。通过思想指引、成长导航、能力培养、典型带动、行为激励等,全面培养高素质技能型财会人才。载体三,开展缤纷多彩的团日活动。载体四,开展寒暑假社会实践。载体五,结合新媒体,开展团学宣传工作。

三、特色创新

(一)"金手指"——基于职业发展教育的高职学生学业指导载体设计与实施

职业技能作为一种特殊的职业文化,长期以来备受职业教育理论界的关注。经过摸索和实践,会计学院设计并实施了"金手指"工程育人载体。"金手指""轻、巧、连、快、准"的高技能水平,一靠勤,二靠专。根据学生的实际特点提出了"心手合一,点石成金""每天一小时,人人有专长,成就金手指""手指如飞,我快谁追"的培养理念和训练口号,鼓励、督促和激励学生勤学苦练,并在比学赶超中实现自我超越。

"金手指"工程帮助学生树立刻苦训练技能、提高实践动手能力、发展一技之长的意识,对学生进行中文输入、点钞、电脑传票等技能项目的系统训练。以技能集训、测试、竞技为主要内容,促进学生良好习惯的形成和实践水平的提高,打造金融特色和会计学院品牌。"金手指"工程始终以行业最新业务需求和技能要求为导向,积极实施职业化的文化渗透、专业化的教学指导、个性化的培养策略、仿真化的实训模式、精英化的培训机制,全面提升学生的技能水平和业务能力,并聘请职业技能教师担任顾问和指导老师,定期给予培训和指导,使学生的整体业务技能得到迅速提高。

(二)"金钥匙"——基于职业发展教育的高职学生生涯规划工作实践

"金钥匙"项目在人才培养视角下进行认识与谋划,以社会主义核心价值观为引导,以培养学生学习和成长的主体性为主要目标,运用职业发展教育理论与方法,帮助学生了解个人职业特质与社会需求,明确个人职业发展方向,确立大学生涯发展目标,制定和实施大学生涯规划,实现提高学生综合素质和促进学生成长成才的目的。根据入学年限的变化给予学生不同层次的指导:大一时期主要帮助学生发现自我,指导学生尽可能地了解自己的特长、兴趣爱好、价值观、性格等方面,制定学业生涯规划书,开展公民素质教育和明理教育,成就财会学子;大二上学期主要帮助学生拓展职业生涯的平台,集中精力打下坚实的专业知识基础,同时从学习的过程中逐步了解自己的专业及适合的工作岗位,鼓励其收集和探索职业发展领域的信息;大二下学期主要帮助学生有侧重地发展自身,综合多方面信息集中职业选择并努力获得相关的职业证书,同时强化职业实践能力及职业道德素质的培养,深化专业知识,做好院(系)"学友";大三以培养行业"学徒"为目标,注重社会实践能力、创新意识的培养,提高学生专业运用能力,最终实现优质就业。

具体举措有:编写《千日成长指南》,引导学生有计划有步骤地管理好每一日的学习与生活;以专业认知为重点,分类指导为特色,帮助学生在二年级时探索职业发展方向;建立"职业类型五因素定位"指导模型,指导学生三年级时理性选择职业;通过职业咨询分类指导,帮助全系学生制定和实施大学生涯规划;开展职业生涯规划大赛。

(三)"金口才"——基于职业发展教育的高职学生职业语言表达能力提升实训

会计学院学生素来性格内敛、作风严谨,在自我营销方面存在较大欠缺,故学院结合"知识、能力、素质"三维一体的人才培养模式和"潜移默化""循序渐进"的教学育人理念,坚定不移地实施"金口才"工程。人人参与演讲,锻炼语言表达能力,培养良好的学习习惯,增强个人的胆量勇气。其主旨为"服务学生、以赛代练、立足就业、教学相长",通过主持、演讲、辩论、朗诵等形式锻炼学生的沟通表达能力。"金口才"工程分为常规性演讲和竞赛性演讲。常规性演讲是以"课前三分钟"为平台开展的,学生围绕"心中装着全世界,时刻关注全中国""深化专业知识,把握行业世情"等主题进行三分钟演讲。竞赛性演讲主要由演讲赛、辩论赛等竞赛活动组成。

(四)"金礼仪"——基于职业发展教育的高职学生职业礼仪提升工作实践

会计学院先后开展了形体练习、化妆技巧、服饰搭配等方面的"金礼仪"课程培训。培训过程以实际练习为主,同时讲授站姿要求、行姿要求、综合动作等内容,使学生符合"主动、热情、礼貌、周到"的要求,做到"亲切、大方、自信、优雅"。教师在培训过程中悉心指导、亲自示范;学生认真聆听,积极配合。"金礼仪"课程培训旨在通过礼仪理论课程与实践活动锻炼相结合的双层学习途径,强化大学生的礼仪意识,由内而外地塑造学生的整体形象,提升学生的个人素养。

(五)"金体班"——基于职业发展教育的高职学生职业身体素质提升工作实践

"金体班"是会计学院针对体育竞技而开展的一项特色活动,目的在于挖掘身体素质好的会计学子参加面向校内校外的相关体育竞赛。同时,"金体班"的开展也有利于引领会计学子走向操场,积极参与体育锻炼。在讲究人才全面发展的今天,作为祖国中坚力量的青少年,不仅要有才智,身体素质也是决定其能否成为栋梁之材的必备因素。对青少年而言,体育不仅仅是一种娱乐、一种竞赛,更是一种教化,是青少年健康成长的重要组成部分。让青少年在运动中感悟体育的魅力,感受快乐的情感体验,不仅能帮助他们获得强健的体魄和健全的人格,更能使他们成为未来社会的高素质成员,这正是发展青少年体育的真正价值和意义所在。

四、育人实效

会计学院学生工作以"创新育人载体,促进学生成才"为目标,深入实施"千日成长工程",围绕"品德优化、专业深化、形象美化、能力强化",深入开展"三三六"系列活动,通过思想指引、成长导航、能力培养、典型带动、行为激励等,全面培养高素质技能型财会人才。

（一）提升学生职业素养

深入推进和开展了以金手指、金口才、金钥匙、金礼仪、金体班为主体的"五金工程"。该工程以培养高素质、高技能、优质就业的"银领"人才为培养目标，在建设与培育期间取得了一定的育人实效，提升了学生技能，明确了学生的职业生涯规划，提高了学生的语言表达能力，打造了学生工作的品牌，是会计学院育人工作体系的重要载体。通过"五金工程"，学院培育出一批比赛型技能尖子：学院学生吴苏媛、蒋佐煊获得第六届大学生中华经典诵读比赛一等奖；在校第十九届运动会上获得团体总分第一名的成绩；在校第十八届"众诚杯"技能比赛中屡获佳绩。

（二）深化创新创业能力培养

在"大众创业、万众创新"时代背景下，会计学院高度重视学生的创新创业能力的培养。当前，学生参与创新创业教育与实践的积极性得到提高，胡文帅等 9 名同学获第十二届"挑战杯"中国大学生创业计划竞赛决赛金奖；黄江琳等 7 名同学获第四届中华职业教育创新创业大赛二等奖；施哲怡等 6 名同学参与的项目"任性水杯"在 2018 年浙江省大学生科技创新活动计划暨新苗人才计划中立项；学校第十一届"挑战杯"创新创业竞赛中预立项 15 项。同时，涌现出朱林凯等一批在校学生创业的典型。

（三）促进会计工匠精神养成

会计学院注重将学生寒暑假社会实践与国家、省级、市级、金融机构等大赛相结合，深入了解当地需要，结合专业优势，发挥专业特色，体现服务的针对性，提高活动的有效性。2018 年暑期，会计学院暑期社会实践团队开展了"普惠金融，青春践行"的大学生社会实践，活动得到了新浪网、腾讯网多家媒体报道。学院"护绿水青山 筑美丽乡村"暑期社会实践团获 2020 年浙江省暑期社会实践风采大赛百强团队。衢州江山、绍兴新昌、嘉兴桐乡 3 个暑期社会实践团队的作品在 2018 年中国金融教育基金会暑期社会实践有奖征文中获二等奖，杭州千岛湖的暑期社会实践团队的作品在 2018 年中国金融教育基金会暑期社会实践有奖征文中获三等奖。学生方琪获全国高职学生"劲牌阳光奖学金"暨"践行工匠精神先进个人"优秀奖。

(四)助推学子优质就业

经过多年的实践,"五金工程"确立了以传承金融文化、精进职业技能为主旨,以提高技能水平、提升职业素质为己任,以造就金融精英、服务社会大众为目标的发展思路的第二课堂,来辅助学生职业技能的巩固与提升。在人才培养过程中,以职业导航、学业辅导、文化感召、择业指导 4 个环节为中心,把学生的上岗定位、证书考取与订单式培养相融合,实现"人职匹配",对学生的职业生涯教育、就业指导、专业学习、技能训练进行整合,做到学生毕业和上岗零过渡。

以"一核四治"打造高职管理育人新模式

——温州职业技术学院

高校是培养人才、研究学问、探索真理的地方,高校治理直接关系到"培养什么人、如何培养人、为谁培养人"的根本问题。温州职业技术学院深入落实立德树人根本任务,贯彻落实党的十九大及十九届历次全会精神、习近平总书记对职教工作的重要指示和全国职业教育大会精神,坚持现代大学制度,以党建引领为核心,创新育人体制机制和治理改革,推行"一核四治"治理模式,做深做实"党建＋治理现代化",强化科学管理对教书育人的保障功能,不断提升管理育人的质量,为高职治理体系和治理能力现代化提供"温职方案"。

一、目标思路

习近平总书记对职业教育工作做出重要指示,要深入推进育人方式、办学模式、管理体制、保障机制改革。高职院校治理体系建设是国家治理体系建设的重要组成部分,温州职业技术学院坚持现代大学制度,牵头"活力温台"职教创新发展高地建设,探索民营经济与职业教育融合发展的路子,创新育人体制机制和治理改革,以党建引领为核心,构建"法治有为、自治有招、共治有效、善治有方"的"一核四治"治理新模式,将党的组织优势有效转化为治理优势,把科学规范的治理要求和润物无声的育人方式结合起来,努力把学校打造成"活力最强、秩序最优、效率最高、风气最正"的高职院校,营造良好的育人氛围。

二、实施举措

学校充分发挥党建引领作用,落实管党治党、办学治校主体责任,始终坚持立德树人,为党育人、为国育才,培养社会主义建设者和接班人,引导师生树牢"四个意识"、坚定"四个自信"、坚决做到"两个维护",带领学校成功入选中国特色高水平高职学校,连续获得全省首批高校党建示范群、党建特色品牌、"标杆院系"、"样板支部"等荣誉。学校坚持以党建引领为核心,坚持法治、自治、共治、善治"四治融合",将党的组织优势有效转化为治理优势。

(一)坚持法治有为,完善育人机制

学校充分发挥学校章程的引领保障作用,完善以章程为核心的制度体系建设,对外实行"管办评"分离,对内实行"党委领导、校长负责、教授治学、民主管理",推进依法治教、依法治校工作。一是完善决策管理机制。坚持和完善党委领导下的校长负责制,增强党委政治领导力,修订完善各项决策议事制度及程序,坚持科学决策、民主决策、依法决策。二是优化学术管理体制机制。保障教授治学,发挥专业建设委员会和教材选用委员会等各类专门委员会对学校相关工作的决策、审议和咨询等作用。三是创新民主管理机制。学校充分发挥师生主人翁精神,积极建设师生共建共治共享的校园治理共同体,加强教代会、学代会建设,通过"书记有约""校长请你喝咖啡"等畅通师生参与学校管理、审议重大问题的渠道,鼓励支持党外人士为学校改革发展建言献策,形成学校自主管理、自我约束的体制机制。

(二)坚持自治有招,拓展育人渠道

学校持续推进内部管理改革,增强学校发展内生动力。一是推进"三全育人"综合改革。强化校园意识形态阵地管理,深入实施"四养融通"尚德工程,推行"三教联动"改革工程,做实做亮高校思想政治工作精品项目,推进"思政课程"与"课程思政"双轮驱动,构建以工匠精神为核心的校园文化,打造思政育人共同体,构建"三全育人"格局,努力让学生成为德才兼备、全面发展的人才。二是推进内部管理改革。完善内部质量保证体系,持续提升校本标准体系,打造标准链,做实目标链,形成制度链,按照试点先行、分步实施、整体推进的步骤完善常态化的人才培养质量自主保证机制和内部质量保证体系。学校教学整改案例荣获 2018 年全国高职高专校长联席会议优秀案例,建立了专业动态调整机制,推进"招生—培养—就业"联动改革,将招生、培养、就业工作细化到专业教研室,以专业为主体推出质量提升与一体化培养相结合的"1+1"行动,促进学校高质量内涵式发展。三是推进二级管理改革。学校以产业链逻辑构建专业群,以专业群逻辑重构院系,以人文传播系和时尚设计系整合为试点推进院系整合,以"院系办校"的原则推进院系二级管理,以瑞安学院为试点推进院系二级管理,在财会系和工商管理系开展党总支领导下的系主任负责制试点工作,按照"放管服"要求简政放权,实现"校办院系"到"院系办校"的转变。

(三)坚持共治有效,创新育人环境

学校坚持政校行企四方联动,凝聚治理合力,实现政校行企共建共治共享。一是谋划产教融合新布局。学校与政校行企联办国家级企业综合服务平台、温州设计学院、瑞安学院、社会服务培训基地、温州智能制造公共实训与服务中心等,打造"东西南北中"产教融合格局:南面与瑞安市政府联办瑞安学院,西面与瓯海区政府联办温州设计学院,北面与永嘉县政府联办永嘉学院,东面建设鹿城校区和温州市企业综合服务平台,中心高教园区建设数字经济产业创新实训大楼。二是培育校企合作新载体。学校紧扣产教融合新要求,充分发挥全国高等职业院校应用技术服务联盟、中国—柬埔寨职教联盟、浙南职教集团的牵头优势,通过理事会、咨询会、校友会推进社会办学。三是创新人才培养新机制。学校秉持"与一流企业合作,办一流大学,育一流人才"的理念,系统构建"学训研创用"一体化的人才培养模式,从专业层面对"学习+实训+研发+创新创业+应用"等进行一体化设计,为地方区域产业

转型升级培养高素质技术技能人才,与行业企业共享合作成果。

(四)坚持善治有方,强化育人保障

一是加强干部队伍管理。实施干部队伍建设的系统性谋划和中长期培育计划,完善"系统培养、梯队成长"机制,强化政治素质考察,精准识别培养使用能担当、善治理、敢斗争的优秀干部,加大发现储备优秀年轻干部工作力度,造就高素质专业化干部队伍,提高各类管理干部育人能力。二是加强教师队伍管理。按照"精准引才、精心育才、精确用才"的原则落实人才强校战略,严格教师政治理论学习制度,开展以"立师德、铸师魂、正师风、强师能、树师表"为主题的师德师风建设系列教育活动,大力营造平等友爱、融洽和谐、相互帮助、相互信任的育人工作环境。积极实施高层次人才引育、双师素质提升等计划,完善政校行企联动引才聚才机制,深化部门考核、个人考核、职称评审、薪酬改革等多元化绩效评价体系,释放人才活力。学校入选首批国家级职业教育教师教学创新团队、全国"双师型"教师培养培训基地。三是加强队伍建设经费管理。围绕学校重点工作建立项目库编制预算,推进绩效工资分配向重点工作、重点专业和骨干人员倾斜,确保教育经费投入的育人导向。

三、特色创新

(一)以制度安排为基础构建治理机制

学校对建校以来的400多个规范性文件制度进行了整理,搭建了学校制度体系的"四梁八柱",同时对接"双高校"建设任务,将专业建设、产教融合、科技研发、人才队伍、国际合作、学生管理、信息化建设等各个子系统,从制度机理层面进行系统解剖,按"理念—运行—评价—激励—约束"形成"五位一体"环环相扣的闭环式治理机制,形成大学章程统领下权力边界清晰、内部运转高效、外部关系顺畅的治理新格局。

（二）以机制体制为载体提升治理能力

学校构建出"五位一体"的闭环式治理机制,目的就是形成高效的治理能力,如以党建引领治理提升党委领导力,以专业建设治理提升专业发展力,以科技研发治理提升科技创新力,以产教融合治理提升社会服务力,以人才培养治理提升学生竞争力,以师资队伍治理提升人才聚集力,以国际化建设治理提升国际交流力,以信息化建设治理提升教育支持力,使制度优势真正转化为治理效能。

（三）以治理能力为先导打造治理文化

学校开展治理育人,最终要上升形成高职学校的治理文化和价值观念,充分调动利益主体参与学校发展建设的能动性,使学校治理从"良治"走向"善治"。学校通过打造人、法治、技术、社会四元价值维度的治理文化,实现学校治理从制度规范到文化引领的优化升级,营造以人为本、民主法治、开放包容、技术创新的校园氛围。

（四）以治理文化为依托形成标准体系

学校完善以党建为核心、以多元共治为主体、以纵向的"顶层布局—中层运行—基层管理"为支撑、以横向的"理念—运行—评价—激励—约束"机制为基础的治理体系,深化治理机制、治理能力和治理文化的建设,打造成为全国高职院校可复制、可推广、可持续的"温职样板",输出高职院校治理的"温职经验",为高职治理体系和治理能力现代化提供"温职方案"。

四、育人实效

（一）全面构建高水平的育人队伍

以师德师风为首标,将教师思想政治素质和师德师风作为教师招聘引进、职称评审、岗位聘用、评优奖励等的首要要求和第一标准。2019年以来，学校教师获全国教育先进工作者、省师德标兵等省级以上荣誉15项。拥有国家"万人计划"领军人才、国家级教学名师、浙江省有突出贡献中青年专家、浙江省"万人计划"教学名师、浙江省首席技师等省市级以上人才163人次。聘请企事业单位高技能人才、能工巧匠、非物质文化遗产传承人等到学校兼职任教170人。有省级名师工作室、技能大师平台3个。学校落实教师企业实践制度，"双师型"教师占专业课教师总数89%，累积有3个月以上企业实践经历的教师319人。

（二）全面构建创新的育人体系

学校入选浙江省"三全育人"综合改革重点支持高校，"训研创一体化实践育人体系的探索与实践"入选教育部高校思想政治工作精品项目，获浙江省高校思政名师工作室2个，成立课程思政协同育人中心，"思政课程"与"课程思政"相统一的经验做法被《人民日报》专题报道。学校把就业工作贯穿于人才培养的全过程，实施招生培养就业联动改革，毕业生就业率连续15年超98%，毕业生培养质量的多项指标居全省高职第一。

（三）全面构建联动的育人环境

学校实施"引企驻校、引校进企、校企互通、合作共赢"策略创新共同育人机制，联手奥康等企业建设"导师—团队—项目"订单班12个，被教育部列为首批现代学徒制试点。自2016年起，完成校企共同开发课程305门，人才培养标准32个，共建实训基地1016个，校企合作育人实践被评为全国优秀案例。"与民营经济互动、与行业企业共赢"的办学实践被《光明日报》等主流媒体誉为高职教育的"温州模式"。政校行企组建产业学院9个，与多家世界500强企业、行业龙头企业和50多个行业深度合作。2018—2020年，学校科技服务到款额1.8亿元，发明专利授权数连续3年蝉联全国高职第一。学校成为全国首个运营企业综合服务平台的高校、首个入驻省特色小镇的高校、全国较早与县域政府合作办学的高职院校，3次荣获全国高等职业院校"服务贡献50强"。

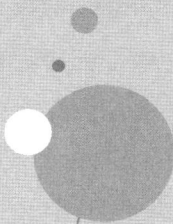

思想铸魂　筑实阵地

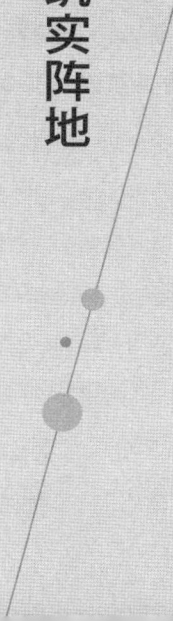

就教育事业而言，首要的是坚持用习近平新时代中国特色社会主义思想铸魂育人，落实立德树人根本任务，努力培养担当民族复兴大任的时代新人。浙江高举旗帜立心铸魂，着力提升文化引领力。强化校园意识形态责任制，打造校园思政阵地；唱响民族团结主旋律，做好民族学生引路人。进一步把好 12 个重点关口，念好"四字诀"，守牢意识形态阵地。构建管理育人新平台，创新学生管理模式，打造浸润式思政教育新模式。突出先进教育，深化"四位一体"，深度融合德育美育，加快推进教育现代化、建设教育强国、办好人民满意的教育，努力培养担当民族复兴大任的时代新人。坚持思想铸魂，抓牢抓实抓细思想教育，为高校发展提供坚强保证。

强化校园意识形态责任制，打造校园思政阵地

——浙江工业大学

党的十九大以来，习近平总书记高度重视立德树人工作，提出校园要努力培养德智体美全面发展的社会主义建设者和接班人。习近平新时代中国特色社会主义高等教育思想的核心是坚持立德树人，提出教育根本问题是"培养什么人、怎样培养人、为谁培养人"。2016年12月，习近平总书记在全国高校思想政治工作会议上，首次提出新时代"三全育人"的工作要求，对于高校全面落实立德树人根本任务具有极其重要的战略地位。为进一步支撑和深化"三全育人"，教育部党组于2017年12月发布了《高校思想政治工作质量提升工程实施纲要》，着力构建包括管理育人在内的"十大育人"体系。校园是意识形态工作的前沿阵地，肩负着传播和建设社会主义意识形态的庄严使命。浙江工业大学着力强化校园意识形态阵地管理，不断进行社会主义意识形态理论的前沿探究。

一、目标思路

浙江工业大学党委深入学习贯彻习近平新时代中国特色社会主义思想和党的十九大及十九届二中、三中、四中、五中全会精神，学习贯彻全国宣传思想工作会议、全省宣传思想工作会议精神，巩固马克思主义在意识形态领域的指导地位，进一步压紧压实党委（党组）意识形态工作主体责任，严格执

行《中国共产党宣传工作条例》《党委（党组）意识形态工作责任制实施办法》《浙江省党委（党组）意识形态工作责任制实施细则》等文件要求,坚决执行中央和省委关于意识形态工作的决策部署及指示精神,增强"四个意识"、坚定"四个自信"、做到"两个维护",牢牢把握正确的政治方向,在思想上、政治上、行动上同以习近平同志为核心的党中央保持高度一致。

二、实施举措

（一）打造校园思政阵地,强化校园教育引导

充分发挥高校意识主阵地作用,使广大师生成为社会主义意识形态的自觉传播者和坚定信仰者。一是培养新时代"四有"好老师,使教师成为社会主义意识形态的重要引领者。学校坚持将师德师风作为评价教师素质的第一标准,抓实"教师思政",着力发挥教师群体在意识形态工作中的引领作用。二是聚焦"为党育人、为国育才",使学生成为社会主义意识形态的积极践行者。坚持"以本为本",推进"四个回归",努力建设与国内一流研究型大学相适应的一流本科教育。以提升研究生教育质量为核心,坚持发挥研究生的科研创新能力,积极探索研究生分类考核和淘汰机制,增强研究生献身科学、服务国家的历史使命感和社会责任感。三是密切干群联系,推动领导干部深入一线开展思政教育。学校高度重视干群联系工作,建立了干群联系的常态化工作机制。严格执行学校领导班子成员"四个一"联系制度,学校领导班子成员每人联系了1个基层党支部,2名高层次人才,1个学生寝室和4名统一战线代表人士,有效发挥师生在意识形态工作中的积极作用。四是积极推动校园思政文化建设,通过校园思政文化活动、新媒体思政作品等,以大学生喜闻乐见的方式筑守学生意识形态防线。

学校针对学生面对的现实和热点问题,开展相关意识形态教育活动。思想政治理论课教师必须提升自身的政治素养和问题意识,以应对多元社会思潮的冲击,更新教育理念和教学方法,进一步发挥思想政治理论课在校园思

想政治教育中的主渠道作用,不断传承创新,提升理想信念教育话语内容导向性,畅通理想信念教育话语权对话机制,优化理想信念教育话语渠道,建构学生理想信念教育话语权。

(二)建立新媒体思政矩阵,加强意识形态话语权

学校作为培育学生世界观、人生观、价值观的重要基地,务必要深悟引导大学生践行社会主义核心价值观的重大意义,准确把握大学生践行社会主义核心价值观的现状,从消除认同障碍、提升践行能力、强化实践教育、构建校园红色网站等方面,积极探寻科学引导大学生践行社会主义核心价值观的途径。学生思想政治教育应把握"权力边界"和"人的需求"两大逻辑向度,建构以体系共生、关系共变、话语共振和内容共识为主体结构的学生思想政治教育语境。

掌握意识形态在各个领域的话语权,正确引导青年学生认识和理解当代社会思潮,畅通和规范青年学生接触当代社会思潮的网络路径,加强和深化校园历史文化教育和思想政治教育,以及做好社会舆论的引导工作。学生思想政治教育必须坚持与时俱进,实现科学化,提高针对性和实效性。高校在对大学生开展社会主义核心价值观教育的过程中,要发展网络课堂教育理念,革新教育教学方式,加强大学生在线教育管理,积极应对西方国家的思想渗透和意识形态威胁,着力开发和打造培育大学生社会主义核心价值观教育的精品"慕课"课程。学生思想政治教育面对新媒体带来的机遇和挑战,要积极应对新媒体,促进学生思想政治教育工作的转型发展。学校应充分运用时代赋予的便利条件,研究各种文化范式之间相互影响与相互作用的规律与特点,从强化教育内容、创新丰富形式、加强过程控制、构筑监管保障等方面开展主流价值观教育,以有效应对学生的价值观冲突。

(三)严格意识形态工作责任制,深化工作协同效应

一是深化协同联动,形成齐抓共管的意识形态工作格局。学校严格按照中央和省委有关要求,把加强和改进高校意识形态工作作为一项极端重要的工作来抓,按照属地管理、分级负责和"谁主管谁负责"的原则,切实履行好党

委主体责任,严格落实党委书记"第一责任人"、党委分管领导"直接责任人"和班子其他成员"一岗双责"的要求。进一步完善党委统一领导,党政齐抓共管,宣传部牵头组织,相关部门分工负责,各二级单位逐级承担的工作格局。把意识形态工作作为党的建设和事业发展的重要内容,纳入重要议事日程,纳入党建工作责任制,纳入目标管理考核,与中心工作同部署、同落实、同检查、同考核,切实加强和改进意识形态工作。将意识形态工作纳入年度二级党组织书记述职评议、党风廉政建设等事项的重要考核内容,严格实行意识形态一票否决制,考核结果作为领导班子、领导干部实绩考核的重要内容。二是加强分析研判,掌握意识形态主动权,深入开展校园意识形态领域调研工作,做到未雨绸缪。三是健全追责机制,落实意识形态工作责任制。学校严肃政治纪律和政治规矩,抓实意识形态追责工作,明确责任归属,确立科学有效的责任追究机制。严格遵守"学术研究无禁区、课堂讲授有纪律"的原则,建立宣传部门、纪检监察部门、组织人事部门、二级党组织和全校基层党支部联动的意识形态管理追责机制。建立意识形态问题发现预警、具体研判、向上汇报、责任认定、做出处理的责任追究工作流程和分工规定,把工作要求变为工作机制。对抓意识形态工作有力的干部,予以激励;对履行责任不到位、工作措施不得力的干部,进行追责。

学校提高政治站位,以政治家、专门家、实干家为标准建好意识形态工作队伍。一是选优配强专职宣传思想工作队伍,提升意识形态工作水平。从制度上确立意识形态工作的一把手工程,严格落实各级党组织书记"第一责任人"、分管领导"直接责任人"和班子其他成员"一岗双责"的要求。通过专家辅导报告、案例分析、经验交流等形式,组织各二级党组织书记、副书记、宣传员、辅导员等开展意识形态工作分析研判会和专题培训会,提升一线人员的意识形态工作能力,维护校园意识形态领域安全。二是优先建设思政理论课教师队伍,打造立德铸魂的主力军。学校始终把思政理论课教师队伍建设摆在人才队伍建设的优先位置,启动浙江省高校领军人才培养计划首批遴选工作,单列思政课教师领军人才、高层次拔尖人才和青年优秀人才遴选类别。推进青年人才引进与青年教师培训计划,不断提高思政育人队伍的质量水平。

三、特色创新

(一)加强网络平台建设与管理,在抢占舆论阵地中增强意识形态的网络引领力

修订《浙江工业大学校园新闻发布工作办法》《浙江工业大学校园新媒体平台管理办法》,继续做好校内网络媒体的管理与引导工作和各类官方自媒体的备案与登记工作。按照"互联网＋育人"要求,充分利用腾讯、百度、新浪微博、今日头条、浙江新闻客户端等多个平台,并结合学校主页新闻网、校报、校广播台、电视台等传统媒体共同构成全媒体矩阵,变"独唱"为"合唱",积极探索全媒体宣传形式创新,实现了多平台共同运营。强化正面发声,构建新媒体育人高地,学校官方微信主动围绕一流本科专业建设点、疫情防控、复学返校、校友故事、毕业生离校等多个新闻主题,迎合受众话语体系,吸引受众关注,宣传品牌不断提升。创新体制机制,健全学校全媒体矩阵,打造校内新型主流媒体。

推广运用"学习强国"学习平台,构筑理论学习新阵地。学校高度重视"学习强国"学习平台的推广运用工作,加强顶层设计,创新方式方法,推动学习教育取得实效。开通与省委宣传部对接的供稿系统,邀请省委宣传部舆情处相关人员为全校管理员开展"学习强国"学习平台使用专题培训,做好平台使用的推广服务工作。开展"学习强国"学习平台答题系统试题征集活动,将"学习强国"学习平台的学习内容融入党校、团校、思政课、形势课等教学工作,增强了学习实效。建立校内学习管理员交流群,组织开展二级管理员交流培训和校内二级组织学习竞赛。以"全国党建工作标杆院系"创建为契机,推出了"学习强国"赛分活动,大力推动学习平台建设运用管理,探索线上线下互动的全天候理论学习机制。

(二)加强网络媒体的监管与预警,切实保证校园网络意识形态安全

进一步健全校内网络舆情监测和预警机制,增强舆情预警的及时性和可

靠性。学校高度重视校内网络舆情监测和预警工作,完善制度,健全机制,有效增强了舆情预警的及时性和可靠性。落实《全媒体建设与管理工作实施办法》《学生公寓校园网管理办法》《学生文明上网守则》等文件要求,着力完善网络信息传播制度。进一步健全"网站＋微博＋微信＋校园 App＋电子刊物"五位一体的网络互动平台,实现全域管理、全程引导。通过第三方全网舆情监测采集系统建立全年每天 24 小时舆情监测制度,建立"人工＋技术"的立体化监测预警体系,建立重要节点、重点舆区、重点领域不间断巡查制度,实行舆情双月报工作机制,切实增强了舆情监测的时效性。制定了网络舆情甄别研判工作机制,甄别真伪,分类定向,及时化解。

进一步完善校内网络舆情突发应对处置机制,加强校园舆情引导。学校着力健全校内网络舆情的引导机制建设,进一步加强校园舆情引导工作。集中打造校网、官微等权威发声平台,健全权威信息发布制度,增强了校园舆情引导的实效。完善突发舆情快速决策机制,制定出台《稳定工作与突发事件处置预案》《突发事件新闻工作应急办法》等制度,明确舆情应对操作机制。建立和规范媒体接待工作机制,制定接待方案,规范接待人员、接待方式、接待流程等,并完善新闻发言人制度。

进一步健全校内舆情应对保障机制,推进基础保障工作。学校建立常态化意识形态工作的研判、教育、管理机制,对学校宣传思想工作、师生思想动态等进行综合研判。根据《浙江工业大学教育评论员队伍建设工作方案》,建强舆情工作队伍。在学工部设立网络教育专职岗,并由 7 名教师组成网络舆情研判和评论员队伍,由 50 余名学生干部组成学生网管员队伍,由 20 多名师生组成精弘技术团队,协同协作,有效把握网络思政教育的主动权。统筹规划,构建起学校、学院和机关各部门之间"一张网、一盘棋"的大舆情工作格局。

(三)发挥社会热点的引领带动作用,增强意识形态教育的共识感与共情感

2020 年初暴发的新冠肺炎疫情对社会各个方面都产生了巨大深远的影响,广大青年身处其中也深受震动。习近平总书记在研究加强新型冠状病毒感染的肺炎疫情防控工作会议上指出:"要做好宣传教育和舆论引导工作,统筹网上网下、国内国际、大事小事,更好强信心、暖人心、聚民心。"在此类重大疫情防控中,思想政治教育工作者应密切关注学生的思想变化状况,积极发挥思想政治教育的铸魂育人作用。把握疫情形势,以疫情防控为主题,搜集整理相关素材,进行认真的分析总结和反思。挖掘典型事迹,凝聚和传播正能量。

聚焦抗"疫"人事情,讲好抗"疫"故事,铭刻英雄记忆,总结经验教训,演绎中国精神。创新抗"疫"故事传播方式,提高思想政治教育实效。通过青年一代喜闻乐见的话语方式来讲述抗"疫"故事,增强抗"疫"故事的具象化、感染力和交互性。

发挥多传播渠道的协同效应。充分发挥主流媒体的作用,协同自媒体平台同向发力,遵循传播规律,丰富传播内容,优化传播布局,扩大抗"疫"故事的影响力。引领青年学生树立正确价值观,培养青年一代同舟共济、众志成城的团结精神。

积极运用文艺作品进行思想政治教育,充分挖掘文艺作品中的思想政治教育资源,普及科学防疫知识,增强青年一代对疫情的理性认知。加强心理疏导,及时解决青年一代的各种心理问题。

直面抗"疫"过程中出现的问题,有序参与,勇于担当社会责任,提高创造性解决问题的公共参与能力。鼓励青年一代积极参与抗"疫"志愿服务活动,在实践中成长成才。用实际行动践行社会主义核心价值观。

四、育人实效

(一)社会主义意识形态认识不断加深

学校通过校院两级党委会/中心组会议、学校宣传思想工作会议、主题党日活动、思政课在线教学、课程思政、"学习强国"学习平台、"理论正当午"、"红旗领读人"、"青年大学习"等多种形式,第一时间组织广大党员干部师生开展政治理论学习,做到学习全覆盖。坚持党建引领学校事业发展,创新校地合作制度,学校党委与德清县委建立理论学习中心组联学会制度,着力完善中心组定期联学机制,推动重大决策、重点议题的前置研讨,构建重点工作推进专班机制。学校党委与县委理论学习中心组开展联学,共谋高质量融合发展,聚力打造校地合作"标杆"。通过中心组联学的方式,丰富提质增效学习成果,带动和深化校地合作,强化校地战略层面的对接,充分发挥各自优势,主动融入国家和区域战略,实现大学与城市之间的双向赋能与融合发展,为争创社会主义现代化先行省贡献智慧和力量。

(二)意识形态理论阵地建设态势良好

全校上下形成带着问题学理论、带着课题搞研究的良好氛围,充分发挥高校作为党的重要思想理论阵地和意识形态前沿与"重镇"的作用。《浙江日报》理论版刊发学校党委书记蔡袁强的文章《对标"重要窗口"定位 交出高教高分报表》,《人民政协报》刊发学校教师盛颂恩教授的文章《要以人民眼光聚焦教育公平与质量》,《光明日报》理论版刊发学校特约研究员聂晶的文章《坚守为民初心 建设更高水平的平安中国》,《中国教育报》专栏头条全文刊发了学校刘晓教授的文章《有效推进顶岗实习 助力企业复工复产》,等等。教育部人文社科优秀成果奖再创新高,在第八届高等学校科学研究优秀成果奖(人文社会科学)获奖名单中,学校共有 5 项成果获奖,获奖数位列全国高校第 57位,位居省属高校前列,为构建有品质、有温度、有特色的思想政治工作格局、促进各项事业科学发展提供支持和保证。

(三)形成学生践行社会主义意识形态的良好风气

坚持"以本为本",推进"四个回归",努力建设与国内一流研究型大学相适应的一流本科教育。学校不断完善以拔尖人才培养为引领、高级应用型人才培养为主体、复合型人才培养为特色的本科教育体系,全校 42 个专业入选教育部"双万计划"首批一流本科专业建设,居全国地方高校首位。以提升研究生教育质量为核心,坚持发挥研究生的科研创新能力,积极探索研究生分类考核和淘汰机制,增强研究生献身科学、服务国家的历史使命感和社会责任感。2020 年,学校录取的研究生与本科生比例接近 1:1,研本比在全国地方高水平大学中已走在前列。紧密围绕"三下乡""双百双进"等活动开展暑期社会实践服务。活动内容涵盖农村文化礼堂建设、"百校联百镇"活动、关爱农民工子女、留守儿童志愿服务行动、万名返乡大学生青春创业行动计划、青少年助力治水统一行动、五水共治等各类主题,学生充分利用专业知识,挖掘资源,服务基层,建言献策,发挥了良好作用,获得了广泛好评,各类活动多次被人民网、中国青年网、浙江电视台、《钱江晚报》、《青年时报》、浙江在线等主流媒体报道。在疫情防控期间,学校以"思政课程＋"网络育人工程为抓手,推出实施"战'疫'思政"云教研、"战'疫'思政"云教改、"战'疫'思政"云教学等一系列深化思想政治理论课改革创新的举措,努力培养担当民族复兴大任的时代新人。教育部门户网站以《浙江工业大学以"战'疫'思政"深化思想政治理论课改革创新》为题对此进行了报道。

唱响民族团结主旋律，做好民族学生引路人

——浙江理工大学

浙江理工大学立足巩固民族团结、维护国家统一的战略高度，积极落实立德树人根本宗旨，紧扣"中华民族一家亲，同心共筑中国梦"总目标，坚持以学生为中心，不断深化教育内涵，丰富教育形式，以爱国主义教育为核心，把民族团结教育贯穿整个教育管理的全过程，增进少数民族学生对伟大祖国的认同、对中华民族的认同、对中华文化的认同、对中国特色社会主义道路的认同。结合少数民族学生实际，遵循少数民族学生教育规律和人才成长规律，实施"四有"管理育人模式，着力将少数民族学生培养成德智体美全面发展的社会主义建设者和接班人。

一、目标思路

长期以来，浙江理工大学的民族工作得到了中央新疆工作办公室、省委统战部、省民族宗教事务委员会等上级有关部门的关心和肯定，学校也被评为"浙江省民族团结进步模范集体"。学校坚持从少数民族学生的特点和实际出发，积极探索加强和改进新形势下少数民族学生教育管理的有效路径，逐步形成了对少数民族学生规范管理有团队、思想引领有方向、能力培养有目标、精准帮扶有保障的"四有"管理育人模式。

二、实施举措

(一)以规范管理为基础,构建协同育人工作机制

浙江理工大学建立少数民族学生教育、管理、服务工作联动机制,已形成校党委主要领导亲自抓,学工、教务、招就、团委、保卫和后勤等多部门参与的工作格局。校领导每学期召开少数民族学生管理工作专题会议,研判学生思想动态,研究少数民族学生的教育管理问题。相关职能部门在每学年初召开少数民族学生座谈会,加强少数民族学生的始业教育,了解其学习、生活和发展方面的需求与建议。在日常管理过程中,学校落实"四员管理"制度,辅导员、宿舍员、信息员、保卫专员齐抓共管,做好每月"一对一"思想状况研判;坚持以民汉混班教学、混合住宿等方式促进少数民族学生融入学生大家庭。重视预科学生培养,配备专职班主任、辅导员,先后形成了《浙江理工大学少数民族预科班培养方案》《浙江理工大学少数民族预科学生管理办法》等管理制度。

(二)以民族融合为核心,实施铸魂引领工程

学校将爱国主义精神、优秀传统文化、民族交融发展理念深深植入、贯穿日常教育管理工作,大力弘扬以爱国主义为核心的中华民族精神和社会主义核心价值观,用正能量主动占领思想政治教育阵地。结合重大节日开展民族团结教育,定期举办少数民族文化节等活动,为少数民族学生搭建展示和交流平台,促进学生了解各民族文化,增进民族情感和民族大团结。

学校注重思想教育与心理疏导相结合,关注少数民族学生心理发展,提升学生自我心理调适和承受应对挫折的能力,增强对宗教渗透的抵抗力。学校以新生心理普查为基础,辅导员、班主任注重与少数民族学生的日常交流与沟通,帮助学生解决心理困惑。学校于2017年成立校大学生情商教育研究中心,除开设心理健康教育必修课程之外,学校还开设了"幸福学""大学生活

情感教育""情商提升"等多门与心理健康教育相关的课程,与学生深入地探讨心理知识和交流情感,有效促进了少数民族学生的身心健康发展。

(三)以提升综合素质为目标,精心落实培养方案

学校坚持人才培养为第一要务,调整评价目标,统一学业标准,认真落实混班教学的要求,扎实提升少数民族学生学业成绩。针对部分学生学习基础较弱的问题,相关部门和学院采取积极有效举措,建立健全激励与约束机制,通过召开学生座谈会精准排摸学生学习情况,有针对性地激发少数民族学生学习的主动性、积极性。由理学院、外国语学院分别落实数学、物理、大学英语等基础课的专项课外辅导。各学院也通过"一对一"结对互助等途径对少数民族学生开展日常重点帮扶,解决其学习困难问题。少数民族学生的学业成绩呈现稳步上升趋势,每年都有一定数量的学生考取研究生。

学校积极完善少数民族学生正向激励机制,不断加大培育和选树模范的工作力度。设立优秀少数民族学生奖学金,表彰年度优秀少数民族学生;设立少数民族学生人才培养基金,建立校卓越人才基地少数民族学生标兵班,全方位为少数民族学生成长成才创造条件。

(四)以完善帮扶体系为保障,服务学生全面发展

学校十分关心少数民族学生的在校生活,在落实混合就餐政策的前提下,各学生餐厅开设了具有各地风味的档口。学校建立了与各族学生一视同仁的奖学助学体系,涵盖各级奖学金、助学贷款、助学金、临时补助、勤工助学、减免学费等各类资助帮扶政策,切实解决学生生活的后顾之忧,确保学生不因经济问题而影响学业。目前,新疆籍少数民族困难生中有近一半的学生已拥有勤工助学岗。除经济资助之外,学校也注重通过"发展性资助"项目申报、有关企业创业实践基地等平台不断提高少数民族学生的实践能力,营建了"得人心、暖人心、稳人心"的良好局面。

针对少数民族学生缺乏就业准备、就业期望值较高等问题,学校优化信息服务,强化帮扶效度。开发掌上就业办事大厅,为毕业生提供针对性就业信息;实施结对工程,了解少数民族毕业生的就业意向、就业进展及困难问

题,开展相应的帮扶工作,提高帮扶精度。根据摸底情况,按照求职、创业、考研、考公务员等类型,着重对少数民族毕业生和三年级学生进行分类指导,为他们量身定做就业帮扶计划,提供就业技巧指导,提升就业竞争力。

三、特色创新

(一)打造品牌项目,建立民族学生教育文化阵地

2005 年至今,浙江理工大学已举办 9 届民族文化节。其间,学校成立了民族文化协会、下沙高教园区大学生民族文化交流中心,开设大学生"青马工程"培训班。学校职能部门领导先后有计划地组织民汉学生代表团赴浙江省爱国主义教育基地开展社会主义先进文化教育活动;积极发挥管理学院、内派教师及"石榴树"辅导员工作室的多重平台,通过定期组织主题教育、民汉学生交流会等形式增强学生民族共同体意识,提升学生辨别是非的能力,厚植爱国主义情怀。

(二)成立育人专班,建设民族学生专业管理队伍

学校重视少数民族学生管理队伍建设,按要求设置少数民族专职辅导员岗位。辅导员深入掌握少数民族学生在校情况,经常性地与学生谈话,了解把握学生思想动态,有针对性地做好学生思想工作;关注学生宗教信仰情况,坚决执行教育与宗教相分离政策,从新生入学教育开始加强相关政策宣传教育,引导学生自觉遵守国家法律和校纪校规;重视学生学习,开展"一对一"等互助活动,提升学生学习能力与课业成绩。

(三)深入校企合作,创建民族学生资助新格局

学校重视少数民族学生长远发展,在经济资助的基础上,以校企合作等工作方法,开展少数民族学生"发展性资助"。学校为学生制订就业帮扶计划并提供就业指导等服务,通过企业平台与社会合作,鼓励少数民族学生走出

校园,走向社会,在实践中拓宽学生认知视野,提升学生专业能力与实践能力,助力学生就业与未来发展。

四、育人实效

(一)加强顶层设计,深化协同育人,管理育人实效性提高

做好少数民族学生的教育管理工作是个系统工程。学校党委重在落实主体责任,从宏观层面进一步加强对少数民族学生教育管理工作的顶层设计和统筹协调,把少数民族学生教育管理机制体制建设作为民族团结工作的重要环节。加强少数民族学生管理的组织领导,通过优化顶层设计整合学校内部的各种教育资源,将协同育人理念融入其中,把教书育人、管理育人和服务育人结合起来,建立全员育人机制,使各部门和各学院发挥各自的长处,实现优势互补。

(二)提高政治站位,强化思想铸魂,意识形态主动权加强

学校在关注少数民族学生生活和学业的同时,还关注这一群体的思想引领和人心争取。学校始终紧扣"中华民族一家亲,同心共筑中国梦"总目标,坚持思想教育与专业教育同向同行,高度关注少数民族学生心灵成长和精神发展,大力弘扬以爱国主义为核心的中华民族精神和社会主义核心价值观,将民族团结教育列入每学期思想教育的重点主题,促进各族学生牢固树立正确的政治观、历史观、民族观、国家观、文化观、宗教观,增强文化认同,增进民族情感。

(三)坚持严管厚爱,优化制度管理,民族团结推动力提升

因少数民族学生具有独特的成长背景、文化心理特征和教育基础,学校加强了制度层面上对少数民族学生的教育管理。在统一培养规格下,结合专业和学生实际,为少数民族学生设计个性化培养方案、建立学业帮扶机制、配

备少数民族学生辅导员、单独设置少数民族学生奖学金、树立少数民族学生典型等,激发少数民族学生的潜力和内生动力,缩小与其他同学间的差距。通过设立系列规章制度,规范少数民族学生的在校管理,经常性与学生谈心谈话,了解把握学生思想动态,让他们在学校的学习生活中获得温暖、赢得自信,促进少数民族学生融入学生大家庭。

(四)注重精准帮扶,加强人文关怀,管理育人亲和度增强

文化认同是最深层的认同,也是最难实现的认同,需要长期"润物细无声"地进行关怀,才能实现从认知到认同的价值培养。学校在对少数民族学生依法管理的同时,会更多地给予其人文关怀。在生活上,尊重少数民族学生在传统饮食习惯方面的选择;在校园文化上,结合民族节日举办各类活动,充分发挥少数民族学生能歌善舞的特长,展示少数民族优秀文化;在学业上,通过导师制、师生结对等方式建立少数民族学生学业帮扶机制,激发他们的学习动力,解决他们在学业上的困难;在就业方面,有针对性地做好少数民族学生职业生涯规划教育和就业指导。从学习帮扶、精准资助、心理关爱等各个方面形成一整套内容全面、形式多样、成效显著的帮扶体系,真正走进少数民族学生的内心。

把好 12 个重点关口，守牢意识形态阵地

——温州大学

温州大学坚持把意识形态工作作为学校党的建设和改革发展建设的重要内容，在意识形态工作中坚持关口前移，梳理出 12 个重要关口，明确关口职责，由相关部门分兵把守，牢牢把握意识形态工作领导权、主动权、话语权，下好育人先手棋，为立德树人打下坚实基础。

一、目标思路

长期以来，温州大学高度重视意识形态工作，将其作为立德树人，落实为党育人、为国育才根本任务的首要环节，相关工作得到上级有关部门的肯定，连续 2 年获得温州市落实意识形态工作责任制考核"优秀单位"。学校坚持意识形态风险评估前置，思想政治素质把关前置，为立德树人打下坚实基础，积极探索创新加强意识形态工作的有效路径，通过牢牢把控 12 个重点关口，实现意识形态在育人工作的全过程覆盖、全员覆盖、全方位覆盖，涵盖进口出口、校内校外、课内课外、网上网下等环节和领域，以强大合力强化育人实效，逐步形成了具有特色的管理育人模式。

二、实施举措

(一)以规范管理为基础,构建协同育人工作机制

全面统筹办学治校管理育人资源和力量,制定《温州大学意识形态工作实施细则》,建立意识形态工作校内外联动机制,形成党委牵头抓总,党政齐抓共管,部门、学院、学区联动的工作机制,坚持"谁主管谁负责"的原则,不断完善情况通报、检查指导、追责问责的工作机制,积极开展校园巡查和防控,加强重点人员、重点时节、重点场所的排查教育和监管力度。实现育人工作协同协作、同向同行、互联互通,系统化、持续化、科学化推进管理育人综合改革。

(二)以强化马克思主义指导地位为核心,实施铸魂引领工程

学校在教育教学中牢固坚持马克思主义指导地位,在全省率先开设"习近平新时代中国特色社会主义思想"选修课,深入推动习近平新时代中国特色社会主义思想"三进"工作,让学生深刻感悟马克思主义真理力量,为学生成长成才打下科学思想基础。用中国优秀传统文化、革命文化和社会主义先进文化培根铸魂,让社会主义核心价值观教育贯穿人才培养全过程,深深植入日常教育管理工作中。建成省内首家马克思主义理论教育基地,用正能量主动占领思想政治教育阵地。不断推进思政课程改革,"一化六制"综合改革受到学生热捧,形成了富有特色的温大模式,得到《光明日报》等百余家媒体报道,数十所高校借鉴采用。

(三)以强化考核为保障,确保意识形态工作落地见效

结合学校实际,围绕人才培养新要求,建立意识形态考核评价机制,学校坚持将意识形态工作纳入二级单位领导班子成员民主生活会,纳入基层党组织考核、学院工作考核、职能部门工作考核指标体系。将教师政治思想表现

纳入教师年度考核、职称评审、评奖评优指标体系,坚持"一票否决"。

三、特色创新

(一)梳理 12 个重点关口,筑高思想防线

根据意识形态工作要求,学校梳理在育人过程中各部门和学院、学区的工作责任,明确了人才引进、自办刊物、讲座论坛、出国出境、课堂讲授、学生活动、研究生招录、外籍教师和兼职教师聘任、公共选修课开设、教材(含外文教材)选用、网上教学资源开发使用、境外合作办学和科研合作项目 12 个重点关口,开展思想政治素质把关前置、意识形态风险评估前置,着力筑高意识形态工作思想防线。

(二)制定 12 把"金钥匙",解决育人难题

学校针对梳理出的 12 个重点关口,明确 12 个关口把关职责,制定 12 把"金钥匙"。党委宣传部做好校内自办刊物、网站及微博、微信等平台的内容审查工作,坚持一年一审;加强校园宣传品管理,坚持一事一批;协同人文社科处、国际交流与合作处把好人文社科类讲座论坛的审批工作,坚持"一会一报"。人事处(教师工作部)把牢人才引进、外籍教师和兼职教师聘任环节的意识形态关口,坚持思想政治素质不合格一票否决。国际交流与合作处把牢师生出国出境和学校国际合作办学项目遴选工作的关口。教务处和教发中心把牢教材使用与网上教学资源开发、公共选修课开设、课堂讲授等重点关口,强化课堂讲授纪律监督监管。学工部、团委和研工部把牢各自领域内学生(社团)活动的关口,不得举办复活节、圣诞节等带有明显宗教色彩的节日活动。研工部把好研究生招录关口,坚持考生思想政治素质把关前置。人文社科处、科研处把牢国际合作科研领域的安全关口。信息中心把牢学校网络安全风险的防范关口。

（三）用好 3 个阵地，共建育人高地

学校在意识形态工作中，在把好关口的同时发挥好育人阵地作用，共建育人高地。一是用好理论武装阵地，巩固马克思主义的指导地位。坚持"专题学"，加强教师理论武装。落实教师 40 学时理论学习，每年精心遴选校院两级党委中心组理论学习专题 30 个左右，举办党性教育研修班，进一步加强干部教师教育管理。推进"广泛学"，加强学生理论学习。将"马克思主义宗教观""构建清朗网络空间"2 个专题纳入形势与政策必修课，实现全覆盖，率先在全校开设"习近平新时代中国特色社会主义思想"公选课，致力于青年马克思主义者的培养。谋划"深入学"，加强理论研究阐释。组织召开一年一度的思想政治教育理论研讨会，就意识形态工作开展理论探讨，开展意识形态工作立项研究项目，启动"课程思政"试点课程，建设"名师工作室"，在《温州大学报》、校园网开辟"心得笔谈""学思行悟"等专栏，不定期刊发干部教师理论学习文章。二是强化文化阵地，着力壮大主流思想舆论。开展主题教育，加强主流意识形态建设。围绕"学四史、践初心、担使命"和"同上疫情思政大课"等主题，策划开展系列活动，推动文化建设，提升教育引导效果。学校不断深化省级育人载体——"五爱"（爱祖国、爱家乡、爱学校、爱他人、爱自己）文化育人品牌的辐射力和影响力，拍摄爱国主义原创歌剧《五星红旗》，制作的专题片《抗日英烈林心平》荣获全国"追寻先烈足迹"短视频优秀作品奖。深入开展"华峰品德奖""百名教授访百家""校园师生节"等校园文化品牌建设，切实增强榜样的引领示范作用，着力推动社会主义核心价值观建设。三是用好网络阵地，切实维护网络意识形态安全。学校成立"校园网络管理领导小组""校园信息化建设领导小组"，组建网评员、宣传员和舆情监控队伍，全天候开展网络安全检查，密切关注师生意识形态倾向，及时有效处理网络舆情。强化网络管理主动权，定期开展校园二级网站信息建设督查整改工作。学校开展形式多样的网络文化活动，牵头成立全省首家高校清朗网络联合会，担任会长单位。

四、育人实效

（一）加强顶层设计，深化协同育人，管理育人实效性提高

意识形态工作是一项极端重要的工作，也是一项系统工程，涉及学校的方方面面。学校党委严格落实履行意识形态工作主体责任，加强宏观层面的顶层设计和统筹协调，把意识形态工作作为立德树人的重要环节来抓，先后出台了《温州大学意识形态工作实施细则》《温州大学意识形态工作校内外联动机制》《温州大学关于抵御和防范宗教渗透工作实施方案》等意识形态工作制度。加强意识形态工作的组织领导，通过优化顶层设计整合学校内部的各种教育资源，将协同育人理念融入其中，把教书育人、管理育人和服务育人结合起来，建立全员育人机制，使各部门和各学院发挥各自的长处，实现优势互补。

（二）提高政治站位，强化思想研判，意识形态主动权加强

高校意识形态工作，事关党对高校的领导和党的教育方针的贯彻落实。学校党委不断提高政治站位，把意识形态工作作为落实立德树人根本任务的重要举措。每年开展两次校园政治安全和意识形态研判，通过座谈、走访、调研、信息员反馈等多种渠道开展师生思想动态研判、校园安全稳定隐患排查和意识形态领域动态研判，对师生思想动态、宗教信仰、政治意识等状况摸清底数，形成研判报告，切实将各种不安全、不稳定苗头"化解于基层、消除于萌芽、拦截于校内"，学校党委坚持每学期开学初召开专题会议，就意识形态工作进行通报，做出部署，指导督促各单位和领导干部抓好工作落实，党委理论学习中心组安排维护意识形态安全专题学习，组织全体中层干部参加意识形态工作培训会，牢牢把握意识形态主动权和领导权。

（三）盯牢重点人员，加强宣传教育，管理育人效果增强

学校定期开展学校信教师生和思想偏颇师生等重点对象排查工作，查清

识明师生宗教信仰状况(包括信教类型、信教原因、活动状况等),排查可能出现意识形态安全隐患的师生,并不断健全重点人员库。确定部门、学院领导、辅导员、班主任、党员师生与重点人员建立结对关系,定期对重点对象开展一次谈心谈话,了解思想动态,给予教育引导,提出防范警示。引导重点人员遵守宪法法律,依法依规从事活动、发表言论,坚持以人为本,通过宣传教育将他们团结凝聚在党的周围,不断增强管理育人效果。

多年来,学校意识形态工作对标中央、省委要求,通过把牢 12 个重要关口的探索,认真落实意识形态工作各项任务,坚决种好"责任田"、守好"主阵地"、汇聚正能量,意识形态工作主体责任意识进一步强化,制度篱笆扎得更牢固,阵地建设更坚实,重点关口把得更牢,协同联动机制更加完善,育人成效更加明显。

念好"四字诀"，筑牢意识形态主阵地

——中国计量大学

习近平总书记在全国宣传思想工作会议上强调："意识形态工作是党的一项极端重要的工作。"作为新时期意识形态建设的前沿阵地，高校肩负着学习研究宣传马克思主义、培养中国特色社会主义事业建设者和接班人、掌握意识形态话语权的战略性任务。中国计量大学坚持党对意识形态工作的领导权，以贯彻落实意识形态工作责任制为重点，念好"守、防、引、导"四字诀，加强阵地建设，强化舆论导向，完善管理体系，为推动学校高质量发展提供强大的精神动力、思想保证和舆论环境。

一、目标思路

坚定不移用习近平新时代中国特色社会主义思想定向领航，持续巩固马克思主义在意识形态领域的主导地位，紧扣立德树人根本任务，注重发挥思想引领、舆论推动、精神激励的重要作用，紧紧围绕线上线下两大主阵地，全力打造意识形态工作"根据地"，牢牢掌握意识形态工作领导权管理权话语权，打通意识形态工作"最后一公里"，切实提升学校意识形态工作的能力和水平，增强育人工作的针对性和实效性，为党和人民守好意识形态阵地和教书育人阵地，引导广大师生成为社会主义核心价值观的坚定信仰者、积极传播者、模范践行者。

二、实施举措

（一）守好传统阵地，完善知责明责的"责任链"

一是抓好课堂教学"主渠道"。逐层推进"助、备、研、讲、听"五位一体的校领导带头抓思政课工作机制，校党政领导立足本职、旗帜鲜明地站在意识形态工作第一线，走进思政课课堂讲课听课，带头联系思政课教师，凝聚带动全校力量齐抓共管，努力推动思政课内涵式发展。学校党政领导、教学督导组、教学单位领导、专业负责人严格按照学校听课制度规定，深入一线了解教学情况。2020 年，学校编辑了 32 期《教学质量周报》，在校内定期公布统计数据，全面督查课堂教学质量提升情况，得到了教育部评估专家的肯定。二是严守传统阵地"入口关"。严守教材选用的意识形态关口，不断规范和加强"马工程"教材使用工作。实行"一会一报"制，按照"学术研究无禁区、课堂讲授有纪律"要求，建立健全讲座、报告、论坛等在线审批报备制度，决不给任何错误思想观点提供传播舞台。出台《校园宣传品管理办法》，搭建线上审批平台，进一步规范校内各类线下宣传品的管理。

（二）强化网络监管，织密防微杜渐的"防护网"

一是注重关口前移，强化舆情监控。学校着力加强网络舆情监测预警能力建设，实施网络舆情人机联全年全天候全时段监测，实行每日一报、每周一志、特事专报、监测年报等制度，制定年度《网络舆情工作手册》，提前做好舆情风险研判和应急预案（见图 1）。2020 年，学校共编发网络舆情周报 52 期，专报 5 期。二是健全网络监管，营造清朗空间。出台《校园新媒体建设与管理工作实施办法》，严格按照"谁主管谁负责，谁主办谁负责"的原则，扎实做好校内网站、新媒体平台等的登记、备案、年审工作，做到底数清、责任明、措施实。2020 年，学校开展对 204 家校园新媒体和 49 个二级网站的年度检查和检查回头看工作，严密防范网上意识形态渗透，营造风清气正的网络空间。

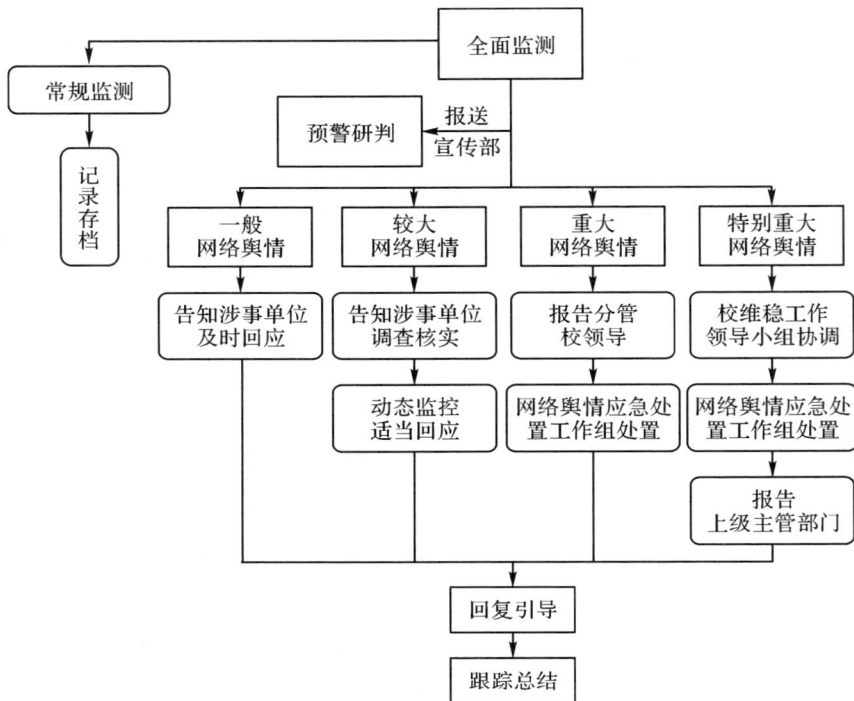

图1 网络舆情研判工作流程图

(三)增强网媒引力,形成凝心聚力的"正磁场"

一是旗帜鲜明壮大"主流"声音。学校注重思政教育阵地属性,积极发挥"新媒体＋思政"的网络育人功能,通过搭建"五端合一"的全媒体平台阵容和"2＋X"校园融媒体矩阵,做大做强正面主流声音。"'8020式'新媒体育人共同体"入选浙江省高校文化育人载体名单。2020年,学校43个一级、二级微信公众号全年推送4123篇推文,其中网络思政教育相关内容占30.68%。二是创新引领发布"关切"之音。聚焦重大主题,关注时事热点,提高推文质量,主动创新发布贴近学生、贴近生活、贴近社会、贴近时代的内容,在提升文字质量的基础上,力求体裁、版面及风格的多元化,发挥融媒体"1＋1＞2"的宣传效应,增强校园主流媒体的传播力、引导力、影响力。2019年,学校承办"思政星课堂"活动,活动网络投票环节累计访问量达85.9万人次。学校获评浙江省高校新媒体综合力十强,连续 2 年获得浙江省高校新媒体优胜奖。

(四)强化制度导向,把好"方向盘",用好"指挥棒"

一是落实督查考核,增强"号召力"。认真落实意识形态工作责任制,持续完善党委书记抓意识形态工作述职评议制度,将意识形态工作情况列入领导班子年度民主生活会、干部考核、述职述廉的重要内容。将意识形态工作纳入校内日常巡察工作重点,设立校巡查工作领导小组,制定工作实施办法,通过经常性的巡查、抽查、自查、提醒、问责等形式,深督细促各项制度的落地,让制度真正"带电"管用。二是抓牢队伍建设,加强"向心力"。学校将优秀网络文化成果纳入思政教育职务(职称)评审条件,进一步激发和保障了网络思政教育工作者的积极性、主动性和创造性。出台《全媒体作品稿酬发放办法》,鼓励广大师生积极创作各类文化作品,弘扬主旋律,传播正能量。在日常运营中,根据微信指数每月发布"中量大微信公众号排行榜",每年对微信影响力龙虎榜的上榜单位进行表彰。学校大力支持名师工作室建设,充分发挥省高校思政名师工作室、校思政教师工作室、校网络育人工作室的示范、引领、辐射作用。以青年教师和学生骨干为主体,建立由公众号管理员、网络舆情员、全媒体中心团队构成的网络文化引领队伍,不断加强和改进网上舆论引导。

三、特色创新

(一)形成上下齐抓共管的"新格局"

学校持续完善校党委书记牵头、分管副书记具体负责、党政共同参与的领导机制,把意识形态工作作为党的建设的重要内容,纳入重要议事议程,探索建立多管齐下、上下协同、互通互联的工作模式,形成全员参与意识形态工作的工作格局。

(二)构建以师生为中心的"同心圆"

学校以培育和弘扬社会主义核心价值观为思想引领的"圆心",以学校文化为纽带,以育人内容为核心,树立协同育人理念,通过改进课堂教学、营造文化环境、丰富网络教育等意识形态阵地的建设和管理,在潜移默化中感染师生群体,在文化浸染中完成个体思想观念的建构,激发出强烈的文化认同、情感共鸣、思想共振。

(三)打造网络思政教育的"开发区"

学校转变传统思政教育模式,注重互动式引导,围绕学校的计量特色、文化活动、校园新闻、重要活动等,贴近师生现实需求,打造有创意、有思想的优质作品,建设共鸣共享的园地,以多维化的网络服务和互动潜移默化地感染师生,不断提升吸引力和向心力。

四、育人实效

(一)网络思政引导力提高

大数据分析显示,高校公众号推出了大量具有新闻性、互动性和服务性的作品,但思想性、教育性的内容生产严重不足,比例不到总量的 13%。2017—2018 年,学校官方微信号的思政内容比例为 13.8%。经过 1 年多的建设实践,学校官方微信号全年发布中央、省委重要讲话精神及思政教育活动等内容占全年发布量总数的 25%,各学院微信公众号的思政内容占比达20.53%,学校官方微信号每年阅读量有 200 万左右,影响超 100 万人次,官方微博全年阅读量有 3000 多万,网络思政育人功能不断强化。

(二)课程思政建设收获实效

近年来,学校党政领导班子充分发挥示范带头作用,深入一线听课近 120

场,其中思政课 30 余场,讲思政课 20 余场,切实履行"一岗双责",分别在分管领域内承担课程思政建设工作责任,统筹推进各类课程与思政理论课同向同行,形成协同效应,构建课程体系"大思政"格局,充分发挥课堂教学在宣传思想、凝聚人心的主渠道作用。学校共立项建设 88 门思政示范课程,遴选打造了 317 个课程思政优秀案例。《光明日报》、浙江卫视、《浙江教育报》等媒体对学校课程思政建设情况进行了报道。

(三)学生综合素质普遍提高

学生思政素质普遍提高,参加"党员之家""青马协会"等理论社团的学生人数逐年增加,从 2008 年的 63 人增加到 2020 年的 982 人。道德素质全面提升,学生寝室整洁度不合格率从 3.33% 下降到 1.64%。服务社会意识普遍提高,由 2008 年的 5000 余人、年服务 7.34 万小时,提高到 2019 年的 27000 余人、年服务 11.67 万小时。能力素质显著提高,学生在各类学科竞赛中获国家级奖项 399 项、省级奖项 2875 项。

深化"四位一体"，提升思政教育实效

——浙江传媒学院

浙江传媒学院始终高举习近平新时代中国特色社会主义思想伟大旗帜，深入学习贯彻党的十九大、十九届历次全会精神和习近平总书记关于教育的重要论述，以及中央和省委决策部署，紧紧围绕习近平总书记强调的"意识形态工作是党的一项极端重要的工作"和立德树人根本任务，深刻领会意识形态工作的极端重要性，牢牢掌握意识形态工作的领导权、主动权，切实加强校园意识形态阵地管理，筑牢意识形态领域坚固防线，为进一步强化师生思想政治教育、全面提升学校管理育人实效、助推学校高质量内涵式发展提供坚实保障。

一、目标思路

坚持以习近平新时代中国特色社会主义思想为指导，全面贯彻党的教育方针，牢固树立管理育人理念，把握管理育人方向，发挥管理育人职能，强化思想引领和价值引导，创新工作思路和方式方法。以筑牢意识形态主阵地、把握课堂教学主渠道、唱响舆论传播主旋律、建强宣传思想主力军的"四位一体"工作体系为抓手，进一步加强校园意识形态阵地管理，围绕"三个第一""三强八法""三全育人""两个智库"，实现"立德树人""教书育人""以文化人"，将管理育人贯穿人才培养的全过程，落实到育人的各个环节，形成全员育人、全过程育人、全方位育人的"三全育人"格局。切实提升学校管理育人质量,努力实现思想政治引领取得新进展、"课程思政"建设取得新成效、优秀作品研创取得新突破的育人实效,聚焦"为党和人民培养喉舌"的育人目标,引导广大学生作为准传媒人,争做党的政策主张的传播者、时代风云的记录者、社会进步的推动者、公平正义的守望者,努力培养德智体美全面发展的社会主义建设者和接班人。

二、实施举措

(一)树立守土意识,筑牢意识形态主阵地

学校党委坚守理论阵地,高度重视政治理论学习。深入落实学校《关于进一步加强对论坛、讲座、报告会、研讨会等阵地管理的实施细则》,严格对各类宣传思想文化阵地的审批把关和监督管理,按照"谁主办谁负责"的原则,举办前均需通过学校讲座申请系统履行报批备案手续。加强动态跟踪,要求负责人参与全程。严格校园宣传媒体审批管理,加强宣传橱窗、电子屏等意识形态传统阵地建设,由国旗护卫队队员组成校园文化督察队,每日对校园宣传物和宣传场地进行巡查。坚持教育与宗教相分离,严管宗教渗透。

(二)夯实思政教育,把握课堂教学主渠道

学校加强马克思主义学院和学科体系建设,提出思政工作"三强八法",推进思政理论课改革创新和"课程思政"建设,着力构建"三全育人"工作体系。落实教师是课堂教学工作的第一责任人,推进师德师风建设,推行师德师风考核负面清单制度,明确教师禁行行为。加大教材建设力度,2020年完成1047本教材的专项核查,严把教材引进、选用与管理的"政治关","马工程"教材使用率达到100%。对师生艺术创作作品和学生毕业联合创作作品等进行内容审查,加强政治把关。

（三）用好媒体矩阵，唱响舆论传播主旋律

学校党委建立健全校园网络安全管理制度，牢牢掌握网络意识形态工作领导权。提升舆论引导水平，在全国高校率先建成新型媒体矩阵"未来之声"全媒体中心，2017年起连续3年入选"浙江省高校新媒体综合力十强"，每年在《人民日报》等主流媒体发表外宣报道500余篇（次），校报被评为中国高校"新锐校报"，官网被评为"全国高校百佳网站"，官微获评"中国大学官微百强"，官博常年跻身全国高校官博影响力前50名，实验电视台在历年的全国优秀教育电视新闻和高校优秀电视节目评比中都斩获佳绩，被评为"中国高校电视工作先进单位"。学校加大学生记者团培训力度，推动网评工作。启用网络舆情监测系统，实行舆情日值班和"零报告"制度，完善舆情值班和预警机制。

（四）优化队伍建设，建强宣传思想主力军

学校选优配强宣传思想文化干部队伍，统筹推进党政干部、团干部、思政理论课教师、辅导员、班主任和心理咨询教师等宣传思想文化工作骨干队伍建设。按照师生比1：350的比例配备专职思想政治理论课教师，在专兼职思政教师中深入开展"如何提高思政课吸引力"大讨论活动，提升思政课教师专业能力。每年按师生比不低于1：200的比例配备专职辅导员，按师生比不低于1：4000的比例配备心理健康教育专业教师的要求，每个班级配备1名班主任，每年开展辅导员论坛，设立首批8个辅导员工作室，提升辅导员工作水平，加强对学生的思想教育和人文关怀。

三、特色创新

（一）坚持"三个第一"，扎实推进政治理论学习

学校党委坚持第一时间学习传达领会中央和省委重大决策部署、第一要

务研究贯彻落实具体举措、第一示范为院系党员干部当好表率的"三个第一",建立领导班子示范学、中层骨干带头学、党团支部全面学、传媒特色丰富学、全校上下覆盖学、课堂教学融合学的"六学联动机制"。深入学习贯彻习近平总书记重要讲话精神和重要指示批示精神,狠抓党委专题学习会、校院两级理论学习中心组学习,实行二级理论学习中心组巡听旁听机制。认真开展"不忘初心、牢记使命"主题教育和党史学习教育,开设"浙传论坛",成立"学习讲习所"和"中国梦"文艺研创中心,推动习近平新时代中国特色社会主义思想入脑、入心、入行。

(二)实施"三强八法",不断创新思政教育工作

学校坚持思政领航,坚持和巩固马克思主义在意识形态领域的指导地位,培育和践行社会主义核心价值观。党委与各二级党组织签订"意识形态工作责任书",自 2017 年起,每年召开全校党建和思想工作会议。提出强理想、强素质、强心理和主题思考法、案例教学法、名家示范法、一线实践法、成果展示法、自我教育法、文化浸润法、专业结合法的思政工作"三强八法"。建立青年思政导师制,落实新教师宣誓和师德承诺制度。推出网络思政微课堂"思维理疗馆",全国首创网络思政引领品牌"阳光微团课"。发挥传媒优势,组织师生以"艺"抗"疫",通过多种艺术手法向师生及社会传播大爱和正能量,贡献正能量。

(三)推进"三全育人",加快构建"大思政"格局

学校出台《"三全育人"综合改革实施意见》及"十大育人"工程子方案,建立党政领导、部门牵头、群团协同、学校落实的"三全育人"长效机制。做好"实践育人"和"服务育人"2 个省教育厅重点支持项目,以及"文化育人"和"实践育人"2 个示范载体建设工作。"未来之声"实践育人、"毕业联合创作"实践育人、"阳光育人 向阳花开"资助育人和"大影育人 大视弘道"影视文化育人 4 个项目入选浙江省高校"三全育人"综合改革工作优秀案例。聚焦"为党和人民培养喉舌"的育人目标,"五育并举"协同发力,大力培育政治素质高、职业道德好、业务能力强的"创新型、复合型、应用型"三型传媒人才。

(四)建好"两个智库",积极贡献学校智慧力量

学校对标新时代浙江"重要窗口"新目标新定位,服务地方社会治理,推动传播创新研究,发挥学科、专业、人才优势,于 2020 年与浙江省委宣传部共建浙江省社会治理与传播创新研究院。截至 2020 年底,学校共向省委宣传部提供资政报告 16 篇,其中 7 篇在《深研参阅》刊出,得到省部级及以上领导批示 27 次。经浙江省委宣传部推荐,中央宣传部遴选,学校互联网与社会研究院(网络治理创新研究基地)于 2019 年获批"中宣部舆情直报点"。直报点获批以来,快捷及时地向中宣部舆情信息局报送社会在意识形态和社会治理方面的认知与反应。截至 2020 年底,学校共向中宣部提供内参报告 141 篇,获采纳 73 篇,得到省部级及以上领导批示 5 次。

四、育人实效

(一)思政引领强化立德树人

学校党委增强"四个意识",坚定"四个自信",坚决做到"两个维护",认真开展"不忘初心、牢记使命"主题教育和党史学习教育,不断提升师生干部的政治自觉、思想自觉和行动自觉。坚持将防范和抵御宗教势力向校园渗透纳入意识形态工作责任制重要内容,落实党组织书记联系信教师生制度,建立谈话制度,密切关注信教师生思想动态,认真摸排宗教信仰师生信息,信教师生人数呈逐年下降趋势。深入学习贯彻习近平总书记关于高校党的建设重要论述和重要指示批示精神,全面实施"抓院促系、整校建强"铸魂行动,扎实开展"灯塔行动",不断优化党员发展顶层设计,进一步加强政治引领力度,大力发展高知群体入党,在校大学生入党积极性高涨、入党意愿强烈,党员发展工作成效显著。坚持立德树人,积极培育和践行社会主义核心价值观,促进学生成长成才。

(二)课程联动凸显教书育人

学校加强马克思主义学院和学科体系建设,推进思政理论课改革创新,加强思政骨干教师培育,2 名教授入选浙江省高校思政名师工作室名单。推进"课程思政"建设,出台《关于进一步推进"课程思政"建设的实施方案》,建立党委统一领导、党政齐抓共管、教务部门牵头抓总、相关部门联动、院系落实推进、自身特色鲜明的"课程思政"建设工作格局,持续探索具有学校特色的"课程思政"建设,在改革试点的基础上全面实现"课程思政"的 100%全覆盖。2021 年,学校共推荐 10 门课程参加省级"课程思政"示范课程评审,6 个项目参加省级"课程思政"教学项目备案建设,有 2 个教师团队分获浙江省第一届高校教师教学创新大赛"课程思政"微课大赛专项奖一等奖和优胜奖。创新"课程思政"新模式,学校党委书记和校长带头为学生上思政课、做形势政策报告,中央电视台《新闻联播》《新闻直播间》等专题报道学校"课程思政"建设情况。通过课程联动,让思政课程和"课程思政"有声有色、有滋有味、春风化雨、润物无声,有效实现育人效果的最大化。

(三)作品研创推进以文化人

学校创作推出一大批学习宣传贯彻习近平新时代中国特色社会主义思想的经典主旋律作品,搭建文化思政工作新平台,壮大主流思想舆论。学校联合中组部、省委组织部创作的《做合格党员》《浙水哪得清如许》先后获中组部全国党员教育电视片特别奖、二等奖,《新时代奋斗指南》《不忘初心学党章》和《难忘初心》分获 2 个特别奖和 1 个优秀奖,该 3 部作品还被确定为全党"不忘初心、牢记使命"主题教育通用电视教材。音乐剧《红船往事》荣获浙江省第十四届精神文明建设"五个一工程"优秀作品奖,并入选教育部 2021 年"高校原创文化精品推广行动计划"。学校结合党史学习教育,与省委组织部联合打造庆祝建党百年电视片《航程》,与中国歌舞剧院、嘉兴市联合打造现代大型舞剧《秀水泱泱》,策划大型红色话剧《望道》。韩忠美术团队师生参与创作了重大革命历史题材作品《觉醒年代》《光荣与梦想》。学校通过系列研创活动,夯实学生的专业基础,增强学生的专业素养,进一步引导学生知党爱党。

创新学生管理，培养卓越人才

——浙大宁波理工学院

为增强我国核心竞争力和综合国力，培养面向设计界、面向世界、面向未来的一大批创新能力强、适应经济社会发展需要的高质量应用型人才，为"中国制造 2025"培育新时代工匠，浙大宁波理工学院设计学院紧紧围绕高校"培养什么人、怎样培养人、为谁培养人"这一根本性问题，以思想引领聚合力，以管理服务促发展，探索"德育＋专业"的管理育人模式，全面打造"青春红匠"卓越人才培养工程，培养一批又一批"政治过硬、时代需求、匠心独具"的社会主义建设者和接班人。

一、目标思路

（一）目标和理念

坚持"思想引领聚合力，管理服务促发展，青春担当做红匠"的人才培养理念。以浙大宁波理工学院设计学院"青春红匠"培育工程为例，该工程探索"德育＋专业"的管理育人模式，思想引领强化学生培养的政治属性，专业导向提升学生主体性地位，匠心营造培育新时代卓越人才环境，全面落实高校立德树人的根本任务。

（二）整体思路

"青春红匠"培育工程是浙大宁波理工学院设计学院创新学生管理模式的具体实践,根据学生专业特色,聚焦匠心精神,培育卓越人才,抓住学生管理和社会主义人才培养的关键,体现设计专业特性,契合政治功能建设要求,创新学生管理模式。"青春红匠"培育工程,以"红思想""红图展""红人榜""红点奖"4条主线开展人才培养,引导广大青年大学生争做思想引领的先锋、为民服务的标兵、成长成才的典范和科技创新的表率,培养一批具有匠心精神的"青春红匠"。

二、实施举措

（一）坚持党建引领,形成党建育人特色品牌

设计学院打造"红色设计"党建育人品牌,思想引领强化基层党组织政治属性,专业导向提升学生主体地位,不断提高大学生的思想水平、政治觉悟、道德品质、文化素养和服务能力,全面落实高校立德树人的根本任务。"红色设计"抓住基层党组织建设和社会主义人才培养的关键,体现设计类专业特性,契合政治功能建设要求,创新党员教育模式,形成"红色设计"特色,开展形式多样的教育实践活动,引导广大青年大学生争做思想引领的先锋、为民服务的标兵、成长成才的典范和科技创新的表率。

（二）规范仪式教育,巩固"三大典礼"育人机制

设计学院精心打造由"筑梦设计"开学典礼、"设计骄傲"年度颁奖典礼暨迎新晚会、"印象设计"毕业典礼暨毕业生晚会组成的仪式育人工程,以期通过丰富隆重、学生喜闻乐见的晚会形式,让优秀学生在典礼中分享成功的经验和喜悦,让教育更具渗透力和感染力,让学生在大学各个阶段都能感受到相应的教育和感染,留下深刻记忆,达到全员育人、全过程育人、全方位育人

的目的。

(三)办好"美育学堂",构建以美育人平台

认真研究"美育学堂"指导教师综合工作量管理、学生课堂学分管理、社团管理、竞赛管理、评奖评优、财务资助等相关政策,建立健全与之相衔接的工作机制,提升教师、项目入驻学堂的吸引力。通过主题创作和展览,将社会主义核心价值观培育贯穿始终,突出公益志愿性质,强化实践育人、文化育人。将"美育学堂"的实践成果上升为理论成果,并推进实践和研究成果向教改项目、共青团研究项目、辅导员精品项目、学科竞赛项目等转化。

三、特色创新

(一)"红思想"——思政教育贯穿培养全程

通过"红思想"夯实思想政治教育。设计学院牢牢抓住设计专业学生的思想特点,树立学生"争"的意识,提高"学"的本领。坚持把政治建设摆在首位,以深入学习宣传贯彻党的十九大和历届全会精神、"学懂弄通做实"习近平新时代中国特色社会主义思想为首要政治任务,激发撬动党员师生理论学习热情。通过创新主题党日活动、"党章学习"活动、读书会等学习形式,拓宽网络学习阵地,推动上下联动一起学、全员覆盖共同学、结合实际深入学。

(二)"红图展"——理想信念引领社会服务

通过"红图展"加强理想信念教育。设计学院充分发挥学生设计专业特长,创新宣传与教育模式,增强学院活力,创作符合专业特色的各类作品。例如,针对党的十八大、十九大、"两会"等专题学习,采用制作海报、平面创意设计作品、书法作品等形式来学习和宣传大会精神。针对"00后"大学生的特点,在让学生成为接受理想信念教育的主体的同时,让学生主动做理想信念教育的参与者、谋划者。设计学院积极参与校地合作,利用专业优势对社区

居民居住空间进行微更新、微改造,积极响应党的十九大提出的"打造共建共治共享的社会治理格局",服务社区打造"共享空间",把一些不起眼的社区角落利用起来,打造成家门口的"风景"。

(三)"红人榜"——身先垂范显示责任担当

通过"红人榜"推动榜样引领教育。设计学院注重宣传联系班级中的杰出青年,讲述学生爱国爱党、乐于奉献、顾全大局、勇于创新的好故事,引领广大青年学生向优秀学生学习。设计学院及时发现身边同学的好故事,关注德智体美全面发展的学生,定期在学院党员会上总结宣传各类先进分子。通过讲座、沙龙、新媒体、海报、情景剧等形式宣传在校生或校友不畏艰难、勇于开拓的创业故事,宣传志在继承和发扬中华传统文化的书法名人校友的故事,宣传不顾个人生命安危、勇救落水儿童的英雄故事,宣传大学生参军报国的豪情故事,宣传刻苦钻研、助力中国创造的发明故事。结合爱国主义教育、社会主义核心价值观教育、创新创业教育,把优秀党员、优秀在校生、优秀校友的好故事通过多种途径入情入理宣传,用这批"红人"带动身边的同龄人向善向上。

(四)"红点奖"——智能制造筑造创新梦想

通过"红点奖"加强创新创造教育。寓思政教育于创新实践,把学生培养成既具有高政治素质,又具有高专业技能的人才。鼓励学生参加红点设计大奖等各类学科竞赛。2011年以来,学校多名党员和入党积极分子获奖,学校多次入选红点设计排行榜亚太地区最佳大学榜单。此外,学校学生还在其他国际级、国家级、省级学科竞赛中多次斩获大奖。通过"红点奖"等学科竞赛加强对学生的创造创新教育,并融入爱国主义教育、理想信念教育、法制教育、社会主义核心价值观教育、传统文化教育等内容,鼓励学生立足专业学习,钻研创新,做忠于党、忠于人民的设计,做促进国家强大的设计,做属于中国创造的设计,做繁荣中华文化的设计,为实现中国梦奉献智慧和力量。

四、育人实效

（一）所获荣誉

省级：学校设计学院党支部"展红色设计，扬文化自信"项目获首批浙江省高校党建特色品牌荣誉称号。

市级：学校设计学院党支部先后被宁波市委、市教育工委授予"宁波市先进基层党组织""宁波市先进大学生集体"等荣誉称号。

（二）受媒体关注情况

2017 年，学生卢万丽在贵州黔东南河边写生时，看到当地一男孩失足落水，毫不犹豫跳下河去救起落水儿童，此事被新华网、腾讯网、中国高校网等媒体报道，其舍己救人的高尚品格感染了广大群众。

2017 年，学生创作的一组"手话"社会主义核心价值观作品引起了广泛关注，被新浪浙江、甬派客户端等校外媒体报道。

2020 年，新冠肺炎疫情期间，学生设计的一组"汉甬一家"战"疫"作品，登上了《人民日报》，激发了年轻人的担当使命感。

2020 年，学校师生"设计师"入驻鄞州区首南街道社区，打造 2.0 版社区"共享空间"，引起了广泛关注，被《人民日报》《中国教育报》、腾讯网、甬派客户端等校外媒体报道。

五、经验总结

实践证明，党支部建在专业上的"党建＋专业"组织育人模式，对高校新时期加强和改进学生管理工作而言具有针对性和有效性，对加强党支部的主导地位，改变党建工作宽、松、软，发挥学生主体作用，改变党建工作与业务工作若即若离的现象具有明显的作用。一是有利于支部内的传承，新老党员能够很好地发挥"传、帮、带"作用,品牌项目能够在专业内不断积累;二是有利于创新支部活动,学生有相同的专业背景,在专业教师的指导下,不同年级的学生能够开展具有专业背景的实践性活动,将专业知识和党政理论结合起来,用专业知识去服务社会;三是有利于党员先锋模范作用的发挥,党员的先锋模范作用在同专业学生中更具代表性和可比性,使得党员先锋模范作用更具有针对性和实效性。

但在实践过程中,仍存在难点、重点问题。

第一,政治理论水平有待提高。大学生普遍存在政治理论水平不够和政治素养不高的问题,在人才培养和党政理论、时政大事结合方面,需要指导老师精心设计,在具体育人活动策划和实施上,需要指导老师全程指导。

第二,正式党员作用发挥不够。正式党员大部分是大四学生,毕业设计、工作实习、考研出国等学业任务比较重,导致支部活动的参与度相对较低。

学校应进一步强化"红思想"建设。通过创新主题党日活动、"党章学习"活动、读书会等学习形式,增强大学生思想政治教育的针对性和实效性,筑牢党支部政治建设的基础。进一步拓宽"红图展"内容。充分发挥"00 后"大学生的主体作用,让学生主动做理想信念教育的参与者、谋划者,深化学生公益设计工作室服务内容,服务鄞州区社区"共享空间"项目,将其努力打造成宁波、浙江乃至全国的金名片。

德育美育深度融合，让思政课程插上艺术的翅膀

——浙江音乐学院

进一步突出思政课立德树人的政治属性和育人属性，切实增强艺术类高校思政课的感染力、亲和力，提升思政课的思想性、理论性、针对性，是思政课教学改革的重要使命。浙江音乐学院立足学校实际，结合学校学科特点和学生专业特色，积极探索思政课程改革，在教学内容体系、教学组织形式、实践教学管理等方面做好谋划与设计，主动融入学校"大思政"工作体系，打造具有浙江音乐学院辨识度的思政课程改革模式。

一、目标思路

按照习近平总书记在学校思想政治理论课教师座谈会上提出的推动思政课改革创新"八个相统一"总要求，浙江音乐学院全面彰显"红色内核"，突出了思政课的思想性；优化"教学话语"，突出了思政课的理论性；推进"实践展演"，突出了思政课的亲和力；注重"顶层设计"，突出了思政课的针对性。全面落实《新时代高校思想政治理论课教学工作基本要求》《普通高等学校马克思主义学院建设标准(2019 年)》《新时代学校思想政治理论课改革创新实施方案》等，基本形成系统推进与突出重点结合，遵循文本与灵活务实结合，德育本色与美育特色结合的思政课程改革模式与经验，打造了思政课的浙江音乐学院辨识度，逐步形成了艺术类高校思政课教学的 DNA。

二、实施举措

(一)凸显"红色元素",提升思政课思想性

思政课是落实立德树人根本任务的关键课程,肩负着为党育人、为国育才的重要使命。在思政课教学方面,学校不折不扣地落实课程教学和管理各项规定要求,围绕推动习近平新时代中国特色社会主义思想进教材、进课堂、进头脑,围绕引导青年学生增强中国特色社会主义的道路自信、理论自信、制度自信、文化自信来开展工作。在党史学习教育中,推出"每课一讲",让学生结合党史、新中国史、改革开放史、社会主义发展史去准备资料,上讲台讲"四史"、谈感悟;结合校情,策划推出"有风景的思政课",让学生在演绎舞蹈作品《芳华》中感受"五四精神";结合省情、校情,开展"习近平新时代中国特色社会主义思想在浙江的萌发与实践""艺术伦理与职业素养教育""红船精神"等专题教学。同时,组织学生参与"全国大学生同上一堂疫情防控思政大课"和全国大学生"同上'四史'思政大课",进一步彰显了思政课的"红色元素"。

(二)优化"教学话语",突出思政课理论性

习近平总书记强调,思政课要以透彻的学理分析回应学生,以彻底的思想理论说服学生,用真理的强大力量引导学生。高校的思政课必须突出理论性,向艺术类学生讲授理论,更需要积极转变思路与观念。浙江音乐学院积极探索以"思政＋音乐"为切入点来激活思政课教学话语体系,在"教材话语"和"教学话语"之间用"艺术话语"予以衔接。以"艺术"这种学生喜闻乐见的形式来阐述理论,既增强的理论性,又增强了感染力。策划推出了浙江省高校首场"音乐厅里的思政课",以"我们的国歌""我和我的祖国"两堂生动、形象、鲜活的思政课,让学生在音乐厅里学理论、在音符中感知理论。积极拓展主题实践教学,思政课教师和学生走进施光南音乐艺术馆、音乐博物馆等,感受人民音乐家的那份家国情怀。开展"思政＋音乐"示范课教学,让"思政＋

音乐"理念进一步成为全体思政课教师的共识。在党史学习教育中,策划"百年百首红歌述党史"、"青春诵读"学《红岩》等主题实践活动,让学生浸润在"思政＋音乐"育人体系中,增强理论感知力。

(三)开展"课程展演",增进思政课亲和力

学校积极探索从校情学情、学科专业特点出发,统筹推进课堂教学和实践教学有机衔接。以"课程展演"形式有效地落实《新时代高校思政课教学工作基本要求》中关于思政课教学实践学分的要求。目前,"课程展演"的实践机制基本形成,所有艺术作品都取材和来源于思政课程,源自思政课教材知识体系;思政教师是主导,进行政治把关,专业教师积极参与,对作品进行艺术升华;学生是参与主体,通过自编自导舞台实践作品演绎思政课教学内容。这样的机制,进一步突出了多部门联动育人体系形成了实践合力,也是学校构建"大思政"工作体系的生动缩影。"课程展演"既彰显了思政课程的德育本色,又形成了比较鲜明的艺术特色,成为学校一道靓丽的德育风景线和艺术景观。

(四)注重"顶层设计",强化思政课针对性

为构建具有浙江音乐学院特色的思政课教学模式,破解浙江音乐学院思政课教学中的困局,强化思政课的针对性和实效性。学校制订出台《中共浙江音乐学院委员会关于思想政治理论课教学改革的实施方案》,方案中有四大体系、14 个子要素,从拓展课堂教学内容体系、优化教学组织形式、加强教师队伍建设、完善教学管理等维度来进行思政课教学和管理的顶层设计,为学校思政课教学改革指明方向、提供路径。实现了以"三个立足"强化思政课教学的针对性:立足于教材,体现思政课教学"内容为王"的体系性;立足于校情,体现思政课教学主动与学科专业特色融合的特色性;立足于时代,逐步建立"线上＋线下""网上＋网下"的教学和管理模式。

三、特色创新

(一)德育本色与美育特色有机融合

"思政＋音乐"理念成为浙江音乐学院思政课教学和实践基本共识。"思政"突出德育,是立足教材讲"政治";"音乐"突出美育,是立足校情融"艺术"。以不同方式让思政课切实地鲜活起来、生动起来,让艺术类学生面对思政课时能够听得懂、听得进,增强了思政课对艺术专业学生的吸引力和感染力,思政课在突出"红色内核"过程中"插上了艺术的翅膀"。

(二)话语体系和实践载体有机融合

理论化的"教学话语"与实践化的"课程展演"共同构建出浙江音乐学院特色实践教学模式,让思政课"话语体系"有了鲜活的呈现形式。这一话语体系和载体形势,联通了"讲台与舞台",融通了"学科与专业",打通了"思政课程与课程思政",在探索"理论＋实践"的思政育人体系和"思政＋舞台"的实践育人机制方面提供了浙江音乐学院思政课教学改革的方案,实践了课程育人、舞台育人、实践育人机制。

(三)顶层设计与系统推进实现有机融合

学校成立思想政治理论课建设领导小组,党委书记和校长任组长,分管思想政治工作的党委副书记任副组长,形成党委统一领导、部门相互配合的工作格局,全方位落实各项政策和措施,切实推进思想政治理论课建设,思政课教学成为学校思想政治教育工作体系中的重要环节,也是学校管理育人的重要载体,思政课有效地融入"大思政"工作格局。

四、育人实效

（一）全面强化了思想引领

通过思想政治理论课来引导青年学生树立正确的世界观、人生观和价值观，是学校强化学生思想引领的主渠道。在高举习近平新时代中国特色社会主义思想的伟大旗帜铸魂育人方面，思政育人深度与广度不断拓展，体制机制日趋完善，社会主义核心价值观内化于心、外化于行，学生爱国情怀得以深耕厚植。每年学生党员人数增长保持在 15％以上，新生中递交入党申请书的比例在 98％以上。在抗击新冠肺炎疫情期间，学生创作 40 余首作品来诠释伟大的抗疫精神，多个作品在"学习强国"学习平台展播，展示学生的艺术修为和文艺担当。

（二）全面凝聚了育人合力

从 2018 年 6 月起，学校连续举行 5 次"课程展演"，这些实践演出作品，是思政课教学和专业课教学协同的成果，课程思政与思政课程协同推进，实现了全校课程协同育人的合力机制。将思政课教学和专业课教学有机地通过舞台展演予以衔接，以"思政＋音乐"的形式实现了"思政课程＋课程思政"双向互动。

（三）全面塑造了一批文化新人

在思政课的浸润之下，学校先后涌现出"十佳大学生"、"中国好声音"总冠军、全国大学生自强之星、"十八洞村"脱贫攻坚返乡创业者等一大批优秀学子，在弘扬中华优秀文化、服务文化浙江建设中，培育了一大批具有时代担当的文化新人。

构建管理育人新平台，拓展民族团结教育新路径

——浙江水利水电学院

浙江水利水电学院(以下简称"水院")积极贯彻落实习近平新时代中国特色社会主义思想,高度重视民族团结进步教育。在推进"三全育人"综合改革背景下,主动求变,大胆创新,对少数民族的生教育管理模式进行了全新升级:主动拆除藩篱,敞开校门,吸纳社会各界力量深度参与到学校少数民族学生的教育培养过程中,成立了多行业、多部门共商共建的少数民族教育管理新平台——"阿木工作室",构建了校内外长期合作、各领域各司所长、全过程高效协同的育人共同体,走出了一条高校少数民族学生教育管理的特色道路。

一、目标思路

(一)目标理念

以习近平新时代中国特色社会主义思想为指导,坚持协调、开放、共享的新发展理念,紧扣学生成长成才主线,强化思想引领,完善体制机制,开展系统帮扶,促进典型示范,凝聚育人合力,教育引导各民族学生铸牢中华民族共同体意识,做担当民族复兴大任的时代新人。

(二)整体思路

在上级主管部门的大力支持下,联络新疆驻浙江教育协调工作小组、民

族事务管理部门、公安部门和地方政府,会同统战部、宣传部、教务处、总务处、保卫处、校团委等校内部门,携手共建"阿木工作室",成立"政策、思想、学业、心理、生涯"五大指导团队,系统开展"铸魂、固本、融合、帮扶"四大教育成才计划,实现全过程引领、精准化帮扶和个性化指导,让全校各民族学生眼前有方向,未来有光亮,推动学校的治理能力和治理体系现代化。

二、实施举措

(一)强化思想引领,共铸家国情怀

工作室把各民族学生思想引领放在首要位置。开办"石榴大讲堂",邀请浙江省民族宗教委员会、外校专家教师来校做民族团结进步专题报告。制定校内外导师、学生共同参与的理论学习制度,定期举办爱国主义电影沙龙,赴各地爱国主义教育基地参观学习。成立少数民族学生教育管理"功能型党支部",开办少数民族学生入党启蒙学习班,组织各民族师生学党史、讲党史,鼓励优秀学生积极向党组织靠拢。利用重要节庆日举办"中国梦·民族情"主题教育,开展升国旗、唱国歌、重温誓词等仪式活动,激发学生的国家荣誉感和民族自豪感。

(二)深化法制教育,共创和谐校园

工作室发挥共建单位专业优势,深入开展安全法制教育。定期召开校内外联席会议,开展思想研判和专项调研。在线上线下组织开展《宪法》《宗教事务条例》《自治区去极端化条例》等法律法规宣传,教育各民族学生守牢法律底线,自觉维护国家统一、民族团结。学校系统提出"36"工作法,即在关心

民族生的学习生活状况时,要落实"六个一"①的工作要求和"六必谈"②"六必问"③的谈心谈话要求。开设少数民族学生服务热线和信箱,及时听取少数民族学生对学校教育管理的意见建议,帮助他们解决实际问题。组织各民族学生利用假期赴家乡开展"返乡亮剑"等社会实践与基层志愿服务,为国家法制建设和社会经济发展贡献力量。

(三)促进民族融合,共建育人载体

工作室积极宣传党和国家民族政策,讲好民族团结、民族融合的水院故事,共建各民族师生交往、交流、交融平台。成立民族团结进步故事宣讲团,举办"石榴籽"杯朗诵大赛、"我眼中的脱贫攻坚"征文摄影大赛、开展"弄潮青年说"主题教育,邀请校内外专家来校评审指导。打造"同心讲习所",邀请不同领域导师和各民族学生共聚一堂交流座谈。举办传统文化进校园、"文化根·民族魂"中华文化节和"我们的节日"系列教育活动,打造具有号召力和影响力的校园文化品牌。

(四)启动全程护航,共筑帮扶体系

面向全校学生开设"阿木辅导班",通过"结对子""一帮一"等方式,开展学业指导帮扶和生活指导。借助校内外专业机构开展心理健康教育咨询援助。强化"家地校"联系,给少数民族学生家长寄送表扬信,假期赴学生家乡开展家访。落实各级各类资助政策,设立"石榴籽奖学金",帮助少数民族学生解决经济困难。主动对接地方,帮助毕业生联系就业单位,引导少数民族学生参加"两项计划""参军入伍"等,到祖国最需要的地方贡献青春。

---

① "六个一":每天找一个学生谈话、每周至少走访一次寝室、每周召开一次学生骨干会、每两周汇报一次工作、每学期开一场讲座、每学期与学生家长联系一次。

② "六必谈":围绕重要节点开展谈心谈话,具体为学生到校之后必谈、学生考试前后必谈、学生遭遇突发事故必谈、学生奖励之后必谈、学生违纪之后必谈、学生回家之前必谈。

③ "六必问":问思想状况、问学习情况、问家庭情况、问经济情况、问社交圈子、问困难诉求。

三、特色创新

（一）核心特色：校内外、多行业、多部门协同育人

在校内，建立了由学校党委领导，统战部、宣传部、学工部、教务处等多部门联动机制。在校外，得到了浙江省教育厅、新疆驻浙江教育协调工作小组、杭州市公安局和兄弟高校的大力支持和参与。浙江省民族宗教委员会等部门领导、专家定期做客"石榴大讲堂"等活动。学校还专门赴浙江师范大学、宁波职业技术学院等院校开展民族团结教育专题交流。主动联系地方政府、生源地高中和企事业单位，强化少数民族学生家校联系。初步形成了校内外、多行业、多部门协同育人机制。

（二）制度成果：整理完善少数民族教育管理制度体系

工作室积极参与学生日常管理体系建设，出台《预科生管理办法》《思想研判管理办法》等制度。发挥团队跨行业、跨领域优势，结合本地高校实际情况，积极整理国家少数民族政策相关制度，主持编写《少数民族学生管理服务指导手册》和《少数民族学生教育管理工作案例》，为高校治理提供合法合理、准确有效的事实凭据和政策工具，提升高校少数民族生管理的科学化、法治化水平。

（三）推进机制：实施"子项目"管理责任制

工作室保持着深入学生、实事求是的工作作风，在日常教育活动中，实施"子项目"管理责任制，即由一名工作室成员担任"子项目"主持人，负责牵头成立项目运行的师生团队，立项后按计划开展相关工作。工作室负责对"子项目"的完成进度做定期考核。相关成果以新闻报道、论文、讲座报告会的形式进行推广。通过这一套"项目到组、责任到人"的管理办法，锻炼了师生团队的综合能力，确保了整体工作向前推进。

(四)团结底色:各民族师生兼收并蓄、广泛参与

工作室始终坚持团结、开放、多元的理念,从成立之日起面向各民族师生开放。工作室项目团队由多民族师生组成,组织开展的系列活动全校各民族学生均可参与。与此同时,工作室遵循青年学生的成长发展规律,用青年学生喜闻乐见的形式开展教育宣传,为各民族学生搭建展现自我的舞台,打造各民族学生熟悉喜爱的校园文化品牌,初步形成了水院民族团结进步教育的聚集效应。

四、育人实效

(一)通过开放协同走出了崭新道路

用协调、共享、开放的新发展理念推进民族团结进步教育,建立校内外协同育人共同体,是学校结合 10 多年少数民族学生工作经验,积极面对新情况、新变化做出的重要决策,与中央、全省推进"三全育人"工作的思路高度契合。在"走出去、请进来"的过程中,学校与不同行业、不同部门定期互通信息,共享资源,促进了相互理解、相互支持,也为高校管理育人赋予了更为丰富的内涵,是新时代高校民族团结进步教育的"水院方案"。

(二)通过思想引领掌握了关键钥匙

高校少数民族学生成长发展的各种现象背后,关键是思想问题。能把思想教育做到学生心里,许多问题将迎刃而解。工作室把集体学习固化成机制,把谈心谈话细化成规范,让榜样教育持续发挥影响。在工作室团队的悉心指导下,学生自我要求和成长动力显著增强,有的评上了校"十佳大学生""自强之星",有的获得了国家级奖学金,还涌现了多名中共预备党员和志愿服务祖国西部的先进典型。许多学生在班级群、朋友圈里发出赞叹,学习氛围和日常气氛焕然一新。

(三)通过文化教育产生了浸润效果

工作室以弘扬中华传统文化为己任,带领各民族学生感受中华文化魅力,提升了全校学生的民族自信,振奋了民族精神。同时,学校注重发挥"水文化"育人特色,将水"海纳百川""和而不同"的精神与民族团结教育结合起来,将课堂教学、校园文化、社会实践紧密融合,一体化构建具有水院特色的"情怀教育"体系,激发了各民族"水分子"立志成才、投身基层、报效国家的内生动力和民族自豪感。

(四)通过平台建设产生了激励作用

许多少数民族学生开朗外向,非常乐于、善于展现自己的才华。工作室成立后,学校通过系统设计,为他们搭建了一系列成长平台。学生们身着盛装,载歌载舞登上了新生晚会、师生联欢晚会,还参加了国庆教育节目的录制,为国外合作院校送去了祝福。此外,还有许多学生踊跃参与到"石榴籽"朗诵比赛、"我们的节日"等主题活动中,锻炼了能力,获得了激励,收获了自信。相关活动多次登上"学习强国"学习平台,并被省教育厅和水利厅简报关注并报道。

突出"先进性教育",打造"清朗校园"

——浙江工业职业技术学院

浙江工业职业技术学院高度重视校园反邪教工作,深入学习贯彻习近平总书记关于宗教工作的重要讲话和重要批示精神,以开展维吾尔族学生先进性教育为主要抓手,不断强化意识形态阵地管理,完善意识形态工作长效机制,推进校园"大思政"格局建设的同时,全力打造清朗无邪教校园。

2019 年高职院校全面扩招,学校总体招生突破 1.5 万人大关。与此同时,生源进一步扩大,其中新疆籍维吾尔族学生也进入校园。作为浙江省高职院校援疆帮扶的主要措施之一,自 2019 年起,学校共录取维吾尔族学生 12 人。维吾尔族学生的录取,一方面提高了学生中少数民族的数量占比,另一方面对学校在学生宗教信仰倾向上的教育引导工作也提出了新的挑战。学校党委高度重视,在原有宗教邪教渗透的抵御和防范工作基础上,率先开展维吾尔族学生先进性教育,依托学校"三全育人"综合改革实施方案制订的契机,开展好意识形态阵地"管理育人"工作。

一、目标思路

先进性教育是学校严格落实全国高校思想政治工作和全国宗教工作会议内容,认真执行国内安全保卫局、公安部反恐怖局、教育部等部门的工作要求,紧紧围绕立德树人根本任务,从完善机制、教育引领、管理服务和工作保障4个方面一体化推进学校维吾尔族学生教育管理服务工作。通过先进性教育,选树先进典型和入党积极分子,实现维吾尔族学生乃至其他少数民族学生积极向党组织靠拢,进一步抵御宗教邪教势力渗透,实现校园的和谐稳定。

整体育人工作开展以学校"三全育人"综合改革实施方案为制度依据,以吸收和发展学生党员及学生基层党支部建设为组织依据,以学生3年专业培养为培养周期,从选树先进、培养学生干部到吸收发展成为预备党员,逐一为学生建立专属档案,保持定期追踪、更新,每半年对包括维吾尔族学生在内的全体信教学生开展"一对一"访谈,做好人员信息登记、动向、谈心谈话等相关记录,动态掌握宗教信仰倾向人员的思想动态和学习生活工作动向。

二、实施举措

(一)从有到细持续完善意识形态工作机制构建

1.压实意识形态主体责任

开展以先进性教育为主导的意识形态反邪教工作。学校党委认真落实党委书记是意识形态工作第一责任人,分管领导是意识形态工作直接责任人,党委其他成员按照"一岗双责"要求,抓好分管领域的意识形态工作的责任主体。2017年,学校党委会议讨论通过《浙江工业职业技术学院意识形态工作责任制实施办法》。自2018年3月起,每年组织签订"浙江工业职业技术学院2018年度意识形态工作责任书",层层压实责任,进一步强化教职工政治立场,夯实思想根基。

2.强化统战部门统战职能

学校立足于统战工作的建设,长期以来高度重视抵御和防范宗教邪教渗透工作。2017年11月就下发《关于成立浙江工业职业技术学院统战工作领导小组的通知》,正式成立学校统战工作领导小组;及时修订完善《浙江工业职业技术学院党委统战工作制度》,坚持宗教工作中国化,强化学院相关部门工作职责。

3.推进高校校园反邪教工作

结合《关于在绍高校开展反邪教工作的意见》《绍兴市高校"清朗校园"反邪教活动方案》等文件部署,2018年9月,学校建立反邪教工作领导小组和处置工作领导小组,确立了反邪教工作机制。

4.持续加强学生社团建设,规范社团管理

学校党委于2020年5月召开党委会,专题研究学生社团改革及建设发展问题,并通过党政发文、党委学生工作部、学校团委等多部门联合发文等多种形式,先后发布《浙江工业职业技术学院关于进一步加强和改进学生社团工作的实施意见》《浙江工业职业技术学院学生社团建设管理办法》等文件,严把社团注册关、队伍建设关、活动开展关,按照团省委防范和化解重大风险专题会议精神,加强社团领域的安全稳定排查和管理工作。

(二)从有到实推进学院反邪教工作改革发展

1.着力打造反邪教工作"新体系"

不断修订完善《浙江工业职业技术学院意识形态工作责任制实施办法》,组织签订意识形态责任书,进一步明确学校各级党组织领导班子、领导干部的意识形态工作责任,牢牢掌握新时代高校意识形态工作的领导权、话语权、主动权。明确反邪教工作领导小组及反邪教防控处置小组成员,由书记、校长任组长,亲自督导反邪教工作,各职能部门、二级教学单位党政负责人具体负责反邪教工作,从而形成一级抓一级、层层抓落实的反邪教工作格局,切实夯实反邪教工作基础。

2.积极破解反邪教教育"新难题"

通过探索党建教育新模式,以党员师生干部为重点,深化党内教育,严格落实党委和二级党组织理论学习中心组学习制度、教职工政治理论学习制度,强化理想信念教育,不断增强党员干部政治意识和对反邪教工作的使命感,充分发挥出党组织的战斗堡垒作用。通过思政课主阵地教学,积极关注学生的思想动态,正确引导学生,在教学中旗帜鲜明地抵制各种错误思潮,弘扬主旋律,传播正能量,将社会主义意识形态教育融入学生成长的全过程,推动中国特色社会主义理论体系"三进",把社会主义核心价值观贯穿教书育人全过程。

3.切实构建反邪教管理"全链条"

完善警校合作机制。积极响应中央、地方统战部门相关工作部署,保持与公安等部门的常态化联系,强化信息共享,主动向公安部门通报工作情况,获得业务指导与支持,提升工作处置效率。配合属地公安部门做好校园周边治理,联合深入开展邪教安全工作调研,摸清学生底数,弄明情况。完善教职工引进政审机制。对引进教职工,根据政府政审要求、参照《国家公务员局关于做好公务员录用考察工作的通知》(国公局发〔2013〕2号)进行考察,做到关口前移,确保邪教人员不流入校园。完善外事管理机制。对出国人员进行出国行前教育,要求出国人员不得围观拍照、参与违法违规活动和非法组织,严厉抵制对外交流活动中敌对势力向校园渗透的风险可能。

三、特色创新

根据维吾尔族学生原有生活习惯,结合思政育人工作重点,学校率先在绍兴地区高校提出开展好维吾尔族学生先进性教育,并形成工业学院既有的管理模式,从点到面稳步推进维吾尔族学生先进性教育工作。

(一)明确校院联合、专人负责工作原则

构建班主任、辅导员—二级学院书记、院长—保卫处、学工部—学院副院长、党委副书记的维吾尔族学生教育管理服务工作网络,全面统筹学校维吾尔族学生教育管理服务工作,确保教育管理服务工作有组织、有部署、有推进。学校领导主动与维吾尔族学生联系,加微信,加强沟通。2019年,学校安排鉴湖学院学工办主任张志国到新疆师范大学进行专项培训,培训后,对相关教师进行知识传授。

(二)针对性开展帮扶教育活动,以立体化帮扶模式推动维吾尔族学生教育管理服务工作

设立少数民族学生教育管理专项经费,做好各项奖助工作;通过安排维

吾尔族学生勤工助学、互联网创业等,帮助学生解决实际生活困难;建立二级学院学生工作负责人、辅导员、班主任与少数民族学生"一对一"结对联系制度,对维吾尔族学生进行学业帮扶;在食堂专设民族窗口,优化和改善维吾尔族学生的就餐环境和饭菜质量。

(三)深化思想政治工作,不断增强认同感

一是加强思想意识形态的正面引导教育,通过"毛泽东思想和中国特色社会主义理论体系概论""思想道德修养与法律基础""中国近代史纲要""马克思主义基本原理""形势与政策"等思想政治理论课对维吾尔族学生进行思想政治教育,通过思政教师、思政特派员、党员干部、信息员等队伍切实加强对维吾尔族学生的思想教育,为维吾尔族学生健康成长和全面发展提供理论支撑和思想指导。二是每年举行反邪教主题讲座,通过主题班会等多形式宣讲宗教政策法规,明确国家实行教育与宗教相分离和严禁宗教干预教育的法律规定,校园内禁止任何宗教活动。三是做好党员组织发展工作,做好先进性教育,鼓励引导优秀维吾尔族学生积极向党组织靠拢。

(四)关注学生心理健康,做好心灵关怀工作

学校密切关注维吾尔族学生的思想动态,定期开展谈心谈话工作。辅导员、班主任与学生进行深入谈话沟通,保持密切联系,增进情感交流,了解学生的思想动态,细致掌握学生学业、心理、经济情况、家庭背景、日常言行、宗教信仰程度等信息,做好学生基础数据采集工作,并有针对性地解决学生的思想、心理和实际问题。

(五)完善管理体系,强化工作保障

一是加强网络监控工作。深化网络安全教育,引导少数民族学生自觉远离涉恐涉暴信息,避免接触或者传播宗教极端思想和民族分裂思想。同时,充分发挥网络监控队伍及学工队伍和信息员的思想动态监控作用,时刻关注、监管学校官网、贴吧、QQ群组、微信,密切关注师生动态,及时发现、封堵、删除有害信息,及时给予正面引导教育。二是深化警校地合作机制。学校积极响应上级部门相关工作部署,保持与公安等部门之间的沟通。严格按照公安等部门的工作要求,积极配合做好维吾尔族学生的管理工作。三是做好外出活动报备工作,及时了解学生的动态情况。

四、育人实效

先进性教育开展以来,学校在意识形态领域从未发生各类事故事件。学校从 2017 年起一直被评为浙江省 5A 等级平安校园。2020 年底,学校代表在高校安全稳定工作会议上就反邪教工作做典型发言。在育人实践过程中,学校也面临学生人数众多、两校区分设难以统一管理、工作人员专业能力欠缺等问题,在对这些信教学生进行思想引导转化等方面也缺乏有效的经验,这对下一步开展更有针对性的先进性教育和反邪教工作提出了新的挑战。为此,学校党委宣传部统战部、保卫处、学生工作部、校团委等多部门积极联动,开展好相关意识形态阵地管理工作。

(一)落实校园内网格管理工作模式

学校以部门、二级学院为单位安排人员承担网格管理工作,通过网格员对相关信息进行采集,更加及时、高效地发现不稳定、不安全信息。要求发现问题主动上报,及时纠偏,做到不瞒报、不谎报,力争发现一例处理一例,严防邪教势力的渗透。

(二)持续做好先进性宣传和引导工作

一方面,要拓宽宣传渠道,不定期更新反邪教知识;另一方面,要联合教务处、学工部等相关职能部门开辟更为新颖多样的课程和课余活动,引导、培养学生形成积极健康的兴趣爱好,让每位学生懂科学、明是非、讲真知,从个体内部提高抵御邪教思想入侵的能力。

(三)加强与上级职能部门、各高校之间的信息互通

学校积极响应省委、市委统战部门相关工作部署,保持与公安等部门之

间的沟通,掌握邪教传播的最新形式和手段,同时重点关注同类别高校中邪教渗透典型案例,引以为鉴,不断摸索探求在新局势下抵御和防范的新措施。

(四)部门各司其职完善队伍建设,形成校园反邪教工作合力

学校统战部认真贯彻落实中央、省市关于防范和治理邪教问题的相关法律法规和政策,充分发挥示范引领作用。各二级学院党总支书记、学生工作管理人员要深入到学生中广泛开展谈心谈话,及时了解和掌握学生的思想状况,解疑释惑,疏导情绪,做好日常思政教育和管理。团委要严格审批、备案程序,加强学生社团的管理,特别是对社团负责人进行政治把关,防止以资助、赞助等形式在校园从事传教活动。保卫处要按照"高度警惕、守土尽责,齐抓共管,依法治理"的要求,严禁在校内进行任何邪教活动。要把防范控制、教育转化、宣传引导的各项措施和责任落实到全校师生中去,真正净化校园环境,努力营造有利于学生健康成长的良好氛围,切实维护校园的和谐稳定。

"浸润式"思政教育新模式，助力少数民族学生成长成才

——宁波职业技术学院

自 2010 年首次招收新疆籍少数民族学生，开启支援新疆培养少数民族人才"协作计划"以来，宁波职业技术学院紧紧围绕"铸魂育人厚植家国情怀，立德树人助力成长成才"的宗旨，通过打造"米娜工作室"管理育人载体，积极探索"立体帮扶引领、实践联动跟进、文化铸魂固本"的"浸润式"教育管理工作模式。10 年来，学校少数民族学生管理育人工作取得了显著成效，已累计培养获得新疆维吾尔自治区脱贫攻坚贡献奖、全国抗击新冠肺炎疫情青年志愿服务先进个人等荣誉的优秀毕业生 197 人，其中 179 名学生回到家乡工作，在政治、教育、建筑、电子商务等行业领域，成为新疆各行各业、各条战线的骨干力量，18 名学生选择留甬工作，成为推动甬疆两地经济社会发展和维护民族团结的"生力军"。2018 年 5 月，中央政治局委员、国务院副总理孙春兰对"米娜工作室"管理育人工作成果予以批示肯定。

一、目标思路

（一）提高政治站位，扎实落实举措

宁波职业技术学院紧紧围绕"培养什么人、怎样培养人、为谁培养人"这

一根本问题,坚持以立德树人为目标,积极探索创新少数民族学生思想政治教育管理工作新模式,筑牢中华民族共同体意识。学校于 2010 年成立少数民族学生工作领导小组,由校党委书记任组长,宣传部、学工部、保卫处相关职能部门负责人及二级学院主要负责人任成员,办公室设在学工部,统筹全校少数民族学生工作。2017 年,学校成立了少数民族学生服务站——米娜工作室。

在日常教育管理过程中,学校落实、落细少数民族学生管理工作,配备专职辅导员、宿舍管理员、安全信息员、班级干部针对性地开展齐抓共管工作,做好定期思想研判;坚持以民汉混班教学、混合住宿、混合就餐等方式促进民族学生融入学生大家庭,维护校园稳定,促进民族团结。

(二)健全管理制度,落实帮扶政策

为规范少数民族学生管理,激励学生成长成才,有力保障少数民族学生的成长成才,学校根据国家有关文件精神,出台了《宁波职业技术学院民族学生教育管理服务工作的实施意见》《少数民族学生思想政治教育活动的实施方案》《少数民族混学和混住管理办法》《少数民族学生学业帮扶实施方案》《少数民族学生专项资助办法》等 10 余个文件,制定了米娜工作室管理制度。

学校根据国家、省、市及学校相关资助政策,从助学金中设立新疆少数民族学生专项经费,针对每个少数民族学生的家庭经济情况,实施个性化资助,从学费、住宿费到生活费、伙食费、返乡路费等,切实帮助他们解决经济困难,解决他们的后顾之忧。

二、实施举措

(一)立足"嵌入式"帮扶,实施"精准护航"工程,打造学习生活的成长驿站

1. 实行无差别管理

以"德育为先,精准帮扶"为己任,坚持"平等不特殊、关爱不放纵、严格不严苛"。学校实行民汉学生"混学、混住、混餐"的"嵌入融合式"管理,让学生学在一起,住在一起,吃在一起,拉近了彼此的距离,有效地促进了不同民族学生间的交往、交流、交融。

2.开展针对性教育

以"交往交流交融"为目标,精心梳理总结出一套分层、分类、分时段服务管理的"米娜工作法"。根据少数民族学生的不同类别对象和思想状况,开展帮学、帮困、帮教和骨干培养等分类服务管理;对思想活跃和困难家庭的学生,通过结对帮教、谈心引导、村社家访等实施分层服务管理;从新生入学、学习全程、实习阶段、毕业返乡、思源反哺,实施分时段、全过程服务管理。

3.提供个性化服务

针对部分语言基础较弱的学生,通过开设课外选修课等方式,助力学生取得普通话和英语 A 级证书;对专业薄弱的学生,采取"1+1+1"形式,由一名党员教师、一名优秀汉族学生结对帮扶一名少数民族学生。联合知联会、工商联成立"同心"少数民族学生就业创业指导站,开设"微讲坛",助力提升学生就业创业、组织管理、人际交往等综合素质。

(二)着眼"体验式"培育,实施"实践助航"工程,拓展知行合一的社会平台

1.创设互动平台,促进和谐融入

学校开设"阿拉讲堂",举办宁波话培训、风土人情讲座等;围绕"阿拉的节日"主题,开展元宵猜灯谜、包汤团、端午包粽子、做香囊、立夏煮素蛋、编蛋套系列活动。成立少数民族学生参与的"七彩风"民族文化艺术团,排演各类节目,参加多场市、区文艺演出。为少数民族学生提供语言交流、饮食生活、纠纷协调、爱心帮扶等服务。

2.鼓励自立自强,反哺家乡脱贫

学校成立"石榴籽公益基金",为生活困难的少数民族学生提供精准帮扶;坚持"区—街道—社区—米娜工作室"四级联动,实施"创业就业增能"计划等行动,帮助提供实习岗位和就业创业指导;举办"我身边的创业大咖"交流会,促成 9 成多的学生在校内勤工助学;设立"米娜民俗公益店",将义卖新疆贫困种植户种植的作物所得的爱心款,全部用于资助家乡中小学的寒门

学子。

3.弘扬志愿精神,引导回馈社会

组建全省首支少数民族大学生城管义工服务队、少数民族学生"护河队"等公益团队,开展"文明经商""五水共治""垃圾分类"等文明劝导、环保宣传、敬老助老活动。成立"七彩风"舞蹈队、"天山之鹰"足球队等少数民族学生社团,以发挥特长优势,服务奉献社会。

(三)聚焦"开放式"引领,实施"文化远航"工程,打好人文浸润的精神底色

1.弘扬传统文化,坚定文化自信

依托北仑—宁波职业技术学院图书馆,与宁波美术馆共建共享文化艺术资源,积极邀请各领域专家举办各类作品展及讲座报告;校地联合举办"礼敬中华经典"诵读、"读诗圣其诗·见诗史知史"读书会、"寻找中华文化之根——走近先秦典籍"系列讲座等活动。

2.繁荣民族文化,谱写团结新篇

利用蓝墨云班课平台,开展新疆地方史、民族发展史、宗教演变史"三史"教育。举行每周一次"树人大讲堂",为少数民族学生开展民族团结教育、形势政策宣讲等专题、专场讲座。以"古尔邦节""端午节"等传统节日为契机,组织当地居民一起参与民族美食节、民族艺术展、民族舞蹈大赛、"家乡美"故事分享会等活动。自2013年起,组织少数民族学生组成"追梦"宣讲队,利用假期返疆,向家乡群众讲述在第二故乡的所感所获,以及民族团结的好故事。

3.体验红色文化,增强价值认同

依托浙东地区丰富的红色资源优势,建立"红色印记"文化实践基地,开展"入党启蒙""追寻红色记忆""我身边的优秀党员"标杆引领等活动。组织少数民族学生参观中共宁波地委旧址纪念馆、浙东抗日根据地旧址群,并赴G20杭州峰会场、张人亚"党章学堂"等地开展红色文化体验活动。

三、特色创新

（一）根据民族特点，搭建多元平台

针对少数民族学生思想多元化、行为个性化、基础差异化等情况，宁波职业技术学院以少数民族学生服务站——"米娜工作室"为载体，搭建"学业辅导、宣传实践、文化融入"三大平台。开设"米娜民俗公益店"，经营新疆地区特色服饰和食品。该公益店全部由少数民族学生负责经营管理，店里所获收益全部捐给精准资助少数民族贫困学生的"石榴籽公益基金"。根据少数民族学生特点搭建多元育人平台，让少数民族学生在拥有充实的校园生活的同时，有效增强了获得感、成就感和幸福感。

（二）创新工作方法，形成工作新格局

根据少数民族学生不同的类别和思想状况，梳理出分层、分类、分时段服务管理的"米娜工作法"，有针对地精准开展少数民族学生帮扶、指导与服务工作。按要求设置少数民族专职辅导员，分院专职辅导员负责少数民族学生事务，协助"米娜工作室"开展少数民族学生工作。此外，与教务处、二级教学单位、心理中心、后勤管理等部门积极沟通协调，注重少数民族学生思想教育与心理疏导相结合，关注少数民族学生心理发展及日常生活情况，学校内部协同合作形成少数民族学生成长教育合力，形成少数民族学生工作新格局。积极从多角度、全方位促成少数民族学生健康人格和心理成长，教育和引导他们立鸿鹄志，做奋斗者，筑牢中华民族共同体意识。

（三）立体协同引领，构建实践平台

积极探索"市—区（宁波职业技术学院）—米娜工作室—街道（社区）"纵向四级联动及校地合作协同机制，创新构建了"立体协同引领、精准帮扶跟进、社会实践锤炼"的"浸润式"思政工作模式。在"三年三类三层次"（大一新

生校园融入,大二专业学习帮扶、大三实习就业指导)递进式、系统化社会实践平台体系的基础上,不断拓展社会实践的内涵和外延,并转化为少数民族学生踏入社会、融入当地、提高辨析社会问题及自身成长困惑的明辨过程;转化为磨炼意志、砥砺品行、传承大爱的修德过程;转化为深入调查研究、努力解决实际问题的笃实过程。

四、育人实效

(一)助力少数民族学生成长成才

学校通过米娜工作室"分层、分类、分时段"的管理工作法,创建谈心、帮扶等10项工作制度,建立了"内外联动"工作机制。"内"有二级学院、组织宣传等部门协同管理,"外"与宁波市北仑区教育局、统战部(民宗局)、公安等部门沟通联络,协同管理,构建了"教育为先、预防在前、整体联动"的管理格局。搭建了"学习辅导、宣传实践、文化交融、公益实践"四大平台,努力打造党建思政工作创新平台、民族学生的精神家园、学业成长的支持中心、民族团结的宣传窗口。10年间累计培养出获得新疆维吾尔自治区脱贫攻坚贡献奖、抗击新冠肺炎疫情青年志愿服务先进等荣誉的优秀毕业生197人。其中,18人留在了宁波,成为推动甬疆两地经济社会发展和维护民族团结的"生力军"。

(二)获中央省市领导肯定并被广泛推广

2018年5月,中央政治局委员、国务院副总理孙春兰对米娜工作室予以批示肯定。2019年10月,少数民族学生教育管理经验被中央统战部转发推广,并获得省委副书记、市委书记郑栅洁同志批示肯定。"米娜工作法"经验在全国统一战线、公安维稳战线,以及省内高校推广,学校代表在浙江省高校党的建设和思想政治工作等会议上做交流发言。

(三)成为少数民族学生管理典型并被广泛报道

截至目前,学校累计接待来自北京、上海、河南、福建、广西和浙江等地兄弟院校考察学习团 1500 余人次,少数民族学生管理工作成果被中央电视台、浙江电视台、宁波电视台、北仑电视台、人民网、《宁波日报》、《宁波晚报》、《北仑新区时刊》等 50 多家媒体宣传报道。

立德为本 春风化雨

浙江作为中国革命红船起航地、改革开放先行地、习近平新时代中国特色社会主义思想重要萌发地，始终坚持立德树人根本任务，奋力书写高校管理育人新篇章。浙江高校通过打破"唯论文论"、解决"卡脖子"问题、打通管理"最后一公里"，创建"教育铁军"，深化"思政一刻钟"，优化管理育人工作体系，构筑"五航"成长体系，联动师生"三导制"育人，形成班主任育人模式，坚持党建赋能力量，推动育人管理一体化。从创新理念、优化方法、强化保障3个维度，浙江高校坚持正确办学方向、强化师德师风建设、探索构建"破五唯"体制机制，形成高水平教师思想政治工作体系，使思政工作如春风化雨、扎根铸魂，使立德树人更有成效，以"师"之道切实引领、推动学生高质量成长成才。

美师良友说良言
——中国美术学院

中国美术学院作为一所艺术院校,其教师肩负着艺术和教育灵魂双重工程师的时代担当。近年来,为贯彻落实《关于加强和改进高校青年教师思想政治工作的若干意见》文件精神,中国美术学院党委高度重视青年教师的思想政治工作,以"师德艺德"为核心,推出并实施思想引导、学术引领、发展引路的"三引"工程,着力塑造"四有"双重灵魂工程师,推出"美师讲习所",开设"良友讲习班",举办"良言"人文系列大讲堂,倾力打造多维师资培训体系,提升教师的人文修养、职业素养和整体素质。

赓续美育传统,培养美师情怀。针对40周岁以下青年教师群体,开办"美师讲习所",致力于传承学校美的精神、塑造美的品格、激发美的力量、涵养美的心灵。2014年4月9日首期"美师讲习所"开办至今,已先后完成7期,学校青年教师全部参加了集中轮训,实现了全校青年教师全覆盖。

打造良友群体,提升育人效度。自2015年起,学校积极倡导以学促管,连续举办11期"良友讲习班"。"良友讲习班"是学校面向学生工作者打造的学习型、研究型、实践型培养平台。项目既有思政理论研修,提升专业化水平,又有社会实践交流,旨在促进辅导员、班主任等学生工作者综合能力的成长。

推动跨界融合,重建设计人文。创新设计学院作为最新成立的学院,举办了"良言"人文系列大讲堂。这是为青年教师筹划的一系列跨领域讲座,广泛邀请来自文学、哲学、音乐、科学、时尚、设计等领域的"同道人",分享他们了解世界的不同角度,感受他们观看世界的多种维度,了解他们改变世界的无限可能,迄今已经举办逾 20 场。

一、目标思路

育人先育师。在全国高校思想政治工作座谈会上,习近平总书记强调,教师是人类灵魂的工程师,承担着神圣使命。传道者自己首先要明道、信道。有好的教师才有好的教育。高校教师,尤其是青年教师,是许多学生心目中的偶像,其一举一动、一言一行,都会成为学生模仿的对象,其学识涵养和人品修养如何,对学生成长有着深刻而长远的影响。

"美师讲习所"、"良友讲习班"和"良言"人文系列大讲堂的设立初衷,是为学校青年教师而设,为青年教师的成长、发展而设,为学校的未来而设,为高等艺术教育的明天而设。青年教师正处在风华正茂的年龄,也处在问题最多的年龄,只有靠融入中国美术学院的学术家族和集体血脉,在集体的关怀下,才能带着责任感和使命感成长、成才。

二、实施举措

教师的多维培训得到了学校党委、行政的高度重视,每年都被列入学校党委、行政部门的重要工作,学校划拨专门经费,组织部、宣传部、学工部、工会等职能部门精心组织,确保了培训活动有效、高质量开展。

"美师讲习所"自 2014 年开办起,先后邀请了时任中国美术学院院长许江,时任省委宣传部常务副部长胡坚,浙江师范大学田家炳教育科学研究院院长、博士生导师、长江学者眭依凡教授,北京大学教授张颐武,中国美术学院教授、博士生导师范景中,时任浙江大学党委常务副书记邹晓东等专家学者,围绕"漫谈望境""文化的力量""新常态下的中国文化状况""大学的理想主义与人才培养""美师与美德""教育理念:传统与变革""'国美师道'与研创服务"等主题开展讲座。此外,讲习所积极开展现场教学,先后组织教师赴革命圣地陕西延安、江西井冈山等地实地感悟革命精神。

　　"良友讲习班"自 2015 年开办以来,充分关注学生工作者的岗位要求和个人发展需求,邀请专家学者来校讲座、研讨,分层次、分类别开展组织专题培训和轮训。通过"理论＋实践""思考＋研究"的培训模式,让学生工作者真正成为学生的良师、益友。讲习班先后围绕"学生工作队伍建设""资助与育人""就业创业工作""学科竞赛""大学生心理健康""领导力与组织管理""学生工作舆情观"等主题展开培训,全力打造了一支政治强、情怀深、思维新、视野广、纪律严、作风正的学生工作队伍。

　　"良言"人文系列大讲堂以开放式、跨学科的讲座进行视阈拓展,通过打破学科壁垒与专业分界,拓宽教师群体的跨学科视野和多元知识背景,为培养具有设计人文意识、自由研究精神、前沿科技与艺术手段和全球视野的跨领域复合型师资提供有力支撑。自 2018 年启动起,系列讲座已举办 20 场,听众累计参与达 1.2 万余人次。讲座主题涉及哲学、文学、历史学、艺术学、计算机科学、社会学、教育学等多个学科领域。

三、特色创新

(一)高度重视,着力培育青年教师灵魂双重工程师的意识和担当

　　力邀学校领导为青年教师做专题讲座,与青年教师零距离交流,分享自己的从教、从艺经历。同时,广邀名师,将国内一流的专家学者、教育工作者和文化教育研究者请来与青年教师做交流,帮助青年教师准确了解国情、正确把握形势,为青年教师解疑释惑,让青年教师在接受过培训后,能真正有所感、有所思、有所悟,进而传承学校的精神,担当起责任,为学校的建设、发展而努力。

(二)精心设计,着力培养青年教师的价值观和人文观

　　针对青年教师与学生工作者群体,在开设形式与内容设置上采用专家讲座、主题班会、交流发言、考察学习等形式,围绕学校精神与改革发展、文化建

设、高等教育、教师自身发展等主题,内容上既有核心价值观建设、师德师风建设、文化建设,又有现代大学管理、心理学、校史教育、设计与创新等。为增强学员的荣誉感和责任感,"美师讲习所"还特别设置了颇具仪式感的结业式,所有学员一一上台领取结业证书。结业证书版式精美,充满人文气息和历史感,证书上的一段话更是意蕴深刻:"罗苑画舫,孤山旧影;清波诗情,南山岁月;人文山水,象山望境。远眺湖山,襟抱天下;追先贤,仰星空,开来叶。湖山有约,兹以为证。"这份结业证书,是一份湖山之约的见证,是一份学校精神的传承,也是一份立德树人的责任。

(三)形成常态,着力培养青年教师的高峰意识和时代使命

"美师讲习所"、"良友讲习班"和"良言"人文系列大讲堂的举办得到了青年教师的欢迎和认可。在完成全校青年教师和辅导员的全覆盖培训后,学校还拓延功能,邀请名师大家举办高端讲座,组织开展青年教师分享会、人文雅集等活动,以更生动、更丰富的形式,将历期讲座稿整理及集成册,进而让更多的教师参与进来。着力提升青年教师的专业思维、人文精神、职业操守和工作能力,使青年教师思想政治工作形成常态,使青年教师成为校园里传承美、创造美、守望美的主体力量。

四、育人实效

第二期美师讲习所学员、工业设计系教师、留欧博士满锦帆老师感慨地说:"讲座把培训做到了心坎上,讲习所的演讲给予我们很多启发和思考,这对我们的职业规划和发展都很有益处。"中德学院教师黄晓菲感慨道:"'美师讲习所'其名寓有继往开来之意。所谓'美师',不仅是中国美术学院之师,其实更是美誉之师。""良友讲习班"学员、影视与动画艺术学院辅导员许峰说:"感谢学校给了我这样一个沉淀自己、认真思考自己这几年的学生工作的机会。"在每次讲座后,学校的走廊上、咖啡厅里、校车上,教师们经常意犹未尽地讨论着讲座的内容,微信朋友圈里也发很多学习、听讲的感受。

　　学校还依托"良友讲习班",成立辅导员协会,营造学生工作者自我教育、自我管理、自我服务、自我发展的氛围。为推进辅导员协会发展,扶持协会成立4个辅导员工作室(科研小组),以课题申报促团队发展,全方位加强名师培育和思政队伍建设,并将历年培训成果汇总出版了《美善相乐——学生工作论文集》。"良言"人文系列大讲堂则以讲座为延伸,开展工作坊、主题课程教学、研讨会等多种学术活动,为青年教师和社会公众带来多角度、跨领域的知识盛宴,极大增强了教学活力和学术活力,打造思想和理念激荡的能量场,思辨与创造碰撞的高能区。

　　"美师良友说良言",已成为中国美术学院培育青年教师群体的金名片。中国美术学院不断加快提升青年教师群体素质,抓紧抓实该群体的思政教育工作,落实立德树人根本任务,为学校持续建设世界一流大学做出应有的贡献。

深化"思政一刻钟"，助推教师思政提质增效

——浙江工业大学

为进一步加强教师思想政治工作,充分发挥教师队伍在管理育人中的积极作用,全面提升"三全育人"实效,浙江工业大学机械工程学院积极探索创新思政工作方式方法,全面实施"思政一刻钟"制度,推动思想政治教育进课堂、进学科、进日常,确保思政教育涵盖教师教学科研全方位,贯穿学生学习生活全过程,有效促进思政与教育教学、学科建设、人才培养等中心工作互融互通,为高质量开展师生思想政治教育、全面提升学院管理服务水平、助推学校内涵式发展提供坚实保障。

一、目标思路

习近平总书记在全国高校思想政治工作会议上指出:"教师是人类灵魂的工程师,承担着神圣使命。"新时代高校教师肩负着立德树人的重要使命,教师思想政治工作质量也直接反映了新时代高校治理体系和治理能力现代化水平,更直接关系着"培养什么人、怎样培养人、为谁培养人"这一根本问题。浙江工业大学机械工程学院坚持以立德树人为根本,以培养富有"家国情怀、创新精神、实践能力和国际视野"的领军人才和骨干人才为目标,牢牢抓住"教师是人类灵魂的工程师"这一核心关键,全面落实《关于加强和改进新形势下高校思想政治工作的意见》(中发〔2017〕31 号)、《关于全面深化新时

代教师队伍建设改革的意见》(中发〔2018〕4 号)、《关于加快构建高校思想政治工作体系的意见》(教思政〔2020〕1 号),始终把教师思想政治工作和师德师风建设放在优先发展的位置,坚持因事而化、因时而进、因势而新,全面实行"思政一刻钟"制度,积极推行课程思政、学科思政、会议思政"一刻钟",积极引导教师成为学高为师、身正为范的践行者,努力提升教师政治素质和业务能力,进一步打造政治素质过硬、业务能力精湛、育人水平高超的高素质教师队伍,积极构建齐抓共管的工作格局和同频共振的育人机制,进一步深化"三全育人"综合改革,提升管理育人成效。

二、实施举措

(一)教师党员亮身份,开展"课堂思政一刻钟"

"同学们好,我是本学期×××课程的主讲老师×××,我是一名中共党员。"2019 年 3 月,学校"双带头人"党支部——机械电子工程学科党支部发起了"党员教师亮身份,课堂思政一刻钟"活动,支部全体党员教师在新学期第一节课的课堂上,结合专业培养目标、教学课程大纲及党员成长经历,围绕"机械铸就大国重器""中国制造 2025"等机械专业热点,以着眼学术前沿、服务国家重大战略需求和经济社会发展为核心,通过"专业思政教育"加强学生理想信念教育,坚定科技报国的初心使命,增强专业认同感和荣誉感,鼓励学生将个人理想自觉融入国家发展伟业,争做建设科技强国的奉献者和践行者。机械工程学院各教师党支部和广大教师党员积极响应号召,自发开展"课堂思政一刻钟"活动,并在全院教师党支部中实现 100％全覆盖。

(二)理论学习进学科,实施"教师思政一刻钟"

高校思想政治教育工作的开展,课堂是主渠道,课程是重要载体,教师是核心关键。机械工程学院始终坚持教育者先受教育,聚焦教师思想教育、师德师风和职业发展,着力提升教师思想政治素质,为落实立德树人根本任务提供坚实的保障。把政治标准放在首位,严把入职师德关,明确把政治取向、道德素质评估放在学术成果价值与科研能力水平评估的优先地位,落实书记、院长为新进教职工讲授"思政第一课"制度。强化教师理论武装,深入推进习近平新时代中国特色社会主义思想进学术、进学科、进课程、进培训、进读本,教育引导广大教师自觉做习近平新时代中国特色社会主义思想的坚定信仰者、忠实实践者。健全教师政治理论学习制度,由学院党委牵头制订年度学习计划、明确重点学习任务,在各个研究系所、学科团队中全面深化"思政一刻钟"制度,保证教师每年参加集中学习时间不少于40课时。

(三)构建育人共同体,深化"会议思政一刻钟"

机械工程学院高度重视高素质专业化的思想政治工作队伍建设,通过进一步完善体制机制,充分调动思政工作队伍主观能动性和积极性,为构建"三全育人"大思政工作格局凝聚强大合力。积极打造"思政育人共同体",组建由支部书记、导师、班主任、辅导员等构成的思政育人队伍,以支部会、组会、班会、年级大会为契机,全面开展"思政一刻钟",有效把学生思想政治教育融入政治生活、学术科研、学习日常,切实把思想政治工作做在日常、做到个人。

三、特色创新

(一)坚持党建与思政"互融互通"

始终把加强党的政治建设放在首要位置,充分发挥党组织的政治核心作用,以党建引领教学科研、学科建设、人才培养等中心工作,为推动学院事业发展提供坚强的组织保证。进一步加强基层党支部规范化、标准化建设,严格"三会一课"制度,深化教师党支部书记"双带头人"培育工程,全面提升教师党支部书记党性素养和政治能力,把工作重点聚焦到强化教师党支部政治功能、做好教师思想政治工作、推进中心工作上来。充分发挥党支部书记"头雁效应",引领带动学院教师成为先进思想文化的传播者、党执政的坚定支持者、学生健康成长的指导者,打造一支"政治强、业务强"双强型一流师资队伍。

(二)坚持线上和线下"双管齐下"

为了更好提升"课堂思政一刻钟"的内涵和质量,"管理学原理"主讲教师陈勇教授建设了面向工科专业的"中国基因"案例库,巧妙融入马克思主义哲学方法论、中华优秀传统文化、中国国家治国理政等课程思政元素,实现显性教育与隐性教育的结合。在线教学平台上每个案例碎片均设置了讨论版块,提供了学习与交流的网络空间,学生可以浏览和回复其他学生的案例分析帖子,教师和学生经常围绕一个具体案例问题开展热烈的讨论,取得了很好的教学效果。在线下教学中,陈勇教授积极开展多途径教学互动,建立了 QQ群、微信群、钉钉群等多途径通道,实现了与学生在课前、课中和课后的良好互动。学生通过"中国基因"案例库的线上线下学习,践行社会主义核心价值观、企业价值观、个人价值观,提升了思政教育效果,确保了教学质量。

(三)坚持制度和教育"刚柔并济"

进一步完善教师思政体制机制,将加强和改进教师思政工作纳入年度计划、院系评估、干部述职等环节,落实教师思想政治工作责任制,健全教师思政工作"刚性保障"。构建教师思想政治工作制度体系,修订完善《关于加强和改进新形势下学校思想政治工作的实施办法》,建立教师思想政治工作研究制度,加强全局性、前瞻性问题研究。健全党委会定期研究党建和思想政治工作等议题制度,建立学院领导深入基层调研制度,切实把握教师思想动态。全面落实意识形态工作责任制,以师德建设为根本,大力加强教师职业理想、职业道德和学术规范教育,增强教师的责任担当。建立教育、宣传、考核、监督、激励"五位一体"的师德师风建设体系,加强柔性的人文教育、关怀教育,关心关爱教师群体成长发展,注重在教师群体中树立先进典型,发掘师德典型、讲好师德故事,通过榜样示范引领作用,进一步加强师风师德建设,形成强大正能量。

(四)坚持专职和兼职"协同联动"

机械工程学院将思想政治工作队伍纳入人才队伍建设总体规划,打造一支专职为主、专兼结合、数量充足、素质优良的工作队伍,着重发挥教授、导师、专业教师、班主任、专兼职思政辅导员等在育人工作中的协同联动作用。为每个本科生班级配备 1 名政治素质过硬、工作责任心强的专业教师担任班主任,同时为每个低年级本科班级配备 1 名党员领航员,加强党性教育和始业教育。充分发挥导师在研究生德育工作"首要负责人"的作用,在此基础上再为每一个研究生纵向团队(以学科方向为牵引的研究生管理模式)选配 1 名研究生德育导师,进一步发挥学科教师和学术团队在研究生德育工作中的作用。全面实行本科生全程导师制和研究生德育导师制,健全教师课外育人工作制度,把教师课外育人工作量纳入职称评聘条件和年终绩效考评,营造"人人皆是育人之师"的良好氛围。

四、育人实效

(一)高质量深化"课程思政"综合改革

"思政一刻钟"作为全面推进"课程思政""专业思政"的重要抓手之一,有效促进了专业课与思政课的有机融合。通过打造一种"课程范式",引导专业教师在教育教学中,既注重知识传播又注重价值引领,切实起到春风化雨、润物无声的育人作用。目前,机械工程学院实行全体教师"课堂思政一刻钟",全部课程"课堂思政一刻钟",形成了"纵向贯穿专业课程全过程、横向实现专业教师全覆盖"的良好局面,确保课程思政建设在学院所有学科专业中全面推进。

(二)高质量提升教师思想政治工作水平

"思政一刻钟"作为不断加强和改进教师思想政治工作的重要抓手,全面贯彻落实习近平新时代中国特色社会主义思想和党的十九大精神,引导教师树牢"四个意识"、坚定"四个自信"、做到"两个维护",坚定教师"为党育人、为国育才"的初心使命。通过常态化、制度化、规范化的学习,切实加强理论武装,实现全面提升教师政治能力、业务水平、师德水平和引领服务学生成长成才"同频共振",有效促进教师思政工作"提质增效"。目前,"思政一刻钟"制度已经成为学校"铸魂育人"专项工程的重要举措之一。

(三)高质量推动中心工作和事业发展

"思政一刻钟"制度有效实现了思政工作与党建工作、教育教学、学科建设、人才培养等中心工作的有机融合,进一步构建起互融互通的"大思政"工作格局。同时,该制度通过党建引领、典型示范、正向激励、机制保障等,有效将教师育人能力转化为育人成效,将制度优势转化为治理效能,全面推进学校治理现代化和学校事业内涵式发展。

打破"唯论文论"，推动导师从"用人"到"育才"

——杭州电子科技大学

如何客观量化研究生导师指导能力,是当前高校研究生教育管理急需解决的迫切任务,也是研究生培养模式改革创新的重要探索。杭州电子科技大学(以下简称"杭电")认真贯彻落实全国研究生教育工作会议精神,全面推进"三全育人"综合改革,大力加强研究生导师队伍建设,积极探索研究生导师评价体系改革,打破"唯论文论",在研究生教育中引入"导师指导能力量化测评",对当年每位研究生导师名下所有研究生的相关表现数据进行建模,得出导师的"指导能力数值",实现导师指导能力评价向"定量为主、定性为辅"转变,有效推动研究生导师从"用研究生"向"育研究生"转变。

一、目标思路

杭电实施的导师指导能力测评主要考核导师指导研究生的水平,以研究生高质量成长成才的成果为观测指标,设置 5 个正面一级指标和 1 个负面一级指标。一级指标下设置二级指标,并根据具体内容设置分值和权重。按照导师指导能力各二级指标、具体分值和一级指标的权重,对 2019 年度各学院研究生按一级指标进行统计,根据研究生学号信息对应其相应导师,计算每个一级指标的均分值,各一级指标按照相应的权重加权综合计算出导师的指导能力值。在此基础上,对全校 655 名导师进行指导能力值计算,并按得分从高到低遴选出排名前 100 的导师(理工类取前 70 名,人文社科类取前 30 名),并对排名靠前的导师予以奖励,适当增加研究生招生指标。

二、实施举措

(一)构建一套研究生导师指导能力评价指标体系

围绕培养具有"家国情怀、国际视野、创新精神、实践能力"高素质人才的目标,杭电以研究生高质量成长成才的成果为观测点,设置 5 个正面一级指标和 1 个负面一级指标。5 个正面一级指标分别为:学位论文质量、研究生第一作者科技成果、研究生荣誉称号、研究生科研实践和国际化。1 个负面指标为学术及行为规范,实施一票否决制。5 个一级正面指标对应的权重分别为 30%、25%、15%、15% 和 15%。而学术及行为规范考核的是研究生和导师,实行一票否决制。每个一级指标下设若干个二级指标并赋分,用以全方位、全过程评价导师指导研究生的能力和水平。

(二)开发一套研究生导师指导能力评价系统

按照评价指标体系,杭电依托数字化信息平台,建立研究生导师大数据库,实现导师指导能力一键成表,通过可视化分析得到导师指导能力和学院综合指导能力的数字画像。根据导师指导能力值进行排序,选树典型人物和成果,强化示范引领,激发广大导师育人育才的积极性和主动性。根据各二级学院综合指导能力值,调控研究生招生指标及学科资源投入,推动研究生教育高质量发展。

(三)形成一套遵循研究生培养规律且激发导师工作活力的和谐导学体制机制

杭电定期评估导师的指导能力和水平,形成常态机制。根据各指标得分,及时了解导师指导研究生各个环节的优势和不足;通过横向比较,找准差距,精准干预;通过纵向比较,画出导师成长曲线,充分挖掘导师育人潜力。深化研究生培养模式改革,探索导师数字化评价机制,推进学科专业调整、课程设置,促进科教融合和产教融合,提升研究生教育数字治理能力和水平。按照学院类型、学科类型、年龄分布等指标进行分类分层评估,挖掘不同学科、不同年龄的导师指导研究生的特色和亮点,不断优化导师队伍良好发展生态。

三、特色创新

(一)数据驱动评测导师指导研究生能力

杭电推行的"导师指导能力量化测评",是把研究生导师指导能力评价主要落脚到研究生综合表现上。一级指标设置带有明显的杭电特色。二级指标突出研究生能力:学位论文质量包括论文盲审成绩、论文答辩成绩、省级论文抽检成绩、省(学会)优秀论文/省优秀专业实践案例;研究生第一作者科技成果包括发表学术论文、专利(发明、实用新型)、专著教材、研究报告等;研究生荣誉称号包括国家、社会、学业奖学金、省校优秀毕业生,以及学校特有的学生荣誉体系;研究生科研实践包括全国研究生创新实践系列大赛、省教育厅一般科研项目、校研究生科创基金项目;国际化包括国际学术会议、国际学术交流(含联合培养)。学术及行为规范则实行对作弊等违规违法行为、学术不端行为相关者的一票否决。此外,该量化测评体系,还根据学校电子信息学科群、人文经管学科群等学科的差异和不同特点,分别给出了全校理工类和人文社科类两类的相关学院排名,以促进各学院提升研究生教育质量。

(二)以培养研究生为中心的价值回归

全国研究生教育大会明确提出要以提升研究生教育质量为核心,深化改革创新,推动内涵发展。杭电党委副书记薛晓飞认为:"研究生培养要遵循立德树人的教育规律,激励教师更加关注人才培养。本次研究生导师评价改革,做到了以培养培育研究生为中心的价值回归。"过去给导师分配研究生指标,多以科研能力为考量,因而不乏导师把研究生当成"打工人"的情况。有的导师是"科研大户",喜欢多招研究生,存在让研究生为自己多做项目、多出论文成果的片面做法。但导师的科研能力不能等同于对研究生的指导能力。杭电本次改革的目标导向很明确,就是要打破"唯论文论",推动导师从"用研究生"向"育研究生"转变。

(三)评价指标"多元性"打破"唯论文论"

随着高校研究生招生规模不断扩大,要实现研究生教育的内涵发展,实现研究生教育从"量变"到"质变",从导师指导能力入手是抓住了"牛鼻子"。杭电推行的"导师指导能力量化测评"改革,得到业内专家的充分肯定。

同济大学高等教育研究所副所长张端鸿副教授认为,导师指导能力量化测评的设置,对综合类大学来说,牵涉因素多,实现起来相对难度要大很多。而像杭电这样的行业特色高校,人才培养目标较为聚焦,对导师的量化考核相对容易实施。丰富研究生培养内涵,以此倒逼导师给学生更多多元、创新的发展空间,有助于克服"导师研究生关系紧张"问题,促进师生关系和谐共生。

复旦大学高等教育研究所博士生肖纲领指出,过去高校对于研究生导师的管理与评价较为松散,以定性评价为主,缺乏定量的评价方式,导师退出制度和机制也不够完善。杭电出台导师指导能力评价指标,形成对研究生导师的定量评判新模式,是导师评价的转型。导师指导能力量化测评体系中评价指标的"多元性",有利于打破"唯论文论",体现了对研究生培养质量的复合评价和对研究生导师指导能力的综合评价,具有一定的科学性。

清华大学教育研究院博士生导师王传毅教授认为,杭电的导师指导能力量化测评将导师、学生的行为规范作为负面指标,具有"一票否决制"性质,这是对不遵守学术规范和学术精神的"零容忍"。他建议,进一步完善研究生导师管理办法,如研究生导师的退出方法、激励办法、培训办法等,同时注重对导师长周期考核,将定性考核与定量考核相结合,从而避免评价标准的"唯一性"和僵化。

四、育人实效

（一）立德树人内涵具体化

教育部于 2018 年 2 月印发了《关于全面落实研究生导师立德树人职责的意见》，明确了研究生导师立德树人职责，具体包括提升研究生思想政治素质、培养研究生学术创新能力、培养研究生实践创新能力、增强研究生社会责任感、指导研究生恪守学术道德规范 5 个方面。本案例通过构建导师指导能力评价的学位论文质量、研究生第一作者科技成果、研究生荣誉称号、研究生科研实践、国际化 5 个正面一效指标和学术及行为规范 1 个负面一级指标，以及其对应的 19 个二级指标，对导师的立德树人职责内涵进行了具体化，使导师立德树人可量化评价。

（二）研究生培养理念规范化

研究生教育是培育高素质人才和产出高水平科研成果的重要渠道，是构建世界一流大学和世界一流学科的重要基础。研究生是在学习如何做研究的学生，不是劳工，更不是廉价劳工。通过本案例评价指标设计，如设置第一作者科技成果、参加国际会议或国际交流等引导导师从原来的"使用"研究生改为"培养"研究生，实现研究生培养理念的规范化。此外，多维一级指标的设计，也是全方位育人的体现。

（三）研究生教育管理系统化

全面深化教育领域综合改革，要突出系统性、协同性和整体性。本案例通过导师和学院的评价结果反馈，全面清晰反映了各导师在 5 个一级正面指标和 1 个一级负面指标下的具体得分和排名情况，以及总体得分和排名情况。各学院可参考本案例评价分析各自在研究生教育工作中的强、弱项，以及相应的原因，实现系统性、协同性地持续改进导师和学院 2 个层面上的培养工作。

基于"专业成才，精神成人"理念的班主任育人模式

——浙江工商大学

浙江工商大学深入贯彻落实全国全省高校思想政治工作会议精神，按照《教育部办公厅关于开展"三全育人"综合改革试点工作的通知》，以"专业成才，精神成人"人才培养理念为指导，大力推进以博士、教授为主的班主任队伍建设，加强学生专业培养和思想引领，进一步完善了全员育人、全过程育人、全方位育人"三全育人"格局，目前项目的育人成效正不断凸显，育人合力正进一步加强。

一、目标思路

中共中央、国务院印发的《关于加强和改进新形势下高校思想政治工作的意见》提出，要坚持全员全过程全方位育人。高校要把立德树人作为根本任务，融入思想道德教育、文化知识教育、社会实践教育各环节，把思想政治工作贯穿教育教学全过程，把思想价值引领贯穿教育教学全过程和各环节，形成教书育人、科研育人、实践育人、管理育人、服务育人、文化育人、组织育人的长效机制。浙江工商大学聚焦"培养什么人、怎样培养人、为谁培养人"的根本问题，注重班主任队伍的选拔、培养和使用，与辅导员队伍形成优势互补，逐步实现每个本科生班级配备 1 名班主任，同时不断提高班主任队伍高学

历、高职称、高职务比例,在专业学习上发挥对学生的教育和指导作用,促进学生"专业成才",在课程思政和日常管理中发挥对学生的帮助和引导作用,引领学生"精神成人"。

二、实施举措

学校党委对项目高度重视,通过专项管理办法和多项实施细则结合的制度保障,以及不断选优配强的队伍发展顶层设计,有计划、成体系、有品牌地多维度立体化推进培养激励举措,对商大学子切实做到因事而化强引领,因时而进强教育,因势而新强服务。

(一)不断"高配"班主任队伍

学校聚焦"培养什么人、怎样培养人、为谁培养人"的根本问题,注重班主任队伍的选拔、培养和使用。博士、教授成为队伍主力,学院领导、专业系主任参与比率不断攀升。目前,班主任队伍已有 380 人,覆盖全体本科生班级。班主任队伍"高配",90％以上具备博士学位或高级职称,学院领导、专业系主任占比 30％。最大程度发挥班主任对学生专业学习上的帮助和引导作用,通过"三个一",即每学期参加班级集体活动不少于 1 次,每月听课不少于 1 次,每周"面对面"接触学生不少于 1 次,培养学生良好的学习习惯,提高学生的自主学习能力、研究能力和创新能力。

(二)不断"高配"制度配套

学校自本科建校起全面实行班主任制度,2012 年 2 月修订《浙江工商大学班主任管理办法》,梳理班主任的育人元素,进一步明确班主任的选聘与配备、工作职责、培养与提高、考核与激励,设立班主任专项经费,各学院制定各具专业特色的班主任工作实施细则。专业教师担任班主任工作情况可折合一定工作量,纳入工作业绩考核,作为年度考核、职务聘任、派出进修和评奖评优的重要依据。教师专业技术职务评聘的必要条件明确规定"申报高校教师系列职务人员必须具有担任班主任或兼职辅导员等学生教育管理工作经历,且工作考核合格",体现了学校对班主任工作的高度重视。学校、学院提供专项经费支持:学校层面每年设立班主任工作经费100万元,用于系统推进班主任队伍建设;学院层面同步设立专项经费,细化班主任岗位权责。网上网下同步跟进硬件设施配套:网上为班主任开设"易班"账号,使其参与班级深度管理,另有多名班主任开通个人微信公众号,主动参与网络思政教育;网下开辟师生交流场所,营造有利于学生成长的良好氛围。

(三)不断"高配"正向激励

以培训促队伍技能提升。学校、学院结合不同年级班主任工作的内容、特点,制订班主任的培训培养计划:学校学工部每年组织全校班主任工作大会,各学院定期组织班主任工作培训,引导班主任用良好的管理模式和管理行为影响和培养学生,提高班主任的育人能力。以交流促学工合力增强。学校每年举办学工杯文体比赛,鼓励班主任参与,增强班主任之间的交流和对学校的归属感。以标杆领队伍不断奋进。学校量化班主任工作标准,选树班主任工作品牌,表彰优秀班主任代表,激发担任班主任工作的内生动力,用实际行动服务于学生成长成才。

三、特色创新

本项目回归"育人"之初心,牢记育人教育使命,深刻领悟"立德树人"的伟大教育初心,努力实现学生"专业成才,精神成人"。

(一)授业实践,促进学生"专业成才"

项目凸显以博士、教授为主要力量的班主任队伍的学科专业背景优势,与辅导员队伍形成优势互补。班主任以专业优势不断夯实学校人才培养"供给侧",拓展社会人才"需求侧",给予学生专业引导,帮助其树立正确的专业学习目标,围绕学生学业规划、专业学习、专业实践、职业规划、考研指导、就业创业指导等方面,因材施策,不断夯实专业理论功底,娴熟专业实践能力,专心研究课堂教学,打造高质量的"金课",促进学生"专业成才"。

(二)传道解惑,引领学生"精神成人"

项目充分挖掘、发挥课程的专业育人功能,丰富课程的思政内涵,实现课程的思政育人功能,突出对学生专业素养、社会责任、纪律要求、素质教育等的日常引导和教育,以班主任自身的权威和影响力深度参与学生日常教育生活,引领学生"精神成人"。

四、育人实效

(一)"三全育人"氛围进一步浓厚

项目实施至今,学校"三全育人"氛围进一步浓厚,一批"管理育人示范岗"作用发挥有力。班主任队伍中产生了数十位全国教书育人楷模候选人、省高校优秀共产党员、省优秀教师等省级以上荣誉获得者。班主任在第一课堂将育人元素融入,做精"课程思政";在第二课堂积极参与,带领学生奔走于田间地头,教会学生心怀感恩,创设了以己所学回馈社会的良好氛围。新冠肺炎疫情暴发以来,多名班主任深度参与学生云教育、云引导,为筑牢学校联防联控防线冲锋在前。2020 年度班主任工作学生满意度在 90% 以上。

(二)班主任工作品牌不断涌现

从"班主任有约"到"教授班主任酵母催化"工程,从"160 计划"到"五导"工程,浙江工商大学结合专业学科特点的班主任工作品牌正不断孵化涌现,以高质量的交流与互动,不断强化育人过程的亲和力、针对性、实效性。统计学院推出"班主任工作室 160 计划",每隔 1 周邀请 1 名班主任做客工作室,围绕学习指导、学科竞赛、出国交流、职业规划、心理健康、求职指导等学生关注的话题,以座谈会、交流会、讲座、校外实践、谈心谈话、专项辅导等形式,与学生面对面深入对话 60 分钟。这种小范围、近距离、自选性、常态化的活动使得师生关系更加紧密融洽,受益学生超过 900 人次,学院内现已形成 3 个名师班主任工作室,实现了学生入党申请人数、考研、竞赛、满意度的四大突破。环境学院通过"教授班主任酵母催化"工程,以"高配"班主任为引领,依托"酵母塑型计划""酵母提质计划""酵母增效计划",选聘教授担任学院新生班级班主任,利用其自身优势实施开展有特色、有成效的思想教育和学习活动,做大美引路人。通过深入实施"酵母塑型计划",加强思想引领、信念塑型;通过深入实施"酵母提质计划",发挥专业优势,"大手拉小手",加强学业指导与科研指导,让学生专业积累"更有料";通过深入实施"酵母增效计划",瞄准职业需求组织实践活动,提香增味,帮助学生沉淀知识,塑造职场精英。

(三)学生专业实践能力与综合素质不断提高

学生的科研热情和创新创业意识被不断激发,专业实践能力不断提升,学科竞赛参与率达 80% 以上。学生在第十六届"挑战杯"全国竞赛中获特等奖,再捧"优胜杯"。学生连续 2 年入选《人民日报》国家奖学金获奖学生代表名录(全省唯一)。2019 年全校本科生考取国内外研究生比例达 24%,居省属高校前列。2020 年食品学院食创 1601 班考研录取率高达 62%。管理学院工商 1502 班在校期间全班累计获奖 234 项,人均 4.6 项,覆盖率 100%,其中获评国家奖学金 3 人,国家级竞赛 15 项,省级竞赛 31 项。

(四)学生精神人格健康发展

2019 年至今,班主任召开班会、座谈会、"三联系"走访 6000 余次,家校联系 3000 余次,师德感召有力,学生精神人格健康发展基础进一步坚实。学生积极参军报国,2010 年以来,学校已有 230 余名学生光荣入伍,其中 4 人荣立三等功,10 人提干,25 人考取军事院校,为在校学生树立了榜样,为学校争得了荣誉。学生自觉以专业服务社会意愿不断增强。本科生 100% 参加"三下乡"社会实践活动。新冠肺炎疫情暴发期间,近百名学生志愿者主动向社区报到,共担抗疫使命。

以"红船精神"引领，"三步走"打造嘉院教育铁军

——嘉兴学院

教师思想政治工作是师资队伍素质持续提升发展的动力与保障。为进一步提升广大教师的思想政治素质，使其更好承担起教书育人职责，成为学生理想信念、思想道德的楷模，嘉兴学院坚持以"红船精神"为特色引领，将教师思想政治工作凝练成"共铸红船师魂"工作，通过党管人才将立德树人这一教育的根本任务融入教师职业生涯的全周期，在引导广大教师以德立身、以德立学、以德施教的过程中不断汲取"红船精神"的信仰力量、奋斗力量和奉献力量，努力培养和造就一支具有崇高职业理想、高尚职业道德和精湛业务能力的教师队伍。

一、目标思路

教育发展，教师为本；教师素养，师德为本。教师的师德师风水平，关系到大学生思想道德素质和水平的提高，关系到全社会的道德发展，关系到国家前途命运和民族未来。嘉兴学院作为一所建立在红船旁的高校，将以"开天辟地、敢为人先的首创精神，坚定理想、百折不挠的奋斗精神，立党为公、忠诚为民的奉献精神"为主要内涵的"红船精神"与教师思想政治工作相结合，不仅是天然的，更是思想传承的历史使命。"红船精神"是中国共产党伟大精

神的源泉,不仅是加强教师思想政治工作的宝贵精神财富,更是推动师资队伍建设发展的有力精神动力。首先,将"红船精神"与高校教师思想政治工作相结合,对于全面贯彻党的教育方针,增强教师政治意识、政权意识、阵地意识,提高教师队伍的整体素质,保证人才培养质量,具有重要意义。其次,将"红船精神"与教师职业生涯的不同阶段相结合,不仅有助于教师不忘入党时的铮铮誓言,牢记肩负的教育使命,更能让教师从"红船精神"中吸取精神力量,坚守初心,坚持作为;另外,还能不断增强教师的主人翁意识,发挥出每一位教师的首创、奋斗、奉献精神。最后,学校目前正处在"申硕创大"的关键期,需要全校上下党员教师大力弘扬"红船精神",敢于披荆斩棘开拓创新,不断提升应用科学研究能力、社会服务能力、文化传承与创新能力,全力以赴为创建嘉兴大学奉献力量。

二、实施举措

(一)入职阶段,汲取"红船精神"的信仰力量

教师职业生涯的入职阶段,是汲取"红船精神"的信仰力量的关键时期。学校在完善学习制度,保证教师政治理论学习时间的同时,创新与改进学习方式和载体,不断提高教师政治理论学习的针对性和实效性。完善培训制度,把师德规范纳入教师培训必备计划,作为教师岗前培训和在职培训的重要内容,开展不同群体教师的师德培训,开展新教师入职师德规范教育,开展辅导员、班主任、专职团干部等思政工作者师德实践教育,开展专任教师师德融入教育,尤其是把提高中青年教师的师德师风水平放在重要位置。加强典型引领,加大对师德楷模和师德标兵先进事迹的宣传力度,形成重德养德的良好风气,树立教师良好职业形象。完善表彰机制,完善各级各类先进评选表彰奖励制度,在教师职务(职称)晋升和岗位聘用,骨干教师、学科带头人和学科领军人物选培,各类高层次人才评选中,将师德表现作为首要条件。

(二)蝶变阶段,汲取"红船精神"的奋斗力量

教师职业生涯的蝶变阶段,是汲取"红船精神"的奋斗力量的关键时期。学校在做好教师思想政治工作的同时,关心和帮助青年教师的成长与发展。落实青年教师助讲培养办法和青年教师导师制度,充分发挥教学名师和优秀教师的示范引领作用,组建专家团队开展教学理念、方法、技能等教育与训练,开展教学征询与诊断、教学评价结果分析与咨询活动,推动青年教师融入教学团队,促使青年教师较快地胜任教育教学工作。推进《"师从名师"计划实施办法》的实施,扩大二级学院青年教师培养的自主权,鼓励和支持青年教师以进博士后流动站、访问学者等形式到知名高校或著名导师和团队中学习,提高学术水平。发挥专业技术职务评聘政策的引导作用,进一步明确应用型学科专业的专业技术职务评聘实践能力要求,通过《"双师双能型"教师资格认定与管理办法》《"双师双能型"师资队伍素质提升实施办法》积极引导和鼓励部分能适应产学研结合、科技服务推广、成果转化的青年教师向社会服务推广型教师发展。通过《教师出国(境)培养实施办法》每年选送一批具有良好思想道德素质,有较强的事业心、责任感和较好的发展潜力,且志愿长期服务学校发展的青年骨干教师到国(境)外高水平大学或研究机构研修或培训。通过上述各项配套政策的实施,全面提高青年教师的师德水平、教学能力、科研能力、实践能力和国际交流能力,努力造就一支高水平青年教师队伍,为学校可持续发展提供有力人才和智力支持。

(三)发展阶段,汲取"红船精神"的奉献力量

教师职业生涯的发展阶段,是教师走向成熟发展的重要时期,也是汲取"红船精神"的奉献力量的关键时期。学校在继续做好教师成长发展工作的同时,做好教师分层分类的梯队培养是重点工作。学校落实人才优先发展战略,坚持把人才工作作为学校"头号工程",出台《关于进一步加强党管人才工作的意见》《关于深入实施人才优先战略的若干意见》等文件。不断完善党管人才领导体制和运行机制,成立党管人才工作领导小组,构建党委统一领导、党政齐抓共管、校院协同推进的人才工作格局,不断强化人才工作中重大事

项的科学决策机制,加强人才工作的政治把关,不断强化师德师风建设。为加快建设有特色、善创新、高水平的地方应用型大学,加强高层次人才培养,造就一批青年创新人才,形成良好的学术和教学梯队,推动学科专业发展,提升学校的学术水平和人才培养质量,持续带动教师队伍整体素质的提升,学校设立了"百青"培养计划,每年遴选20—25名青年教师进入培养计划。为充分调动青年教师致力于高等教育事业的积极性和创造性,促进青年骨干人才脱颖而出,提升学校核心竞争力,学校设立勤慎青年学者扶持计划,每年扶持人员不超过5名,将其纳入学校重点培养范围,学院(部)为其提供良好的工作条件,优先推荐其申报国家和省部级各类人才培养计划,优先推荐其申报国家及省部级相关科研启动及培养、资助项目。为进一步加强高端人才队伍建设,引进、培养、稳定、激励一批德才兼备的高端人才,加快形成若干个学科带头人引领、整体优势明显、富有创新活力的优秀团队,学校设立"南湖学者"特聘教授岗位,打造一支由三四十人组成的学术水平高,发展潜力大,能承担高水平科研项目、发表高水平学术论文和获评高级别奖励的高端人才队伍,为提升学校的国内外学术竞争力、科技创造力和思想影响力提供强大动能。与此同时,在嘉兴市委市政府相关政策支持下,学校人才工作经费投入大幅提升,人才资金保障充分,为人才强校夯实了基础。

三、特色创新

(一)弘扬"红船精神",权益保障师德为先

健全教师权益保障机制,完善教师参与治校治学机制,在干部选拔任用、专业技术职务评聘、学术评价和各种评优选拔活动中,保障教师的知情权、参与权、表达权和监督权,建立教师问题反馈解决机制和教师申诉仲裁制度。建立健全科学规范的教师准入制度,把思想政治素质和职业道德品质作为必备条件和重要考察内容,坚决把好入口关。实行新入职教师宣誓制度和师德承诺制度,组织入职宣誓仪式,增强"德高为师,行为世范"的责任感和荣誉

感。严格各类学生导师的选拔,把师德师风作为班主任、辅导员遴选评聘的首要标准。严禁聘用因师德不合格而被其他学校辞退的人员担任教师。完善师德考评制度,建立教师师德考核档案,把师德表现作为教师年度考核、岗位聘任、专业技术职务晋升和评优评奖的首要标准,实行师德一票否决制。

(二)弘扬"红船精神",教师评价分层分类

学校围绕人才管理、人才引进、人才使用、人才评价等机制出台了一系列制度,针对自然科学和哲学社会科学等不同学科门类的特点,教师实际从事教育教学、科学研究和社会服务等不同岗位的特点,对人才引进、教师培养、岗位聘任、专业技术职务评聘等分层分类评价的实施进一步细化。例如,在专业技术职务评聘中,结合教师的岗位特色和学科发展规律,评聘条件按照岗位教学为主型、教学科研并重型、科研为主型、社会服务与推广型,按照学科门类分为理工医类和人文社科类,其中,人文社科类又分为马克思主义、外国语言文学、体育等多个学科,每种分类都有不同的业绩条件设置。教师评价的分层分类设置为教师设岗、管理、考核提供了更大的制度空间,在校院两级配合下,个人岗位意识、人才团队建设、教师分类发展得到有效的强化和推进,确保人才引得进、留得住、用得好。

(三)弘扬"红船精神",专技评聘破除五唯

学校围绕"深化教育评价改革,坚决破除'五唯'顽瘴痼疾",针对专业技术职务评聘实施办法的修订,坚持"以德为先,重能力、重贡献、重水平"的原则,根据发展需要,结合学科专业特点,制定评聘标准。一是根据学科门类和岗位分类的特点,将评审条件分为必备条件和选项条件,用必备条件考察教师对岗位的胜任度,用教师自选的选项条件进一步考察教师的能力贡献、专业水平和岗位履职情况。二是依据浙江大学和北京大学期刊目录设置学校的期刊目录,在评聘中做到国内外期刊一视同仁,不将 SCI 分区论文作为评审的限制条件。三是代表作送审采用综合评价,由同行专家审阅教师的代表作并给出评价意见。四是破除出国境访学进修的必备条件。五是开辟绿色评聘通道,学校于 2019 年出台了《嘉兴学院专业技术职务评聘常设委员会工作规则(试行)》，该规则打破常规，对高层次紧缺优秀人才的评聘采取"一事一议"的方式。

四、育人实效

(一)人才育引成效日益显现

聚焦目标任务，工作取得明显成效。精准实施高端人才引进集聚计划，相继实现学校国家级人才团队引进、嘉兴地区全职院士引进零的突破。截至"十三五"规划末期，新增中国工程院院士1人、海外院士2人、国家级人才4人、省级人才8人，以及由省级以上人才领衔的尖峰团队7个，专任教师中具有博士学位的教师占比达到55%。协同实施柔性人才聘用计划，完善多渠道的校院两级人才柔性引进机制，实现校地高端人才资源共享共用。聘任海内外院士5人、国家级人才12人担任特聘教授，聘任长三角省级人才40余人担任客座教授，聘任嘉兴市高层次应用型人才100余人担任兼职教授，聘任各行业优秀人才300余人担任兼职教师。

(二)人才培养体系逐渐完善

服务区域产业发展规划与学校一流应用型高校建设需求相适应。学校高度重视人才培育的整体性和系统性，推进实施人才分类培育计划，推动各类人才不断"增值"，实现"百花齐放"。人才队伍结构更加合理，截至"十三五"规划末期，"双师双能型"教师和具有3个月以上国(境)外留学(访学)经历的教师占比大幅提升。人才队伍培育层次更加分明，遴选勤慎青年学者25人、"百青"教师82人，在聘"南湖学者"特聘教授30人，新获市厅级以上人才称号61人次，其中中宣部宣传思想文化青年英才1人、省"万人计划"教学名师1人。生师比大幅下降，形成了一支定位明确、层次清晰、衔接有效的教师队伍。

砺剑十六载，警魂育英才

——浙江警察学院

浙江警察学院以习近平新时代中国特色社会主义思想为指引，践行习近平总书记"对党忠诚、服务人民、纪律严明、执法公正"总要求，以及"四有好老师""四个引路人""四个相统一"标准和要求，坚持"窗口意识""窗口标准"，把严格的警务化管理作为政治建校、从严治校的基础工程来抓，强化师德师风建设，努力培养忠诚可靠、智勇双全的高素质公安人才。2004年以来，学校坚持16年不间断利用暑期开展教工"正规化集训"，从理想信念、警察意识、师德师风、素质能力等入手抓队伍建设，弘师道、铸警魂，形成了独具公安院校特色的师德师风建设品牌，锻造了一支对党忠诚、师德高尚、治学严谨、诲人不倦、敬业奉献的公安教育铁军。

一、目标思路

"正规化集训"紧紧围绕打造高素质教师队伍目标，始终贯穿"治警先治长、严生先严师"主线，以"立德树人、育警成才"为宗旨，以"以身作则、为人师表"为核心的师德师风建设为重点，通过全员参与、科学施训，严纪律、正警风、提素质、做表率、促和谐，切实加强师德师风建设，强化纪律观念，规范育人行为，提升工作效能，为育警成才、建设高质量内涵式有特色重点公安院校奠定坚实思想和组织保障基础。

二、实施举措

（一）突出主题，精心谋划

　　学校每年集训都根据当年公安工作和高等教育形势，结合学校中心工作，研究确定主题，精心安排内容和形式，坚持警务训练、理论学习、外出参观、听辅导报告、学先进典型相结合；与教育思想观念大讨论、教改研讨相结合；与文体活动、竞赛、养身保健、心理健康辅导相结合，严纪律、正作风、强服务、促规范。例如：2013年，结合党的群众路线教育实践活动，以"严纪律、正作风、做表率"为主题；2014年，结合贯彻落实全国公安院校思想政治教育工作座谈会精神，以"学习与弘扬井冈山精神，坚定信念奋发有为，为人师表立德树人"为主题；2015年，结合"三严三实"专题教育，以"守纪律、讲规矩、听指挥"为主题；2016年，结合"两学一做"学习教育活动，以"无限忠诚、走在前列"为主题；2017年，结合学习贯彻高校思想政治工作会议精神，以"廉政、担当、创新"为主题；2018年，以"使命、责任、担当"为主题；2019年，结合"不忘初心、牢记使命"主题教育和国庆70周年大庆安保战训合一开展集训。

（二）全员参与，教学相长

　　每年集训全员吃住在校，实行警务化封闭式管理，严格一日生活制度，平时要求学生做到的，领导和老师带头做到。集训由校仪仗队优秀学生担任教官，学生教官科学施训，严格要求，参训教工谦虚好学，刻苦训练，自觉服从学生教官指挥，真正体现教学相长。同时，学校组织新生骨干和在校学生参观集训教工内务，起到教育示范作用。

（三）规范管理，科学施训

　　2004年首次集训，学校就专门制定了《正规化集训管理规定》《正规化集训考核评分标准》等制度，并不断修改完善，每次集训都专门成立综合协调组、教育训练组、后勤保障组、作风督查组,各负其责。坚持每天协调会和检查制度,当天编发《检查通报》,同时表彰训练中的先进人物和典型事迹。在严格教育、严格管理、严格要求、严格考核的基础上,科学安排训练时间、内容,并与年度考核挂钩,提高集训效果。

(四)讲求实效,凝聚警心

集训坚持与做好学校中心工作相结合,统一思想,凝聚警心,特别是安排在新学期开学前夕,有效起到了收心预热作用。在内容上集训共有五大模块:一是队列训练抓警容警姿,纪律作风养成;二是结合形势任务,开展主题教育实践活动;三是结合中心工作,组织开展教育思想观念大讨论、教育教学改革研讨、思想政治理论教育研讨等不同活动;四是组织体育达标训练,进行心理健康和养生保健辅导,促进身心健康;五是组织开展体育比赛、素质拓展、演讲比赛、歌咏比赛、文艺联欢等文体活动竞赛,活跃气氛,增强团队精神。

三、特色创新

(一)领导重视,率先垂范

每年的集训,学校领导都高度重视,校党委专题听取汇报,研究确定当年主题和实施方案,成立组织实施机构,由校党委委员、政治部主任部署,院长动员,校党委书记总结。校党委成员全员参训,特别是有的领导临近退休,但仍带头参加,作为普通一员,同吃同住同学习同训练,官兵一致,不搞特殊化,以实际言行做出了表率。

(二)重在规范,贵在坚持

集训坚持统一的训练和内务标准,严格要求,严格教育,严格管理,严格考核,注重细节,注重规范,狠抓作风养成。统一规范的要求、严格一致的执行是"正规化集训"的必然要求和精神核心。而16年如一日,坚持不懈,不间断地坚持、提升、优化,则是"正规化建设"文化深入人心、历久弥坚、取得巨大成效的根本所在。

(三)传承创新,彰显特色

集训紧密结合当年中心工作,抓师德师风,强警察意识,做到以规范立师德、以规范优师风、以规范树形象、以规范促育人。传承创新,与时俱进,从以队列训练为主,到后来与主题教育、形势政策教育、教育思想观念大讨论、教育教学理论研讨、养生保健和心理健康辅导、警营文化和素质拓展等文体活动有机结合,内容日益丰富,形式日益拓展,彰显了公安特色与时代精神,为公安院校师德师风建设展现了浙江担当,贡献了浙江样本。

四、育人成效

(一)警察意识内化于心,师德师风外见于行

每年的集训正值高温天气,参训教工战高温、斗酷暑,从领导到普通教工都全身心投入,刻苦训练,无怨无悔。有的年老体弱带病坚持;有的轻伤不下火线;有的双职工子女年幼无人照看就送回老家;有的访学锻炼刚回来本可以不参加,但一到杭州,第二天就自觉自愿地加入集训。全体参训教工令行禁止,严格遵守一日生活制度,练意志、练作风,从一言一行、每一个细节做起,有效增强了警察意识。一位新教师在体会中写道:"作为教师要为人师表,作为警察更要求具备光明正义的形象。作为新进教师,我的身上还保留着大学时代的懒散和随意。但在'正规化集训'中,我学会了认真地对待,逐渐约束自我。"16年坚持不懈的"正规化集训"增强了教师教书育人、管理育人、服务育人的使命感、责任感,全校风清气正,干事担当,涌现出一大批德高、学高、艺高的优秀教师,有"全国优秀教师"3人、"全国公安二级英模"1人、"全国三八红旗手"1人、"全国公安系统模范教师""全国公安系统优秀教师""省优秀教师"等16人次;2004年以来,教工中有3人立一等功、16人立二

等功、153 人次立三等功。

(二)团队精神不断增强,凝心聚力促进和谐

集训期间,全体参训教工一起为团队取得的每一点成绩而兴奋自豪,遵纪守章做到不因自己而给团队扣分,训练中互帮互助、互教互学;竞赛中并肩作战、团队协作;文体活动中放松心情、陶冶情操;闲暇时交流感情、增进了解。一位新教师在体会中写道:"在同寝室老师的教导和帮助下,我从刚开始的一无所知,逐渐学会了按规定办事,按要求执行任务,也感受到学校教师、领导之间的和谐关系,这种氛围使每一个老师都建立了认同感,愿意付出自己的时间和精力为学校的发展而奋斗,也让新进教师有了归属感,能更好地融入这一集体、这一大家庭。"

(三)转变理念提升能力,学校发展实现跨越

集训组织开展的教育思想观念大讨论、教育教学改革研讨会、"不忘初心、牢记使命"主题教育,以及"严纪律、正作风、做表率"专项行动等,使得参训教工教育思想观念转变,进一步树立了终身学习理念、以生为本观念,提升了能力素养,增强了主动融入高等教育事业、主动融入公安工作和队伍建设、主动融入教育国际化大潮、培养高素质公安人才的自觉性。学校顺利通过了教育部本科高校合格评估和审核评估,在 2 届全国公安院校教学技能大赛上,2 次获得团体一等奖(公安本科院校中唯一);涉外警务和网络安全与执法 2 个专业被认定为国家级一流本科专业建设点,治安学、侦查学、刑事科学技术、交通管理工程 4 个专业被确定为省级一流本科专业建设点。学校被国务院授予"全国民族团结模范集体"荣誉称号,被评为浙江省 5A 级"平安校园"。

(四)以身作则为人师表,人才培养硕果累累

集训期间,参训教工的严谨作风、师表风范润物无声,教育启发了学生。近年来,学校先后组织师生增援上海世博会、G20 杭州峰会、金砖国家领导人厦门峰会、上合组织青岛峰会、5 届世界互联网大会、德清联合国世界地理信息大会、国庆 70 周年大庆安保战训合一等重大活动安保任务。学校将此作为

检验学生忠诚意识和实战本领的"试金石",坚持党建引领,创新健全战时思政工作机制,以"零违纪、零事故、零投诉"和"完成任务百分百、严守纪律百分百、师生安全百分百"的战绩圆满完成增援任务,被省委、省政府授予"浙江省上海世博会'环沪护城河'安保工作突出贡献单位"、G20 杭州峰会安保工作先进集体等称号,被公安部荣记集体一等功、二等功、三等功,G20 杭州峰会学警安保团队获评省公安厅 G20 杭州峰会安保工作先进集体。2010 年以来,学校学生荣立个人二等功 11 人、个人三等功 101 人,以实际行动谱写了忠诚与担当。在省教育评估院自 2012 年开始的对全省高校本专科生职业发展状况和高校人才培养质量的调查中,学校毕业生离职率全省最低,职业稳定度稳居全省第一;就业满意度连续 8 届位居第一;毕业生对母校的专业课堂教学、实践教学效果、教师教学水平、发展机会和锻炼平台、就业求职服务和创新创业教育及指导 6 个指标的评价排名均进入前十。许多毕业生已成为公安机关业务骨干或走上领导岗位,涌现出一大批公安系统一级英模、二级英模、全国五一劳动奖章获得者和全国特级优秀人民警察,为浙江乃至全国的经济发展和社会稳定做出了贡献。

党建赋能教师思政，"三三三"式培根铸魂

——宁波财经学院

多年以来,宁波财经学院财富管理学院始终围绕"培养什么人、怎样培养人、为谁培养人"这一根本问题,以教师思政书记工作室为抓手,在教师政治学习上着力,实践了"三三三"管理育人模式培根铸魂。教师课程思政建设全面推进,全体教师参与,在全年级中开展,覆盖学院财务管理、会计学、审计学全部 3 个专业,涉及专业基础课、专业核心课、专业拓展课 3 个大类全部 58 门课程。

一、目标思路

立足"大思政"格局,在校党委领导下,财富管理学院深入学习习近平新时代中国特色社会主义思想,把政治建设放在首位,实施"三三三"式培根铸魂管理育人模式(见图 1)。党建赋能教学主体,融进师德:三维一体并举打造了一支有信仰的教师队伍。党建赋能思政元素,融进课程:三类课程协同建设了一批有特色的课程思政"金课"。党建赋能教学设计,融进课堂:三个课堂联动形成了一系列思政覆盖率高的满意课堂。目前,"三三三"式培根铸魂管理育人模式已覆盖所有专业、全部课程。专业课程与思想政治理论课同向同行,形成协同效应。

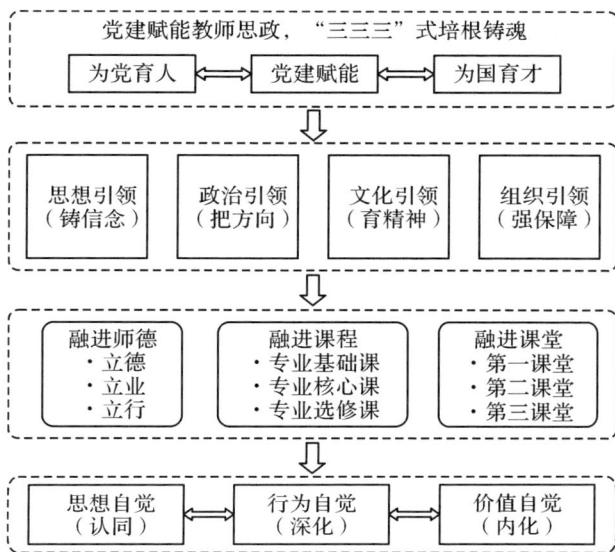

图1　"三三三"式培根铸魂管理育人模式

二、实施举措

(一)在政治学习上着力,提升教师思想理论水平

　　财富管理学院设立党委理论学习中心组,制订教职工政治理论学习计划,要求理论学习中心组年均学习16次以上,教职工年均学习政治理论40课时以上,推动理论学习走深走实,营造比学赶超的良好氛围。

　　学院领导班子带头践学新思想,学习党的重要路线方针政策和重要思想、习近平总书记重要讲话精神。同时,学院与《中共浙江省委关于"八八战略"实施15年情况的报告》相结合,与宁波"六争攻坚、三年攀高"行动相结合,与校院"十四五"目标相结合,强化党员理论武装。

　　如今,学院202名党员政治学习全覆盖,"学习强国"学习平台学习积分在万分以上的党员占81%。此外,学院组织集中研学年均12次,开展重走长征路、参观清风馆、赴横坎头村学习近平总书记回信精神、观红色经典电影等多形式深学活动。

(二)在"三个课堂"联动上着力,强化教师课程思政教学保障机制

以应用型人才培养和区域社会服务为目标,以问题为导向,创新"第一课堂、第二课堂、第三课堂"三个环节联动课程思政教学保障机制,先后制定了《财富管理学院课程思政实施办法》《宁波财经学院财富管理学院教师育人工作量考核实施细则》等制度,保障"三三三"式培根筑魂管理育人模式有效实施。将思想教育和价值引领作为教学评价的重要指标,提升立德树人实效。

(三)在教师课程思政载体上着力,强化学生发展与社会需求融合

创新校内实训的课内与课外、实训与实习、单一企业与多企业多岗位课程思政实践教学,创新学生发展与社会需求相融合的实践有效载体,以此提升学生综合素养,凸显社会课堂环节教师课程思政的价值。

三、特色创新

(一)党建赋能教学主体,融进师德:三维一体并举打造了一支有信仰的教师队伍

立德,狠抓思想维。立德先立师,树人先正己。教师应成为社会道德的模范践行者、学生锤炼品格的引路人。财富管理学院党委积极探索党建理论学习与专业学习相结合的新模式,提高教师理论水平,坚定教师政治信仰。财富管理学院现有2人被评为浙江省优秀共产党员和浙江省"三育人"先进个人,1人获浙江省"三育人"岗位建功二等奖,2人被评为宁波市优秀共产党员,2人被评为宁波市师德先进个人。

立业,狠抓业务维。财富管理学院构建"1+1+1"(1个支部、1个书记工作室、1个育人品牌)工作机制,通过实施观摩课、示范课提高青年教师的教学科研水平。财富管理学院获浙江省微党课比赛三等奖1人、市微党课比赛二等奖1人、市优秀课程思政教师1人。

立行,狠抓作风维。财富管理学院实行育人工作量考核制,涵养教师高尚人格。学院现有 9 个师生支部,全部为四星级基层党组织,财富管理学院教工第二党支部被评为宁波市先进党支部。

(二)党建赋能思政元素,融进课程:三类课程协同建设了一批有特色的课程思政"金课"

财富管理学院践行《宁波财经学院"课程思政"建设行动计划》,将课程思政覆盖学院专业基础课、专业核心课、专业拓展课 3 个大类 58 门课程,实施学院提出的课程思政"五进"举措:进培养方案、进教学大纲、进课堂教学、进新形态教材、进试卷。根据思政属性划分课程模块,定位功能实施重点,培养爱国爱党、诚实守信的财会人才。

建设专业基础类课程思政。财富管理学院巩固思政课育人成果,将爱国主义教育、社会主义核心价值观在师生心中筑牢,通过知识、能力、素养"三位一体"沉浸式育人。以学院教工第三党支部"不做假账、诚信人生"书记工作室为平台,在"专业导论""基础会计学"等 6 门学科专业基础课中,培养学生诚实、守信(不做假账)、准则意识。

建设专业核心类课程思政。财富管理学院深化思政课育人成果,将党的新理论融进教学大纲、新形态教材、试卷中,以学院教工第四党支部"廉洁教育进课堂"书记工作室为平台,培养学生知法、懂法和廉洁风险意识,锤炼严格微权力监管、执纪等优秀品格,行为处事中践行社会主义核心价值观。疫情期间,"财务会计""财务管理"2 门课入选省疫情防控优秀教学案例。近年,专业核心类课程思政建设已有浙江省一流课程 2 门、浙江省精品在线开放课程 2 门、浙江省本科院校"互联网教学"示范课堂 1 门、宁波市"慕课"4 门,8 门课程拥有新形态教材。

建设专业拓展类课程思政。财富管理学院以学院教工第二党支部"德'财'兼备、财商育人"书记工作室为平台,在专业拓展课中,开阔学生视野,帮助学生树立正确的财富观,实现财商教育与思想道德教育融通。

（三）党建赋能教学设计，融进课堂：三个课堂联动形成了一系列思政覆盖率高的满意课堂

第一课堂做金。结合专业课程特点，将党的新理论、新思想融入课程知识点、能力及素养中，润物细无声地对学生进行政治、思想引领，加强教学设计，通过浸入式、体验式课堂，提升教育的达成度。近年，财富管理学院获得市级及以上各类教育教学改革项目 9 项、教育部产学合作协同育人项目 5 项、市级及以上教师各类获奖 13 项。

第二课堂做精。强化爱国主义理想信念教育。以财富管理学院教工第一党支部"名生培养"书记工作室为平台，成立学生成长中心，思想教育进晨会、进班会研讨、进公寓文明创建、进团学活动、进社会实践，通过"五进"培根铸魂。引导学生将个人理想融入国家发展大局中，学院象山暖阳团队被评为2019 年全国大学生百强暑期社会实践团队。

学院学生"双证书"获取率达 100％，学科竞赛参加率达 100％。近 3 年，学生积极参加学校科研项目，撰写并公开发表论文累计 300 余篇。疫情期间，50 多名学生参加志愿活动获政府表扬。2020 年寒假期间，学院开展"传承红色基因、践行初心使命"主题教育，百名学生宣讲红色故事，被《中国教育报》等多家媒体报道。

第三课堂做实。财富管理学院通过线上和线下课堂联动，开展网络课程思政教育，推进课堂教学和信息技术融合，开展线上课程思政。2020 年疫情期间，线上开课率达 98.2％，实现了线上线下课程同质等效。

四、育人实效

（一）培养了一批有理想信念的学生引路人

财富管理学院党委、教工第二党支部被评为校五星级基层党组织，教师党员获市级教学成果奖 2 项。学生学科竞赛参加率达 100％，撰写并公开发表论文累计 300 余篇,获省 A 类竞赛二等奖以上奖项 19 项。在抗击新冠肺炎疫情期间,202 名师生党员捐款,50 余名学生参加志愿活动获政府表扬,其中抗击疫情表现突出青年 14 人,优秀组织 2 个。此外,入选省疫情防控优秀教学案例 2 个。

(二)专业课程思政建设成果日益显现

多年来,党建赋能课程思政,"三三三"式培根铸魂管理育人模式有实效。财务管理专业于 2018 年被评为浙江省优势专业、宁波市品牌专业,于 2020 年被认定为省级一流本科专业建设点;学院党委于 2019 年和 2020 年连续 2 年被评为五星级基层党组织;46 名专任教师获各级各类育人奖项 52 人次。

(三)教师课程思政人才培养质量日趋提升

2018—2020 年,学院高考首轮投档第一志愿填报率平均为 200.77%,毕业生就业率均在 96% 以上,就业现状满意度在 75% 以上,用人单位满意度超 90%。应用型人才培养质量明显提升。

(四)教师课程思政改革成效日渐凸显

学院建成了一批在线精品课程,实施"翻转课堂",获得浙江省"翻转课堂"教学优秀案例一等奖 1 项,浙江省精品在线课程立项 2 门,省级"线上线下混合式"一流课程 2 门,省级新形态教材立项 8 部,发表思政相关论文 60 余篇,学生社会服务意识和能力明显增强。

建构青年教师"五航"成长体系

——金华职业技术学院

为进一步加强对青年教师成长规划和指导的科学性和有效性,充分发挥青年教师要求发展的主动性和创造性,作为国家"双高计划"(A 档)建设单位,金华职业技术学院围绕青年教师的师德师风、教育教学、应用研究与社会服务等素质能力要点,探索涵盖"一年培养、两位导师、三大项目、四型条件、五类素质"的青年教师成长"五部曲",形成入职启航、结对护航、实践续航、评价引航、发展远航的"五航"培养体系,为学校高水平发展提供坚实有力的青年人才保障。

一、目标思路

青年教师是高职院校师资队伍的生力军,在教学、科研和管理中起着重要作用。然而,当前高职院校存在青年教师入职培养单一化、结对"传帮带"形式化、企业实践短期化、考核评价同质化、发展培训盲目化等问题。如何扭转不良局面,促进高职青年教师健康稳步成长成为重要课题。金华职业技术学院认真贯彻落实《全面深化新时代教师队伍建设改革的意见》,全面推进"三全育人"综合改革,紧紧围绕青年教师发展,持续完善"金职"经典项目和开发创新契合新时代职教师资需求项目并举,积极探索青年教师成长"五航"有效路径与必备内容,向青年教师提供"站稳讲台的保障""职业生涯的规划"

"实践技能的磨炼""职级晋升的标准""多维发展的捷径"。

二、实施举措

（一）按需供给，一年入职培养助启航

一是明确学习目标。学校对青年教师提出"树立一个理念（以学生为中心理念）、学习两种理论（职教理论和专业理论）、开展三种实践（专业实践、教学实践、信息技术实践）、争当'四有'好老师"的学习目标，并要求在学习工作中践行"学中做、做中学、学中研、研中创"。二是更新项目体系。入职培养包含基础模块，如校史校情普及、师德师风建设等内容；教学模块，如教育教学理论、教学设计、教学信息化应用等内容；发展模块，如应用研究、社会服务、学生思政等内容，并可根据个人需求有机组合。三是构建质量闭环。形成由"需求分析、目标定位、内容优化、过程管理、评价反馈"等环节组成的首尾相继、良性循环的质量提升闭环。

（二）教学相长，两位结对导师齐护航

在校内，学校遴选教龄在 5 年以上的同专业高级职称教师与青年教师结对，在职教理念、教育教学、创新服务、竞赛指导等方面进行"一对一"指导；在合作企业，联系专业对应的技术技能大师、管理精英作为实践导师，在职业操守、岗位职责、技术技能等业务上面对面示范。对如期完成培养计划的导师，指导工作量计入教学业绩并按考核结果兑现指导补贴。此外，还通过开展优秀导师分享交流会等形式，树立典型、传播经验。

（三）入企磨炼，三大实践项目强续航

一是分层分类社会实践项目。学校将教师社会实践从原先单一片面、短期零散的"自由式"行为扭转为分层分类、内容多元的"组合式"行动，即专业教师、其他教师和教学管理人员按需分别开展为期 6 个月、1 个月或 1 周的工

艺改进、技术升级、产品研发、课程开发和文化调研等不同层次的实践性项目。二是问题导向访问工程师项目。以新知识、新技术、新工艺、新方法为重点，推进青年教师入企担任访问工程师 6 个月以上和申报 1 个校企合作项目。加强项目过程管理，重点关注项目成果反哺教学的"量"和"度"。三是产学研创横向合作项目。鼓励青年教师深入企业、科研院所、政府部门等，参与研发、工作或实习，增强自觉投身经济社会发展主战场的意识与能力，提升教育教学能力，提高科技开发能力和创新能力，进而反哺教育教学与课程建设。

（四）个性发展，四型评价条件保引航

一是设置四类评价条件。学校在专业技术职务自主评聘办法中，按照教学为主型、教学科研并重型、科研为主型、社会服务与推广型科学设置评价标准，用"基本条件＋标志性成果"绘制不同类型的发展轨迹，引领青年教师成长为教学名师、应用技术研发专家、职业教育专家、产教融合服务专家。二是实施四类评审权重。学校根据不同类型的教师工作业绩分别设置权重，如"教学为主型"教师业绩考量的重心是教学，教学工作权重占比为最高；对"科研为主型"教师，则主要考量其科研业绩，以"项目＋论文"为主；对"社会服务与推广型"教师，则弱化论文要求，重点考量其团队、服务社会业绩。

（五）校本培训，五类发展素质促远航

一方面，积极开发校本培训项目。学校紧跟高职青年教师队伍高水平发展需求，通过主动委托与招标立项，充分挖掘校内名师的"看家本领"与"拿手绝活"，开发先进教学理念、专业与课程建设、信息素养提升、研究能力提升、跨文化交流五类素质提升校本培训项目，为青年教师的后续发展添能加油、扩展里程。另一方面，强化发展学时应用。学校通过实行教师发展学时制，将教师发展学时作为专业技术职务评聘的基本条件之一，为青年教师高质量参加教师发展活动提供制度保障。

三、特色创新

(一)破解职业规划"很迷惘"难题

进校伊始,大多数青年教师对职业规划的目标与方向会比较模糊,急需富有理论水平和发展经验的前辈指导、引领。通过青年教师与校内外两名导师的拜师结对,形成相对稳固的"师徒组合",导师们既可以在理论教学上悉心带教,也可以在专业实践上言传身教。其中,最宝贵的是导师们拥有丰富的发展经历,可以帮助青年教师制订并实施职业规划,规避"曲线"发展误区,助力青年教师"直线"高质成长。

(二)破解培养机制"很分散"难题

青年教师发展成才是一项长周期的系统工程,所以青年教师的培养机制要精准分类、顶层设计、按需供给。在"五航"成长体系中,学校依托教师发展中心,将分散在各部门的工作汇聚在一起,提供统一的培养载体和多模块的培养内容,青年教师可在同一平台上选择符合自身需求的培养项目。学校通过分层分类培训、精准精细指导、多维多级交流和专题专项工程等组织形式实施,不断将成功做法凝练为固定流程予以推进,并在下一个循环中对不成功之处予以改进、完善,从而实现运行效果与质量的持续提升。

(三)破解教师发展"很相似"难题

既要预防青年教师基础不牢、无序发展,也要杜绝青年教师按部就班、复制发展。在前期,青年教师的发展可概括为"两支线一主线":通过启航班和助讲培养提升教学理论和技能水平,以及入企实践磨炼专业技能和职业素养两条互相交融的支线,紧紧环绕形成"立德树人,提高人才培养质量"的主线。在后期,通过个性化的评价类型指引,青年教师可以根据自身需求和兴趣,选择性地参加学校提供的内容丰富的线上线下校本培训项目,从而实现个性化的发展。

四、育人实效

(一)刷新了青年教师成长纪录

青年教师"五航"成长体系的建构和实施,切实增强了学校对青年教师的培养质量。2018 年以来,共结对新老教师 197 对,选派青年教师"访问工程师"112 人,获批校企合作项目 94 项。在校企双导师的指导下,青年教师获全国职业院校教学能力比赛、浙江省青年教师教学竞赛等奖项 60 余人次,入选市级以上人才项目 21 人,晋升高级职称 41 人。

(二)形成了双师教师培养特色

基于青年教师"五航"成长体系的理念、实践和成效,学校整理形成的"双师型"教师队伍建设典型经验"夯实'三维'成长基石 建设高水平双师队伍",在全国职业院校"双师型"教师队伍建设案例征集中,以全国第一位的成绩入选。相关成果在《职教论坛》《中国教育报》等高层次期刊和报纸上发表,在全国范围内产生了积极影响。

(三)提升了教师发展平台水平

学校依托教学发展中心推进青年教师"五航"成长体系。在推动青年教师成长成才的同时,教师发展中心自身也获得提升。目前,教师发展中心每年开展教师发展活动 450 余场,教师累计参与 14000 余人次,成为校内教师活动最集中最密集的实体化场所。2019 年,学校成为浙江省教师教学发展示范中心;2020 年,学校在"全国高职院校教师教学发展指数(2020 版)"中列第三位;2021 年,学校成为浙江省高职院校教师教学发展中心联盟高职院校分盟第一届理事会理事长、秘书长单位。

构建"大思政"育人格局，推动育人管理一体化

——浙江机电职业技术学院

为深入贯彻习近平总书记关于加强大学生思想政治教育的系列讲话精神和全国高校思想政治工作会议精神、全国教育大会精神，认真落实立德树人根本任务，浙江机电职业技术学院增材制造学院对标新时代新要求，积极探索创新工作方式方法，以服务学生全面发展、培养"思想品格优、技能素质优、双创能力优、发展潜力优"人才为目标，构建"五四三二一"的"大思政"管理育人模式，找准重点，层层突破，形成创新特色，推动育人及管理一体化，着力培养担当民族复兴大任的时代新人。

一、目标思路

"培养什么人、怎样培养人、为谁培养人"始终是教育的永恒主题和根本问题。浙江机电职业技术学院增材制造学院党总支始终坚持把立德树人作为根本任务，把教师思想政治工作和师德师风建设作为常态性基础工作，不断提高学生思想水平、政治觉悟、道德品质、文化素养，做到明大德、守公德、严私德。结合学校双高建设和数字化发展需要，构筑"五四三二一"的"大思政"管理育人模式，推动育人及管理一体化，把德育工作贯穿人才培养全过程，内化到学院建设和管理各领域、各方面、各环节，形成全员育人的工作格局。

二、实施举措

(一)"五体"共育,以推进思政育人激发管理新动能

"五体"共育思政育人是一个系统工程,需要全体教职工包括领导班子、辅导员、班主任、导师和教师团队全方位的参与,以形成长期有效的互动机制。近年来,增材制造学院不断深化教育教学改革,围绕"培养什么人、怎样培养人、为谁培养人"这个根本问题,积极发挥组织建设、制度建设两项保障作用,着力构建"五体"共育的全员、全过程、全方位育人体系。打造了"感党恩·践初心"青援志愿服务活动、"传承红色基因、践行初心使命"红色社会实践活动、"心之语"新时代读书会等多项思想政治教育特色活动品牌,形成全方位育人的浓厚氛围。实践充分证明,以上努力使学院思政教育教学效果显著增强,主渠道作用得到充分、有效发挥。

为达到全员育人、全方位育人的目标,学院坚持院长为新生讲授"开学第一课""毕业最后一课";党总支书记、党支部书记带头讲党课、上思政课,引领带动全院教师积极开展课程思政,实现"课程思政"改革全覆盖,并成功申报教育部国家级课程思政名师团队。

学院打造"院、班、宿舍"三级联动的思想政治教育工作体系,努力加强辅导员和班主任队伍建设,积极探索导师制管理模式,实现对学生的思想引导、专业辅导、就业指导、生活指导和成长向导,将思想政治教育落实到学生管理和育人的各个环节。

教师团队在学生管理过程中发挥了较大的作用。学院制订了"走进学生生活、走进学生学习、走进学生心灵"行动实施方案,引导学生扣好人生第一粒扣子,促进学生全面发展。学院很多老师曾是大型国企技术专家,他们充分利用企业积累的经验和资源,十年如一日,坚持亲自带学生参加企业面试,学生亲切地称他们为"求职路上的专车司机"。

(二)"四个载体",以构建文化品牌推进管理育人模式

2020年以来,学院提出"以文化人,构建社会主义核心价值观长效教育机制"的文化建设目标,利用专业优势,借助"心之语"新时代读书会、新媒体工作室、创新创业工作室、"心灵驿站"四个载体,逐步构建"书香增材"文化品牌,形成了"螺旋上升、循序渐进"的一体化育人格局,使学院文化成为学院凝心聚力、促进发展的重要抓手,成为学院彰显特色、展示成就的重要载体。

"心之语"新时代读书会把中华文化作为加强大学生思想教育的最好教材,通过开展"书香伴我行"读书周、"增材心灵成长营"等主题活动,将传统文化与社会主义核心价值观教育有机结合,让学生在传统文化教育的过程中深入理解核心价值观的内涵,并内化为自身行动,最终构建起体现学院特色的核心价值观的教育机制,借以达到文化育人的目的。

学院新媒体工作室、创新创业工作室充分激发了学生的创新活力。学院致力于让学生社团发挥和谐校园文化建设的载体作用,从而加强大学生思想政治教育,实现大学生全面发展目标,推动技术技能型人才培养模式的创新。

学院坚持以"提高心理素质、培养健全人格、塑造健康心灵"为宗旨,坚持育心与育德相统一,加强人文关怀和心理疏导,为学生搭建全天候"心灵驿站"。

(三)"三大平台",以信息化引擎打造管理育人新空间

近年来,学院坚持深耕网络阵地,把"网络育人"作为人才培养的重要战略部署,搭建了学院官网、微信平台、易班App三大网络平台,构筑"心灵互动""五体共育""主题专栏"三大模块,建立以新媒体工作室为支撑的网络育人工作矩阵,形成育人合力,各栏目以贴近大学生的传播方式潜移默化地引导思想,传播主流价值,引导学生树立正确的理想信念,形成了优势互补、覆盖面宽、引领性强的思想政治工作网络,打造管理育人新空间,唱响网络时代思想政治教育主旋律,让网络思政教育活起来、潮起来、强起来、智起来。

通过网络平台对师生进行思想政治教育,使学院办学特色进一步明确,凝聚力进一步加强,人才培养质量进一步提升,办学能力得到社会进一步

认可。

(四)"两大阵地",以全方位育人优化人才培养新模式

学院紧紧围绕中心工作,以立德树人为根本,以社会主义核心价值观为引领,以全面提升学生综合素质为关键,在抓牢第一课堂的同时,积极构建社团育人、创新育人、实践育人"三位一体"的第二课堂育人体系,服务学生成长成才。

社团育人,促进学生个性发展。学院现有 10 余个注册社团,以"社团文化活动节"为平台,开展建模大赛、"十佳歌手"演讲比赛等 10 余个精品社团活动,让学生能够更好地认识自我、挖掘潜力、培养兴趣,培养团队协作能力、沟通交际能力、组织协调能力。

创新育人,铸就科技之星。积极组织学生创新创业,截至目前已获全国挑战杯一等奖 1 项、全国机械创新设计大赛二等奖 2 项,省级比赛获奖 20 余项,促进了学生综合素质的培养和发展,培养的学生能够扎根专业,具备求知探索的能力,具有创新精神和创业意识。

实践育人,培育家国情怀。通过党建带团建的形式,不断探索实践育人,组建了"青援"志愿服务队,通过与"张能庆公益服务站"携手共建社会实践育人基地,使得志愿服务专业化、常态化和可传承,保障志愿者长效服务机制;通过暑期社会实践,利用科技助农帮助农民脱贫攻坚,助推乡村振兴。

(五)"一院一品",以品牌建设提升良好文化氛围

学院致力于培养高素质技术技能人才,积极探索优秀的企业文化与校园文化的深度融合,努力把"匠心文化"融进人才培养全过程,让"匠心精神"的理念在师生心田孕育、渗透,无形中促进师生共同学习、成长。

三、特色创新

(一)融合新媒体,打造管理育人新阵地

学院坚持深耕网络阵地,把"网络育人"作为人才培养的重要战略部署,通过拓展宣传思想工作的阵地与领域,融合新媒体,成立新媒体工作室,让新媒体成为宣传思想新阵地,打造"互联网＋大思政"育人格局。

(二)依托新平台,提升管理育人新效能

为了更好提升"大思政"的内涵和质量,充分利用线上三大网络育人平台、线下四块工作室牌子,打造学院的特色育人品牌,提升思政实效,确保思政育人得以实现。

(三)打造新品牌,创新管理育人新模式

创建文化品牌。学院致力于培养高素质技能人才,积极探索优秀的企业文化与校园文化的深度融合,努力把"匠心文化"融进人才培养全过程。

创建党建品牌。学院党总支不断加强"服务型"党支部建设,通过创建"互联网＋服务"党建品牌,提升党员服务意识。党总支将支部建立在学科上,依托教工党支部组建了由 1 名国家名师、2 名专业带头人、4 名博士引领的政治理论素质高、实践经验丰富、专业技术扎实的教师党员特色服务队伍,充分发挥教工党支部的组织优势和学科优势,通过搭建校企合作平台,服务企业技术革新,解决企业人才需求,同时促进创新型人才培养。

四、育人实效

(一)构建"大思政",管理育人实效性显著提升

学院坚守立德树人初心使命、"五体"共育思政育人,以"大思政"理念不

断推进工作思路、内容形式、方法手段创新,以不断加强党的思想政治建设为统领,有效推动育人及管理一体化,通过把德育工作贯穿人才培养全过程,内化到学院建设和管理各领域、各方面、各环节,形成全员育人的工作格局,全面提升管理育人的实效。

(二)管理"信息化",优势互补育人合力基本形成

学院通过"三大网络平台""三大模块",以信息化引擎打造管理育人新空间。建立以新媒体工作室为支撑的网络育人工作矩阵,传播主流价值,引导学生树立正确的理想信念,形成了优势互补、覆盖面宽、引领性强的育人合力。

通过设立"心灵驿站",家校携手,实现了心理4G网络化管理,共同筑牢心理健康防线。成立了"玲姐有约"的心理谈话品牌,据统计,5年多时间,心理辅导员进行心理谈话累计1000余人次,学院有心理问题的学生人数已降至历年来最低。

(三)营造"双创"生态,人才培养质量不断提高

学院"双创"生态不断改善,通过以赛促学、以赛促教、以赛促创,推进大学生创新创业,并取得良好的成果。截至目前,已获得全国挑战杯一等奖1项、全国机械创新设计大赛二等奖2项、浙江省"互联网+"比赛金奖1项、浙江省大学生挑战杯比赛特等奖1项、浙江省大学生机械设计大赛一等奖4项,其中"互联网+"项目被《浙江日报》头版报道,促进了高技术技能人才的培养。

强化高校管理育人体系，构建教师队伍发展新路径

——浙江工业职业技术学院

浙江工业职业技术学院是全国职业教育先进单位、浙江省文明单位、浙江省示范性高职院校、浙江省优质高职院校和浙江省"双高"建设高职院校。学校根据"三全育人""十大育人"体系建设，紧紧围绕人才培养这一中心，抢抓管理育人这一阵地，着力打造一支高水平的"双师型"教师队伍，在全员聘任和专业技术职务评聘中始终把思想政治教育工作贯穿教师生涯发展全周期，不断提升教师的思想水平、政治觉悟、道德品质、技能素养，努力把教师培养成为有理想信念、有道德情操、有扎实学识、有仁爱之心的"四有"好老师。

一、目标思路

（一）推行岗位管理制度，规范教师聘用管理

学校积极推进岗位设置与人员聘用工作，建立健全岗位管理制度和人员聘用制度，实现人事管理的科学化、规范化和制度化。通过推行岗位管理制度和人员聘用制度，创新管理体制，转换用人机制，整合人才资源，集聚优秀人才，实现学校人事管理由身份管理向岗位管理、由固定用人向合同用人的转变。坚持"按需设岗、公平竞争、择优聘任、结构比例控制"的原则，按教学

科研任务分设岗位，教师自主选择岗位，通过竞聘上岗，签订聘任合同，同时实行校内教师职称高聘制度，对业绩特别突出的实现"低职高聘"，逐步建立起"人员能进能出、职务能上能下、待遇能升能降、优秀人才脱颖而出、充满生机和活力"的用人机制，最高限度地调动广大教师的工作积极性和创造性。

(二)重构职称评聘体系,提升评聘结合高度

学校十分重视职称评聘体系在教师职业生涯发展中的指挥棒作用，不断完善修订职称评聘体系。一是把握正确的政治方向，围绕学校中心工作，服务大局，将"思想政治素质和职业道德要求"作为教师晋升专业技术职务的首要条件，坚持德才兼备、以德为先。同时，将教学成果、教学建设、社会服务、专利转化、个人荣誉等作为教师晋升的重要评价依据。二是把握人才成长规律，以岗位分类为基础，完善评价标准。新增科研和社会服务为主型教师系列和思想政治与党务工作系列职称，根据教师不同的能力水平设计"正常申报""越级竞聘""直接评聘"3个类型，重构各职称系列初、中、正副高级的业绩条件，确保教师各显神通，百花齐放，条条道路通罗马。三是把握用人导向，评价与使用结合。实现职称评定结果与各类专业技术人才聘用、考核、晋升、分配等用人制度的衔接，真正实现评以适用、以用促评。

二、实施举措

(一)科学设置岗位条件,规范全员聘任程序

学校以3年为聘期，开展岗位设置与全员聘任工作，每轮岗聘中，严格按照省人力社保厅对学校岗位设置的批复方案中的各类岗位结构比例进行聘任，在制度建设方面，相继出台和修订了一系列岗位设置和聘任管理办法、岗位聘任实施细则、岗位年度和聘期考核办法等，不断完善岗位任职条件，着重突出工作业绩、工作实效、教学科研与社会服务能力。每轮岗聘前，对上一轮聘期进行聘期任职考核，同时公布各类岗位聘任说明书，明确各类岗位的下

一轮聘期的上岗条件、工作职责、目标任务、绩效考核等要求。结合聘期考核结果及竞聘上岗条件,科学设岗、优化结构、规范管理,以人为本、以教师为主体,充分调动和发挥各类人员的工作积极性、创造性。

(二)健全职称评价机制,严肃师德考核要求

学校在 2019 年全面修订了《专业技术职务评聘办法》,该办法共分 7 个部分,包括基本原则、评聘范围、评聘基本条件、评聘业绩条件、评聘机构及职责、评聘程序及评聘纪律、附则。文本更加完善,逻辑更加严密。修订过程中着重围绕教职工反映最多的问题,精准施策,照方抓药,解决人才分类不够完整、评价标准不够全面、评价机制不够完善、评价与使用结合不够紧密的问题。本次修订过程中特别强化了师德师风建设的基本要求,将师德师风年度考核结果纳入教师职称评聘的基本条件,在教师的职务评聘、晋升等方面实行师德一票否决制。同时,科学设置各类岗位系列评聘标准及条件,建立竞聘机制,注重教师个人教学、科研、社会服务等积累,兼顾个人业绩成果实际。

三、特色创新

(一)建立健全公平竞争、优胜劣汰、能上能下用人机制

学校已完成三轮全员岗位聘任,相继出台《浙江工业职业技术学院岗位设置与聘任管理暂行办法》《浙江工业职业技术学院岗位聘任实施细则》《浙江工业职业技术学院第二轮岗位设置与聘任管理暂行办法(试行)》《人事分配制度改革实施细则》《浙江工业职业技术学院第三轮岗位设置与聘任和绩效工资实施办法(试行)》等系列文件,通过每一轮的全员岗位聘任,不断完善岗位任职条件,不断丰富教师队伍岗位素质要求,着重考量教师工作业绩、工作实效、教学科研与社会服务能力。根据岗位的工作职责、目标任务、绩效考核等要求,按照岗位管理制度有关规定,对照任职条件进行全员岗位聘任。同时,不断完善岗位年度考核和聘期考核制度,建立能上能下、竞争择优机制,出台《浙江工业职业技术学院教职工年度考核办法》《浙江工业职业技术学院专任教师年度考核办法》《浙江工业职业技术学院管理人员(其他专技人员)年度考核细则》《浙江工业职业技术学院岗位聘期考核实施办法》等制度,明确岗位职责和工作目标,认真落实绩效年度目标考核和任期目标考核,逐步形成公平竞争、优胜劣汰、能上能下的用人机制,聘期考核充分结合年度考核情况进行,重点考核工作人员完成聘期目标任务情况,考核结果作为下一轮岗位聘任的重要依据。对于聘期考核不符合岗位任职条件和考核要求的教师,将其聘任到低于原聘岗位等级的岗位工作,执行新聘岗位等级的待遇标准。在 2014 年第二轮岗位聘任中,一位专技四级岗教师因上一轮聘期年度考核不合格而被低聘至专技六级岗。在 2017 年第三轮岗位聘任中,有 11 位表现优异的骨干教师被"低职高聘"。同时,学校还要求"双肩挑"人员的年度考核应当包括所聘两个岗位的职责任务,不仅有管理绩效考核,还有教科研工作量考核。

(二)塑造各显神通、百花齐放、百家争鸣的职评新气象

学校坚持依法依规评聘,做到按需设岗、竞聘上岗、按岗评聘、合同管理、淡化资格、强化聘任,坚持同行评价、分类评价、综合评价相结合,严格执行"三公开、两公示"制度。一是新增科研和社会服务为主型教师系列职称、思想政治和党务工作教师系列职称,落实辅导员、党务工作人员"双线晋升制"。二是在评聘业绩条件方面,最高限度地丰富了各类职称业绩指标的类型,设置了较多的成果替代规定,赋予教学成果奖励、教学建设、学科竞赛、教学能力比赛、专利转化、技术标准、社会服务等业绩指标更多的权重,确保教师百花齐放、条条道路通罗马的职评新局面。三是明确界定了有关职能部门的职评工作任务和职责,重新细化了评聘程序,引入越级竞聘、直接评聘程序,对于对学校有重大成果贡献的人员,在满足基本评聘条件下,可直接提交学校专业技术职务评聘委员会投票表决,通过后直接聘任申报的专业技术职务,评聘指标占用学校年度计划指标。四是强化了师德师风要求,将思想政治素质和师德师风要求作为教师晋升专业技术职务的首要条件,教师如果出现教学事故、党纪政纪处分等违纪行为,则按有关规定暂停或取消职评申报资格。

四、育人实效

学校历时数载,通过多轮岗聘,不断推进治理体系建设和治理能力提升,在制定岗位聘用和职称评聘条件标准、下放岗位聘用和职称评聘权限、建立逐级目标考核机制、完善聘期考核动态管理机制、加强岗位聘期的过程管理和结果应用、实施绩效工资分配改革、探索下放绩效发放自主权等方面不断推陈出新,深化修订各类制度,建立健全各种体制机制,使得教师队伍的成长路径更为清晰、个人成长通道更为宽阔、各类业绩成果更加丰满。例如,教学为主型教师在 2020 年底全国职业院校教学能力比赛中带领团队获得专业二组一等奖的历史最好成绩,使学校在迈向国家"双高"校的道路上取得了关键性的一步。又例如,专业技术职务直接评聘教师所主持的 2020 年度浙江省哲学社会科学规划重点课题"基于文化线路视角的浙东唐诗之路遗产活化研究"的阶段性成果《浙东唐诗之路:一条诗歌型的文化线路》被《光明日报》、"学习强国"学习平台摘录。

"三全育人"为高校人才培养指明了新的方向,是"一体化育人"体系的行动指南。高校教师作为特殊的人才资源,具有显著的类别性、专业性和层次性特点,高校教师岗位聘任和职称评聘改革只有准确、完整、客观、公平地反映出高职教育各类教师的素质、能力和业绩,真正做到人岗相适、岗责一体、人尽其才、优绩优酬,才能更好地留住优秀人才,保护好广大教师潜心育人的热情和冲劲。

牵住"牛鼻子"，解决"卡脖子"，干出"好样子"

——嘉兴职业技术学院

教师是立教之本、兴教之源。高职院校是为国家培养高素质技术技能人才的主要基地，教师承担着为党育人、为国育才的重大职责。政治素质是高职院校教师最基本、最核心的素质。嘉兴职业技术学院着力念好"准、实、专"三字经，突出严把政治标准这个"硬杠杠"，牵住"牛鼻子"；突出强化理论武装这一"必修课"，解决"卡脖子"；突出让教职工在教学、科研、管理"主战场"历练这一"不二之道"，干出"好样子"，使全体教职工心往一处想、劲往一处使、拧成一股绳，为争创省"双高"学校，为嘉兴争当"重要窗口"的最精彩板块追梦奔跑。

一、目标思路

学校坚持社会主义办学方向，全面落实好立德树人这一根本任务，认真贯彻落实习近平新时代中国特色社会主义思想和习近平总书记关于教师队伍思想政治素质要求的有关指示精神，按照《关于加强和改进新形势下高校思想政治工作的意见》《中共中央 国务院关于全面深化新时代教师队伍建设改革的意见》等文件精神，坚持"讲政治"第一标准，着力念好"准、实、专"三字经(见图1)。一是念好"准"字经，牵住"牛鼻子"。在人才引进、职称晋升、评奖评优、论文教材、成果申报等工作中精准实施教职工政治素质考察，坚持让数据说话、用实绩作证、靠事例支撑,绘好"全身像"。二是念好"实"字经,解决"卡脖子"。从根本上破解教职工不够重视政治理论学习、政治素养不够高、存在本领恐慌等问题。三是念好"专"字经,干出"好样子"。引导教师忠诚于党的教育事业,担当传播知识、传播思想、传播真理、塑造灵魂、塑造生命、塑造新人的时代重任,使"干就干最好、争就争第一"成为全校上下和全体教职工的不懈追求、自觉行动。

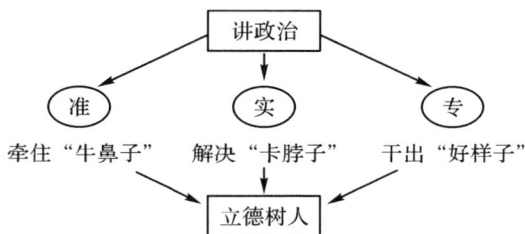

图1　"准、实、专"三字经

二、实施举措

(一)牵住"牛鼻子"——政治素质考察力求"准"

1.提高政治站位,让考察"鲜明"起来

学校认真落实《关于进一步加强高校教师师德师风建设的意见》《新时代教师职业行为准则》《关于加强和改进高校青年教师思想政治工作的若干意见》等文件精神,突出政治标准这个"硬杠杠",在人才引进、职称晋升、评奖评优、论文教材、成果申报等重点工作中严把政治素质和师德师风关,并将政治素质考察结果作为教师职称晋升、干部培养选拔任用的重要依据。

2.加强顶层设计,让考察"具体"起来

以"科学"为基础,以"管用"为导向,不断完善制度设计,从教师发展角度构建相应的思想政治素质考察机制,从教学层面、督导层面构建课堂讲授方面的制度。完善教师职称评价体系,新制定《关于做好申报专业技术职务人员政治素质和师德表现考察工作的通知》等制度,围绕政治忠诚、政治定力、政治担当、政治能力、政治自律和师德表现 6 个方面,细化实化考察评价指标,列出教师政治素质考察 20 项"负面清单",着力提高教职工政治素质考察的精准度、科学性和导向性。

3.认真组织实施,让考察"规范"起来

2019 年至 2020 年 6 月,学校共对 174 名教师开展政治素质和师德师风专项考察,形成考察材料递交学校党委会研究审议,其中包括 49 名职称晋升申报人员、16 名教材申报和著作出版人员、23 名出国访学教师、44 名各类评奖评优推荐人选、31 名新引进人才、11 名干部选拔任用和挂职人员。建立教师综合分析研判系统和政治素质雷达图,坚持让数据说话、用实绩作证、靠事例支撑,对各类数据进行纵向、横向分析比较,形成矩阵式教师政治素质档案,为教师政治素质"画像"提供客观、具体、准确、翔实的数据。

4.形成考察闭环,让考察结果"运用"起来

坚持以政治素质考察结果为依据,强化对考核结果的运用,对政治素质和师德不过关人员,采取一票否决制。在职称晋升、评奖评优中,对思想政治素质过硬、急事难事敢于担当、专业建设贡献力度大的教师实行优先评聘。强调"学术无禁区,课堂有纪律",同时加大对教育教学过程的定点集中督查力度,对教师教学进行督教。严格执行新入职教师宣誓制度和师德承诺制度,强化岗位诚信和学术道德诚信建设,提升教师立德树人的责任感。重视做好在优秀青年教师、海外留学归国教师中发展党员的工作。健全把骨干教师培养成党员,把党员教师培养成教学、科研、管理骨干的"双培养"机制。坚决把"两面人""糊涂人"挡在门外,竖起鲜明的政治大旗。2019 年,学校对 49 名申报专业技术职务教师进行申报前政治素质考察,考察中发现有个别教师有"负面清单"事项,经党委会研究后,对 6 名申报对象再次考察,严格实行申报前政治考察一票否决制,对教师震动很大。

(二)解决"卡脖子"——理论武装力求"实"

1."实打实"建立长效机制

一是制定了《中共嘉兴职业技术学院委员会理论学习中心组学习细则》

《嘉兴职业技术学院教职工政治理论学习实施办法》等制度。教职工政治理论学习实行"一月一安排,双周双学时",确保教职工理论学习"人员落实、时间落实、内容落实、效果落实"。二是建立周三夜学、每季集中培训制度,建立健全教职工政治理论学习档案制度。使政治理论学习制度化、规范化,确保教职工政治理论学习扎实、有效开展。三是健全"三会一课"和主题党日活动等制度。引导教职工增强"四个意识",坚定"四个自信",敬业修德,奉献社会,争做"四有"好老师的示范标杆。

2."严上严"层层压实责任

学校党委理论学习中心组采取"研究式学习",利用集中领学、党校轮训、读书研讨,注意把学习成果转化为坚定理想信念的理论支撑,转化为谋划工作的具体思路。学校党委对全校教职工政治理论学习进行宏观指导、统筹管理和部署安排。党委宣传部对全校教职工政治理论学习实施具体指导,负责制订学习计划、安排学习内容、提供相关学习资料。各党总支负责所辖范围内的教职工政治理论学习的组织实施、管理指导和督促检查。通过明确主体责任、分管责任和直接责任,强化武装,筑牢政治根基,引导广大教职工争做"可信、可敬、可靠、乐为、敢为、有为"的好老师。

(三)干出"好样子"——"双师素质"锻炼力求"专"

1.精心设计载体

学校党委精心设计了"向企业发放1000份专业建设调查问卷""万人升国旗仪式""开展解放思想、追梦奔跑大讨论主题演讲比赛"等活动载体,丰富教学内容,做到研教结合。为增强现代学徒制人才培养模式下"双师素质"内涵建设,学校先后通过"四个一"(一师联一企、一师做一项、一师结一师、一师带一批)工程、"培育"工程、"攀登"工程和入企挂职"淬火"锻炼等方式,着力选育职教双师团队"老母鸡",发扬其专注育雏的"抱窝"精神。

2.激发干事激情

认真研究、精心谋划学校发展的宏伟蓝图,提出了"12388"的发展思路,加强思政铸魂,深化机构改革,重塑二级学院,推进产教融合。2019年,全校教师指导学生参加各类技能和学科竞赛获国家级奖项2项、省级奖项75项。

3.涌现实践标兵

打造嘉兴市"红船精神"教育实践中心和党建省级标杆学院、党建优秀品牌和党员志愿服务品牌。智能制造学院党总支获得"红船抗疫先锋基层党组织"荣誉称号,胡小锐同志获得"红船抗疫先锋共产党员"称号,刘莉老师获得嘉兴市"五一劳动奖章",吕继欧老师被评为嘉兴市"最美禁毒人",等等。疫情期间,106名党员教师日夜轮班值守在马家浜高速卡口,76名女教师投身口罩生产一线,助力医疗物资企业复工复产,专业教师科研团队带领学生组团入企开展技术攻关。相关事迹先后被《人民日报》、"学习强国"学习平台、《光明日报》、浙江新闻客户端、"读嘉"等20多家主流媒体报道126篇次,增强了"最讲政治"的功能定位。

三、特色创新

(一)加强党对学校工作的全面领导是根本

东西南北中,党政军民学,党是领导一切的。党的坚强领导是学校事业发展的巨大政治优势和政治保证。学校党委把教师思想政治素质提升工作当作"头等大事",列入党委工作议程,与重点工作同谋划、同部署、同落实、同考核,为工作迈上新台阶、开创新局面指明了方向。学校党委书记方俊良亲自研究、亲自部署、亲自督查,以上率下,示范带动。

(二)坚持把政治标准放在第一位是关键

政治标准是第一标准,政治关是第一关,是硬约束、硬要求、硬杠杠;首关不过,其他方面再优秀、再有才华,都过不了关。实施政治素质考察后,立竿见影,一改没有人愿意担任教研室主任、学科带头人、党支部书记等"野蛮自由式"发展现象,解决了一系列"卡脖子"问题。

(三)加强理论武装这一"必修课"是核心

习近平总书记在多个重要场合反复提到"理论武装",喻之为党员干部的

"必修课""基本功""看家本领"。传道者自己首先要明道、信道、行道。教育者要坚持自己先受教育,加强"理论武装",努力使自己成为先进思想文化的传播者、党执政的坚定支持者,更好地担起学生健康成长指导者和引路人的责任。

(四)坚持在"主战场"历练是路径

"宝剑锋从磨砺出,梅花香自苦寒来",学校让教职工在教学、科研、管理一线的"主战场"历练,教职工就会有位有为,各领风骚,各显身手,喜讯便不断自来。在"卡尔·马克思杯"浙江省大学生理论知识竞赛中,学校成为全省唯一一所连续 2 届进入决赛并获二等奖的高职院校。

品质管理 传道有方

根据高校发展实际,创新育人举措既是高校管理育人的要求,也是高校推进"三全育人"综合改革的方法论。浙江省高校立足办学实际,充分发挥学科专业、地域文化、办学资源等优势与特色,尊重大学生个体差异与需求,切实做到关爱每一位学生健康成长,提升管理育人的品质与成色。通过开展"双创教育""课堂教学＋课外体育＋社区实践一体化""第二课堂成绩单管理""三化育人金课堂""书院育人新高地""大学生参与高校民主管理"等管理育人新项目,打造"一核四治""学生议事会""嘟妈工作室""建立退役军人学生工作联动机制""导师工作室""寓德于技的实验室管理"等"三全育人"的有效载体,引导大学生感受到高校管理育人的温度、深度、广度和力度,并在参与高校管理实践中提升理想抱负水平,增长学识才干,成为心怀"国之大者"的时代新人。

一站式学生社区综合管理模式育人探索

——浙江大学

浙江大学以习近平新时代中国特色社会主义思想为指导,紧紧围绕落实立德树人根本任务,坚持"更高质量、更加卓越、更受尊敬、更有梦想"的战略导向,以求是学院为学生社区"网格化"管理的主要载体,创新学生社区治理现代化建设,着力推进一站式学生社区综合管理模式育人探索,持续在管理服务体制机制、学园学院协同育人体系、组织支撑保障机制等方面进行改革,构建全员全过程全方位育人格局,提高学生社区管理育人实效。

一、目标思路

浙江大学实施"1+3"管理体制下的通识教育模式,由求是学院 3 个学园负责一年级的教育与管理,二年级后转入相应专业院系。自入选教育部一站式学生社区综合管理模式建设首批试点高校起,学校高度重视,认真落实一站式学生社区综合管理模式建设试点工作有关要求,高位部署,系统推进,强化园院协同,撬动和整合全校育人资源,让院系育人资源在求是学院大平台上没有"壁垒",发挥"1+1>2"的作用。积极发挥学生社区综合管理模式建设试点工作领导小组和学生社区工作指导委员会的作用,在全校范围内形成共识,构建科学高效的联动机制。同时,深度发挥育人队伍的力量,优化校院领导干部深入基层联系学生工作机制,调动广大教师和学生的主动性和参与度。注重学生社区治理现代化的创新,打造管理协同"云生态",实现服务下沉"全方位",突出自我治理"主体性",勇战新疫情,巧建"云"社区。建立精细的"网格化"学生管理模式,着力构建社区文化的内生机制,始终坚持构筑"三全育人"格局,提高管理育人成效。

二、实施举措

(一)实施园院协同管理平台工程

进一步发挥学生社区工作指导委员会职能,在学生社区建设院系一站式学生服务站,将院系工作力量优势源下沉至社区,将 6 个方面的 31 个条目与院系参与一站式社区育人的工作切入点和协同发力点结合起来,推进学业、评奖、心理帮扶等方面的园院协同育人往深里走、往心里走、往实里走。建立学业困难综合诊断机制,邀请院系教授专家、学科负责人与学园联动,就学生的学业困难实际制定"一人一策",并定期跟踪评估。

(二)实施数据协同信息平台工程

构架"三全育人"学生信息平台,构建思政、教务、学务、招生、安保、后勤等多方的信息数据融通和育人协同机制,充分挖掘并集成来源信息、评奖评优、学业情况、活动纪实等综合数据,形成群体画像和个体画像,为做好学生管理服务工作提供大数据支持。

(三)实施多方协同的管理机制

不断强化一站式管理服务概念,下沉管理力量,优化学生管理服务体系,发挥学生自我治理"主体性",合力构筑社区育人共同体。建立以学生为中心,以社区、专业院系、各职能部门、宿舍管理服务中心、家长为联动线的信息互动模式,加强管理服务育人反馈机制建设,多维度监测评估学生学业状况和动态,有针对性地开展工作。持续改进专兼职辅导员、班主任等思政队伍选聘和管理细则。坚持"政治强、业务精"的原则,严把育人队伍入口关。落实"新生之友"寝室联系制度,落实校领导深入基层联系学生工作,每位校领导担任"新生之友"联系一个寝室。着力推动专业导师入园育人制度,联动专业院系教授、青年教师等力量,每个学院每学期开展 2 次入园交流活动。提升学生在社区治理中的参与度。积极推动学园、学院联合培养学生骨干机制。着力打造"理想崇实、素质扎实、团队务实、活动充实、成果丰实"的学生组织,通过建立线下与线上结合的邮箱、公众号、权小狐(学园意见收集虚拟人物)等方式,将社区学生参与和社区建设有机结合起来;配套出台《浙江大学求是学院活动室借用使用管理办法》,形成衔接得当、沟通协调的事务治理局面。制定《求是学院学生组织联席管理办法》,并组建了在日常工作中商讨各学生组织重大决定的联席组织。夯实"书记有约""校长有约""师生面对面""学生意见箱"等沟通机制,让社区建设真正从学生的实际出发,围绕学生、关照学生、服务学生。在服务站专门成立学生自我管理委员会,由学生进行自我管理、自我服务,挖掘学生成长的内生动力;组建一站式学生社区综合管理改革试点宣讲团队,在宣传、教育和引领过程中增强社区学生的主人翁意识和归属感。成立服务型学生组织,以实现互助成长。在党员素质发展中心、学业指导中心、职业规划中心、心理健康教育中心等学生组织中推进朋辈辅学和交流,促进学生相互学习提高。

三、特色创新

(一)实现服务下沉"全方位"

坚持以学生为主体,逐步建立完善的管理育人体系。实施《紫金港校区一流学习社区建设方案》,扎实推进社区"五个一"项目工程,建设育人服务中心、文化宣传中心、空间建设中心、艺术活动中心、运动健身中心,持续推进宿舍"六个一"系列活动,鼓励学生"聆听一场生涯讲座、参与一次学长分享、开展一次自我探索、进行一次生涯咨询、践行一场生涯讨论、绘制一幅生涯图画";同步优化社区配套工程与信息化工程建设,实施"最多跑一次"改革,以学校行政服务办事大厅业务流程为基础,建成3个"学生综合服务厅",推进组织、教务、学工、团委、后勤等驻园办公,实现党团班级建设、学业指导帮扶、物资和空间借用、心理健康咨询、学生权益服务等功能,多部门联合构建一体化学生成长发展支持系统平台,满足社区学生多元化、个性化的成长需求。

(二)打造管理协同"云生态"

学校在疫情期间通过"信息中心—教务部门—学生工作部门—社区"四级协同联动,打造基于网络服务的管理协同"云生态",全面保障学生广泛参与在线"云学习",有效提升教师在线授课质量,实现在线教学互动。一是联合各部门筹备"停课不停学"。成立浙江大学一站式学生社区在线教育教学专项组,联合学生工作部门开展"云家访",做好疫情初期社区学生的情况摸排、留校防控、专项补助等工作;联合后勤部门做好学生的健康日报工作;配合信息中心做好"浙大钉"健康打卡系统的开发,2020年2月,健康打卡平台正式上线。二是利用学生社区工作指导委员会保障"停课不停学"。联合教务部门、学生工作部门、信息中心和宣传部门积极开展"云系列"学风建设活动,组织学生广泛进行互帮互学,包括云班会、云会面、云分享、云竞技、云同桌、云阵地、云答疑等。三是协同院系推进"停课不停学"。协同院系发动全体教师利用"学在浙大"平台,创新开展教育教学活动,实现网络授课、作业布置与批改、分组讨论、课程考试等环节,落实教学任务和计划,利用云听课、云督导等途径实现在线教学的质量监控和过程把关;利用线上学业打卡、体育打卡和春季线上运动等活动构建"社区—学院—部门"联动机制。

四、育人实效

(一)合力构筑育人共同体

打破育人身份差异的壁垒,协同专业教师、新生之友、班主任、兼职辅导员、专职辅导员力量,以生为本,将德育与智育深度结合,将一年级学生的通识教育与专业教育相结合、专业教育与思政教育相结合。打通育人阶段差异的梗阻,深度整合学园与院系的双重育人力量,凝聚"学生在哪里,我们的工作就要做到哪里"的育人共识,真正做到全员育人、全过程育人、全方位育人。

(二)建立闭环反馈沟通机制

建立园院联动机制,园区内近1/3的专职辅导员来自对应院系,派驻的辅导员优先负责院系对应大类的学生,通过每月定期的线下沙龙、线上钉钉群与院系教学科开展研讨,进一步增强园院之间的相互信任与支持。建立正向反馈机制,加强师生之间的互动和反馈,以学生切切实实的获得感正向激励教师,从将教师"请进来"变成教师主动"走进来",形成"需求—供给—满足—反馈—激励"的良性循环。

(三)夯实协同育人保障机制

凝聚育人力量,求是学院3个学园现有28名专职辅导员、37名机关兼职辅导员、199名研究生兼职辅导员、193名班主任和1488名新生之友,涵盖了专业教师、思政辅导员、机关干部、研究生学长学姐等,构建了一支力量充足、结构多元的育人队伍。加强硬件保障,园区内空间的升级改造达3600平方米,学生可借用房间总体面积增加174%。

以"青蓝工程"为引领，打造高品质育人体系

——浙江工业大学

习近平总书记在全国高校思想政治工作会议上指出，"教师队伍素质直接决定着大学办学能力和水平"，"建设政治素质过硬、业务能力精湛、育人水平高超的高素质教师队伍是大学建设的基础性工作"。为进一步建设教师队伍，优先发展好教育的核心，全面提升"三全育人"实效，浙江工业大学以"青蓝工程"为引领，努力打造高品质育人体系。"青蓝工程"意取"青出于蓝而胜于蓝"，是一项为实现"服务育人、管理育人、教书育人"的理念在新老教师群体之间继承和发扬，通过一系列制度和文化建设，弘扬和传承"崇德笃行，大气包容，无私奉献，携手并进"的育人文化系统工程。自2004年实施起，经过16年的探索与实践，这一工程基础扎实，受益面广，成效显著，已孕育出具有校本特色的教师文化，成为学校思政工作的好抓手、师德建设的好载体、青年教师成长的好平台、育人文化建设的好途径。

一、目标思路

高校的日常管理与育人是有机结合、不可分割的，管理只是手段，育人才是目的。学校始终坚持把管理育人作为开展各项管理工作时的落脚点与出发点，通过以"青蓝工程"为引领，坚持把教师队伍建设作为基础性工作，主动适应新形势、新任务、新要求，对标"四有"好老师标准。以"青年教师导师制"

和"辅导员导师制"为主要依托,通过新老教师结对的方式开展优秀教师的"传帮带",以点带面,以小促大,不断提升青年教师的职业能力,增强质量意识,培养专业精神,从而构建一支高素质、专业化、创新型教师队伍,进一步提升管理育人成效,打造高品质育人体系。

二、实施举措

(一)以全方位制度为引领,优化高品质育人体系

为加快推进学校"青蓝工程"的建设,学校出台《新教师岗前培训实施办法》《青年教师导师制实施办法》《加强教师实践能力培养实施办法》《主讲教师资格制度实施办法》《关于建立健全师德建设长效机制的实施办法》等制度,通过制定一系列文件,从制度层面规范师德建设和教风建设。此外,学校坚持以主题教育为抓手,强化青年教师的育人认知;加强养成教育,编印出版《烛光集》《百名教授话师德》《大爱师德》等文集,交流展示优秀教师的典型事例;16年来,校党委书记、校长、"国家级教学名师"、"长江学者"一直坚持为新教师上岗前培训课,与青年教师共同探讨教学之道、为师之道。通过一系列行之有效的规范制度建设,继而为高品质育人体系保驾护航。

(二)以教师"传帮带"为载体,传承高品质育人理念

认知是实践的前提和基础,实践是对认知的锤炼和升华,"青蓝工程"为广大青年教师开展育人实践提供了宽广的平台。学校十分重视育人实践,为此,学校加强顶层设计和政策保障,以"青蓝工程"为引领,通过实施"青年教师导师制"和"辅导员导师制",促成资深教师和青年教师"签约"结对,发展优秀教师"传帮带",成为"服务育人、管理育人、教书育人"育人理念传承的有效载体。导师们帮助青年教师规划职业人生,鼓励青年教师自觉从"苦干型"向"研究型"、从"教书匠"向"学者型教师"转型。在导师的引领下,在提升教学科研能力和加强教师实践能力培养的过程中,青年教师通过身体力行强化育

人认知,提升自身涵养,实现育人理念、高尚师德的有效传承。

(三)以多部门联动为保障,提升高品质育人成效

在育人体系建构中,育人质量是育人体系成果评价的重要组成部分。高素质的师资队伍既是一所大学核心竞争力的重要特征,又是确保教学质量、培养创新人才的关键所在。为此,学校成立教师教学发展中心,开设"青年教师进修学校",为广大教师提供教学培训、教学研讨、教学咨询、教育技术支持等服务;坚持以赛代练,培养业务尖兵,帮助教师提升教学能力;专门出台青年教师科研激励政策,为青年教师开设专研项目,设置一年带薪的"教学科研学习期";提高教师的实践教学能力和工程化能力,鼓励专业教师去具有一定规模、良好社会声誉,代表行业先进水平的企业参加实践锻炼等,从而有效地提高青年教师的职业能力,提升育人成效。

三、特色创新

(一)坚持以人文关怀为手段

学校始终高度重视、关怀青年教师的生活,积极开展针对青年教师的"五必访"活动,帮助他们尽快过好教学关、科研关和实践关;努力满足青年教师的基本需要,增强青年教师的职业幸福感、满足感、收获感。此外,学校尊重青年教师的主体地位,建立青年教师联系制度,鼓励和支持青年教师参与民主管理。学校坚持以人文关怀为手段,切实为青年教师排忧解难。

(二)坚持以氛围营造为方法

为了更好提升青年教师的职业认同感和自豪感,学校大力表彰潜心教书育人的先进典型,通过多渠道、多方位地开展师德模范集体和个人的宣传工作,大力表彰潜心教书育人的先进典型。自2016年起,学校面向从事教书育人工作的一线教师评选教书育人贡献奖。组织开展"教书育人楷模"、"教书

育人贡献奖"、"师德标兵"、"三育人"先进集体和先进个人、"我最喜爱的老师"、"我心目中的好导师"等评选活动,树立了一大批品德高尚、学术精湛、育人有方的优秀教师榜样,推动形成爱岗敬业、教书育人的浓厚氛围;开展校园人文景观设计,注重学院楼文化建设,设计人文景观走廊,展示优秀教师风采;长期在校报上开设"工大学人"专栏,在校园网上开设"工大人物"介绍,推出"工大人的一天""工大人在行动"等系列报道,将宣传的视角聚焦于一线的优秀教师。通过构建大宣教的格局,增强师德先进人物的职业荣誉感,在广大青年教师中形成比学赶超的良好氛围,在校内培育良师文化。

四、育人实效

(一)青年教师成长迅速,教师梯队日趋合理

目前,在学校的国家和省部级重点实验室中,青年教师的比例过半,青年教师中获得省级和国家级基金项目的人占比超过 80%。"青蓝工程"已经成为学校构建全面育人体系、传承优秀师德师风、打造良师队伍的一个极具号召力和凝聚力的工作品牌。"青蓝工程"实施以来,8 名教师获得国家杰出青年基金资助,4 名教师入选国家"万人计划"科技创新领军人才,11 名教师入选人社部"百千万人才工程",12 名教师入选教育部"新世纪优秀人才支持计划",40 名教师获得浙江省杰出青年科学基金资助,12 名教师入选浙江省"万人计划",9 名教师入选浙江省特级专家,11 名教师获浙江省教学名师奖,已"签约"师徒结对的青年教师有 1200 余人,基本涵盖所有新进校的年轻教师。此外,学校中国中小企业研究院的林汉川、池仁勇、刘淑春、程宣梅等教师撰写的研究报告获得中央领导同志批示,多名中青年教师撰写的报告获得省委省政府主要领导批示,累计达 36 次。"青蓝工程"的持续实施也动态见证了优秀青年教师的迅速成长。"70 后"教师陈小龙于 2008 年获浙江省"新世纪 151 人才工程"第一层次资助,于 2017 年入选"科技部中青年科技创新领军人才",于 2018 年入选国家"万人计划"科技创新领军人才;"80 后"教师张文安于

2013 年入选教育部"新世纪优秀人才支持计划",于 2014 年入选省"钱江学者"特聘教授,于 2015 年获浙江省杰出青年科学基金资助,于 2017 年入选"长江学者"青年学者。

(二)资深导师甘为人梯,优秀师德传承接力

在"青蓝工程"的实践中,资深的优秀导师无私奉献,提携后辈,青年教师谦虚好学,不负众望,优秀师德在新老教师中传承,育人体系在接力中搭建,涌现了众多感人至深的"师徒"范例。

沈寅初院士,这位"中国生物农药之父",经过多年"传帮带",使同一团队中的郑裕国教授从一名普通青年教师成长为在国内生物化工领域具有较高知名度的中青年学者,先后获得全国优秀教师、国家技术发明奖二等奖等重大荣誉,于 2017 年当选中国工程院院士,成为学校自己培养的第一位院士。沈院士的再传弟子,刚满 40 周岁的郑仁朝博士、教授,入选浙江省首批"万人计划"青年拔尖人才,获浙江省"新世纪 151 人才工程"第二层次、第三层次择优资助,入选浙江工业大学首批"运河青年学者",获浙江省杰出青年科学基金资助,于 2018 年获第十届侯德榜化工科学技术奖。

张澄教授,是学校老一辈优秀教师,曾在 1989 年获得"全国优秀教师"荣誉。彭伟教授师从张澄教授多年,深得张澄教授师德精神的"真传",20 年后彭伟教授也成长为"全国优秀教师"。两代"全国优秀教师"的荣誉接力成为校园里传诵的佳话。在两位"全国优秀教师"的影响下,彭伟教授的爱徒肖帆老师凭借卓越的教学技能和科研能力,获得了浙江省"教坛新秀"荣誉称号,并入选"钱江人才"。

程惠芳教授,先后荣获"全国教书育人楷模""国家级教学名师""全国优秀教师""浙江省特级专家""浙江省杰出教师""浙江省十大杰出女性"等称号。她这样说:"30 多年的教师生涯使我体会到教书育人,首先要解决好自身做人和做学问的问题。"她培养青年教师从不吝啬时间精力,从授课技巧、课题申报材料到生活中的冷暖饱饥,她事事放在心上。杜群阳教授早在本科时就拜在程惠芳教授门下,他读博学成归来后又回到程惠芳教授的团队,目前已成长为浙江省"新世纪 151 人才"、浙江省中青年学科带头人,荣获浙江省高

等学校第四届青年教师教学技能比赛优秀奖、浙江省首届高等学校教坛新秀称号、浙江省优秀教学成果奖一等奖,成为学校青年教师的楷模。

(三)大学精神广泛传扬,良师文化初步形成

良师是大学精神的创造者、传承者,是大学文化之魂,也是大学育人工程的永恒主题。"青蓝工程"的推进使师德师风建设与大学文化建设相得益彰、相互促进。广大教师在奉献进取、和谐大气的文化环境中自觉修身立品,相互关爱支持,共同成长进步。在学校校园内,从文化景观到制度规则再到师德实践,师德传承已经蔚然成风,良师文化逐步形成。"青蓝工程"实施以来,涌现出一大批良师典范:程惠芳教授获"全国教书育人楷模"荣誉,裘娟萍教授获"全国师德标兵"荣誉,肖瑞峰等3名教师获"国家级名师"荣誉,郑裕国等5名教师获"全国优秀教师"荣誉,苏为科等8名教师享受"政府特殊津贴",王万良等2名教师获"浙江省杰出教师"荣誉。学校大学精神广泛传扬,良师文化初步形成。

坚持"以本为本"，提升人才培养质量

——浙江师范大学

浙江师范大学坚持以学生为中心，在尊重学生、理解学生、关爱学生中，把规范管理的严格要求和春风化雨、润物无声的教育方式结合起来，强化科学管理对道德涵养的保障功能，发挥管理环境在学生成长成才中的育人作用，把社会主义核心价值观教育融入教育教学，全面提升人才培养质量。

一、目标思路

坚持目标导向、问题导向和结果导向相结合，把管理职责与服务目的结合起来，把解决实际问题与解决思想问题融合起来，将理想信念教育、思想政治教育、社会主义核心价值观教育、校风校纪教育贯穿教育教学全过程，不断改进德育方式方法，切实增强德育的针对性实效性。梳理完善各部门、各岗位工作职责，通过部门职责、岗位职责修订，明确各岗位管理育人的内容、程序和标准，把育人职责履行情况和育人功能发挥情况纳入各级、各部门和各岗位的绩效考核评价范围，作为评先评优依据，使育人工作成为全校每位教职工应尽职责、义务和自觉行动，推动全员育人得到实现。

二、实施举措

(一)建立健全教学管理制度,着力形成教学规范

通过制度的精心设计和流程的精简优化将育人工作落实到日常教学管理的全过程各环节。出台了《浙江师范大学课堂教学管理规定》《浙江师范大学教学事故认定和处理办法(修订)》等一系列规章制度,强化教学基本规范和底线,引导教师为人师表,教好书,更育好人,学生认真学习,主动成长进步。

(二)抓住教学管理关键环节,提升管理育人效能

聚焦课堂教学育人"主阵地",建立教学准入制度,新教师经过培训学习取得高校教师资格证书后方能上岗;实行青年教师成长帮扶制度,为新教师配备师德高尚、专业能力强、教学水平高的导师,帮助新教师教学成长;严格落实教学淘汰制度,对触及课堂教学规范红线的教师进行严肃处理。全面推进学生学业评价改革,出台《学生学业评价改革的若干意见》,加强学业过程性评价,完善学生学业评价反馈机制,增强评价对学生学习的促进作用。建立全覆盖的课堂教学巡查制度,落实听课制度,对课堂教学进行实时监督。

(三)加强部门协同协调,汇聚育人合力

注重管理育人的系统性,构建全员管理育人的协同联动机制,充分发挥全员管理育人的合力,实现全员管理育人各个环节之间的相互协调。以学风建设为抓手,出台《浙江师范大学关于进一步加强学风建设的若干意见》,在全校形成"学风建设人人管,建设学风为人人"的思想共识,在校学风建设工作领导小组的领导下,学院与部门之间、部门与部门之间分工明确,通力合作,整体推进。成立学生学业发展中心,教务处、学工部、团委等多部门多方联动,为学生学业发展提供助力。

(四)构建全员教研文化,营造育人文化氛围

以提高课堂教学质量为核心,大力推进全员教研活动,切实提升教师教学能力。依托校院二级教师教学发展中心,大力支持教师开展教学内容、教学方法、教学手段改革,不断提升全体教师尤其是中青年教师教学能力与教学水平。组建各类教学讲师团,结合学院教师大会,分批开展教学示范课、教学方法改革、学业评价模式、教学内容创新等全员培训。

三、特色创新

(一)始终突出强化教师的榜样示范作用

一方面,学校针对教师开展底线教育,筑牢教学基础,全面修订了课堂教学质量评价指标体系,重点突出对师德师风的评价要求,组织校院二级教师专题学习《教学事故认定和处理办法》,严肃课堂教学与教学管理纪律。另一方面,学校开展榜样教育,引发向上动力,组织全体新引进青年教师进行师德培训,举行名师师德分享会,邀请中学特级教师陈永芳、省"最美教师"童国秀围绕"立德树人"主题开展师德师风讲座交流,充分发挥榜样人物的示范引领作用。

(二)构建了教研育人的模式和有效机制

学校明确提出教研活动是大面积提高教学质量、推动课堂教学创新的必由之路,为此,建立了教务处值周处长制度,由值周处长带领教学管理人员和青年教师听课评课,开展师生座谈教研活动。首创教学巡察制度,构建"协同教研"新模式。以"巡察—听课—评课—反思—改进"的方式,每年12月份定期举办"教研活动展示周"活动。2019年,各学院以陈立群先进事迹集中学习为契机,开展全员德育教研,将全校师范生纳入教研活动,师生共同展开研讨交流,提升师范生的理想信念和教育情怀。

(三)构建学生学习中心的系列管理制度体系

以学生学习发展为出发点和落脚点,构建教学管理制度和政策,学校于
2013年在省内率先成立学生学业发展中心,为学习困难、学有特长的"特殊"
学生提供个性化的专业指导和支持服务。组建2014级本科教学信息员队伍,
及时反馈教学动态,调动学生参与教学质量监督的积极性。积极探索学生德
智体美全面发展的评价机制,完善《学生综合素质评价实施办法》《学生奖学
金评定办法》《考研奖学金评定办法》等制度办法,保障学生激励政策。构建
以"五航"行动为主要内容的"发展性"资助体系,坚持"扶困"与"扶智""扶志"
相结合,建立经济资助与加强思想政治教育、诚信教育、励志教育、感恩教育
相融合的机制。关心关爱西藏籍、新疆籍少数民族学生的教育和成长,举办
民族学生"卓越领导力训练营""卓越教师训练营"等。

四、育人实效

浙江师范大学把育人作为管理工作的出发点和落脚点,通过构建制度体
系,完善实施路径,营造育人文化等行之有效的方式,在潜移默化中促进广大
师生提升思想道德品质、养成良好行为习惯。2019年,教务处获浙江省优秀
教务处荣誉称号,浙江师范大学人文学院教师黄沚青获2021年全国五一劳动
奖章。学校师范毕业生普遍教育情怀深厚、岗位适应快,具有明显的就业优
势。在2020届毕业生中,师范生获得教师资格证比率约为81%,有10881人
在基础教育领域就业,占师范毕业生的73.41%。在浙江省18所师范生培养
高校2019届师范生毕业生的用人单位满意度调查中,满意度达91.01%。
2018年以来,学校国家级学科竞赛奖项增幅每年超13%,2019—2020年连续
2年中国"互联网+"大学生创新创业大赛金奖数位列全国师范院校第一。
2020年,在全国挑战杯创业计划大赛中总积分排名位列全国师范院校第一,
全国高校第九。2015—2019年,在全国师范类本科院校大学生竞赛排行榜中
位列全国师范类院校第一。

着力推进高校治理现代化，加快构建"管理育人"新格局

——温州大学

近年来,温州大学坚持社会主义办学方向和立德树人根本任务,坚守为党育人、为国育才重要使命,牢记习近平总书记主政浙江期间提出的"要高度重视教育和人才工作,特别要办好温州大学等高等院校",深入实施机构、人事、制度3项改革,着力推进学校治理体系和治理能力现代化。通过一系列综合治理和改革探索,温州大学正发生着"从大到强、从强到优、从优到特"的精彩蝶变,形成了政通人和、欣欣向荣的发展态势,构建起具有中国特色、温大(温州大学)风格的"管理育人"全新格局。

一、目标思路

推进国家治理体系和治理能力现代化是党的十九届四中全会做出的重大决定,高校作为人才培养的主阵地,在国家现代化建设中具有重要地位。加快推进高校治理体系和治理能力现代化,把中国特色社会主义的制度优势转化为推动高等教育高质量发展的治理效能,是当前我国高校重要的使命与责任,对于实现社会主义现代化强国的战略目标具有深远意义。温州大学在办学治校的过程中,始终坚持和加强党对学校工作的全面领导,深入贯彻落实党委领导下的校长负责制,持续深化校院两级管理体制改革。学校始终秉

持"依法治校"的理念,以高质量发展为主线,以数字化改革为牵引,进一步完善治理机制、优化治理方式、创新治理载体,重点加强综合治理、分类治理、系统治理、源头治理,深入实施"机构改革优功能、人事改革强动能、制度改革提效能"三大改革,以改革激发活力,以创新驱动发展,不断规范学校内部治理体系和治理结构,全面提升学校教育治理效能和管理育人水平。

二、实施举措

(一)机构改革优功能

温州大学秉持"结构决定功能"的理念,深入推进机构改革、不断优化治理功能。温州大学采用归纳的研究方法,在调研国内 50 多所综合性教学研究型大学机构设置的基础上,对原有部门、学院、科研机构进行优化重组。在部门改革中,学校进一步明确党政管理机构、资源保障机构、教学辅助机构的职责界限,对职能交叉或相近的部门进行整合撤并,对需要强化的职能进行单列,对需要充实的职能进行补充,实现一类事项原则上由一个部门统筹,一件事情原则上由一个部门负责。在学院改革中,学校坚持"学院办大学"的理念,结合学科结构、专业分布、学院体量等因素,对原有的学院进行调整,调整后学院的设置更加符合教学研究型大学发展要求。在科研机构改革中,学校将原有近 200 个科研机构优化调整为 109 个,清理了一批"僵尸"研究机构,并根据机构规模、科研方向、实际需求等因素将科研机构划分为三大类,形成了"分类设置、定期评估、择优支持、动态调整"的健康发展机制。通过"机构改革优功能",温州大学构建起一套系统科学、运行高效的行政管理和教学科研组织体系。

(二)人事改革强动能

温州大学秉持"人事决定动能"的理念,深入推进人事改革,不断增强治理动能。高校的人事系统主要包含两大类:一类是管理干部队伍,另一类是专业人才队伍。从两者的关系来看,管理干部队伍既服务于专业人才队伍,又决定着专业人才队伍的建设成效。在干部选用上,学校坚持"在好人中选能人"配强党务干部,"在能人中选好人"配强业务干部,大力实施政治强、业务强、管理强"三强干部培养计划"。在干部管理上,学校通过实施"任期目标责任制""中层干部管理办法""中层干部年度考核办法"等举措,将"责任制、考核制、奖惩制"落到实处,有效激发干部队伍活力。通过"人事改革强动能",温州大学实现了管理干部队伍结构和素质的双优化。

(三)制度改革提效能

温州大学秉持"制度决定效能"的理念,深入推进制度改革,不断提升治理效能。温州大学坚持"调研开路",开展了办学史上力度最大的调研活动,实施 34 个课题调研,实现 3 个全覆盖(校领导班子牵头全覆盖,部门学院参与全覆盖,重点工作领域全覆盖),涵盖办学治校的方方面面。每个课题都转化为制度成果,学校层面修订和出台 123 项配套制度,学院层面按照"规定+自选"形成多个制度样板。学校历时半年修订完善《温州大学章程》,修订完成学校党委会、校长办公会议事规则,制定出台《校院两级治理体制改革实施方案》和《学院治理暂行规定》。通过"制度改革提效能",温州大学系统推进了学校治理体系流程再造和机制重塑,有效将制度优势转化为治理效能。

三、特色创新

(一)坚持以学生为中心,抓牢"管理育人"的根本

温州大学高度重视"三全育人"工作,坚持将以学生为中心的办学理念贯穿学校办学治校的全过程。在事业发展方面,学校进一步明确学校在高校分类发展中的办学定位,针对办学特点和区域需求,不断凝练办学理念、办学风格和办学特色,加快形成契合高等教育发展和学生成长成才规律的体系标准和管理政策。在师资建设方面,学校坚持师德为先,把师德师风作为评价教

师的第一标准,注重教师思政政治和业务能力双重考查,实行师德一票否决制,出台"加强师德师风建设意见"和系列配套制度,推行"师德失范行为负责清单"。在学生评价方面,学校探索将"五育并举"纳入学生综合素质考评体系,创新构建学生品德发展、身心健康、审美能力和劳动实践评价新机制,同时以数字化改革为牵引,打通教务、学工、科研等人才培养环节中的"信息孤岛",将学生评价有机嵌入教育教学全过程,建立具有记录、评价、激励、反馈功能的发展性评价系统,有效发挥学生评价在促进学生成长和学校发展中的支撑作用。

(二)完善高校治理体系,筑牢"管理育人"的根基

温州大学深入推进校院两级治理体制改革,在科学完善《温州大学章程》的基础上,创新探索学院章程,率全省高校之先出台《温州大学学院治理暂行规定》,努力构建"学院办大学"的发展格局,搭好学校治理基础性制度框架的"四梁八柱"。在学校层面,温州大学坚持和加强党委领导下的校长负责制,进一步夯实党委把方向、管大局、做决策、抓班子、带队伍、保落实的重要职责,支持校长依法独立全面负责教学、科研和其他行政管理工作,构建起"党委领导、校长负责、教授治学、民主管理"的学校治理结构。在学院层面,温州大学实行党政共同负责制,充分发挥校院两级的学术机构,以及工会、教代会在民主管理、民主监督和信息反馈中的作用,进一步推进决策的科学化和民主化,构建"党政同责、分工合作、教授治学、民主管理"的学院治理结构。

(三)加强领导班子建设,把牢"管理育人"的根源

温州大学始终秉持"党政同心、集体领导、科学决策、分工负责、勤政为民"的理念,全面加强学校领导班子建设。在工作机制上,学校创新实施"年度主题主线"的谋划机制和"年目标、月计划、周安排、日行动"的运行机制,有序、高效地推动了学校的发展。在行动理念上,学校树立"没有不满就没有长进"的问题意识、"天黑赶路、天亮进城"的赶超意识和"不进则退、小进也是退"的忧患意识,形成了"一级带着一级干、一级干给一级看"的干事创业氛围。学校在全省高校率先制定"全面从严治党责任清单",高标准落实党委主体责任、党委书记第一责任、班子成员"一岗双责"和纪委监督责任,形成"四责协同、一体落实"的工作机制,高质量完成对所有二级党组织的巡察工作,推动全面从严治党向纵深发展,为推进学校治理现代化、构建"管理育人"新格局提供坚强的政治保障。

四、育人实效

（一）办学格局不断优化

温州大学作为浙南闽北赣东地区唯一的综合性大学,从学校历史、办学现状、发展前景、所处方位等因素进行综合考量,经过深入调研和充分论证,进一步明确了"特色鲜明的高水平教学研究型大学"的办学定位,确定了创建省重点高校、博士学位授予单位和以侨为特色"省部共建"高校"三大目标"。在学校党委的正确领导和全校师生的共同努力下,2019 年,学校以"省市共建"的方式成功迈进省重点高校行列,开启了温州大学办学治校的全新格局;2020 年,学校新增博士学位授予单位申请,以及资源与环境、中国语言文学、化学 3 个博士点申请在浙江省已全票通过,目前正积极迎接教育部评审。如今,温州大学迎来了高质量发展的重大契机。

（二）综合实力大幅提升

通过近年来的治理改革,温州大学综合实力大幅提升。根据主要大学排行榜,温州大学综合实力列全国高校第 120—180 位,尤其是 2020 年学校首次跻身泰晤士高等教育世界大学排行榜,位居大陆高校 51—75 区间段、浙江省第三。在 2019 年度浙江省高校考核中,温州大学领导班子"优秀率"在全省 30 所本科高校中列第一名,学校综合绩效考核列全省 30 所高校第二名。在 2020 年度浙江省高校考核中,温州大学领导班子"优秀率"在全省 32 所本科高校中列第一名,学校综合绩效考核列全省同类高校第一名。在 2020 年 7 月召开的全省高校领导班子集体谈话会上,温州大学作为改革创新、特色发展的典型,成为唯一在大会上受到表扬的高校。学校主要领导先后2次赴国家教育行政学院做大学治理专题报告,受邀参加中国高教学会年会并做主旨发言,同步直播观看达55.5万人次,点赞达251.47万人次。

(三)育人质量显著提高

温州大学以一流本科建设和卓越研究生教育为抓手,推动立德树人落到实处,人才培养取得实效。学校深入实施优课优酬制度,引导广大教师投入一流本科教育,进一步激发培养高水平本科人才的主动性和积极性,形成良性的本科教育生态。学校成立通识教育中心,不断深化通识教育改革,形成了德智体美劳"五育"并举的高水平创新型本科人才培养体系,全方位推进"三全育人"落到实处。学校迄今为止已累计为社会输送优秀毕业生23万人次,温州地区72%的名校长、53%的特级教师和55%的教学名师都来自温州大学。2020年,学校研究生报考数同比增幅列全国第一位,毕业生就业竞争力列浙江省本科高校第六位,对母校满意度列全省高校第一位。

把好品质管理"六脉"，谱写"叶的事业"新篇章

——杭州师范大学

杭州师范大学后勤服务集团全面贯彻落实党的教育方针和全国教育大会精神，立足高校立德树人的根本任务，积极响应构筑与一流校园硬件相匹配的一流内涵的新期待，聚焦科学管理、规范治理、优质服务的学校后勤保障体系，不断深化标准化、规范化建设，紧抓品质管理"六脉"，为学校构建"三全育人"长效机制和工作格局，推进学生全面发展贡献后勤力量。

一、目标思路

杭州师范大学后勤服务集团始终以"三服务两育人"为宗旨，在管理上讲方法，在载体上求创新，在育人上求成效，推进体制机制绩效化、质量管理标准化和育人队伍梯队化，把好提制、提优、提质、提品、提智、提温"六脉"，构建"学校放心、师生满意、同行认可"的与学校一流建设目标相适应的后勤服务保障体系，谱写后勤"叶的事业"新篇章，彰显管理育人新成效。

二、实施举措

(一)筑牢制度之基,把好"提制""命脉"

把体制机制建设视作管理育人的"命脉"。多年来,学校后勤集团持续加强内部运行制度建设,自 2002 年首次印发规章制度汇编起,至今已系统整理、编印 7 次,将"制度规范体系"作为集团四大工作体系之一予以重点建设。为了推进育人工作落地生效,集团加强组织领导,每年专门研究制定育人工作实施方案,确立一批育人项目,为学生办实事好事。将育人工作项目完成情况、学生满意度作为年度绩效考评关键指标,并开展育人工作先进集体和先进个人评比等,着力构建管理育人工作长效机制。建立与学工、研工、教务、保卫、各学院等在助学帮困、文明修身、劳动实践等管理育人工作中联动的机制,以治理有方和管理高效的体制机制塑造人。

(二)强化质量管理,把好"提优""筋脉"

把提高服务质量视作管理育人的"筋脉"。学校后勤集团先后实施"质量提升年""窗口服务单位优质服务行动"等质量提升工程,全面落实 ISO9001质量管理体系和 ISO22000 食品安全管理体系。深化"五常法"管理,推行阳光厨房、明厨亮灶建设。完善质量监控制度,运用智能化手段布局远程监控体系,开展线上与线下、综合与专项、定期与随机监控等。集团运用规范化、标准化的工作要求和工作流程,做优食宿、物业、商贸服务等,获得了浙江省标准化示范食堂、示范公寓、首批高校教育超市"标准店"等称号,让师生吃得放心、住得安心、工作舒心,有力确保了育人目标的高质量完成,做到以优质的服务育好人。

(三)狠抓队伍建设,把好"提质""主脉"

把提高队伍素质视作管理育人的"主脉"。学校后勤集团逐步建立"集团党政班子—部门经理—部主任—班组长"四级管理队伍体系,分设管理服务岗、核心技术岗两类岗位体系,并有效控制好岗位设置数。同时,完善与岗位相匹配的绩效工资制,使员工队伍流动率保持在合理水平;搭建"技术能手""金牌师傅""领军人才"三级技术人才职业发展通道,组织开展"骨干训练营"等,使它们成为梯队建设"蓄水池"。不断提升人员队伍的综合素质,提高队伍的思想觉悟和管理育人的自觉性,在平凡的岗位上讲好感人"微故事",争当"不上讲台的教师",以优良的队伍引导人。

(四)注重品牌塑造,把好"提品""心脉"

把服务品牌建设视作管理育人的"心脉"。"校训糕"、"校训月饼"、抗疫"云"餐厅、"爱心助学加油包",以及连续举办17届的"优质服务月",坚持16年的"两元盖浇饭","后勤24个服务瞬间"等,逐渐成为学校后勤集团服务管理育人的重要载体。学校后勤集团率先设立学生事务中心,引进了省内首家天猫校园店、省内首家肯德基校园店、晓风书屋等服务项目,使之逐渐成为学校后勤集团服务管理育人的重要平台。近年来,后勤集团"最美现象"频现,学生赋予员工的"最美员工""拾金不昧之星""公益达人""爱心妈妈"等赞美词频出,推动了以优秀的服务品牌影响人。

(五)打造智慧后勤,把好"提智""动脉"

把智慧后勤建设视作管理育人的"动脉"。学校后勤集团致力于推进"互联网＋后勤"模式,2016年启用"杭师大生活服务平台"。在学生公寓广泛使用人脸识别门禁系统,实现刷脸进楼,天猫超市和大众餐厅也实现刷脸支付等。引进和打造"智慧餐厅",深化与完善校内网上餐厅建设,扩大智能取餐柜普及面。建立学校后勤舆情信息收集平台,时时关注学生动态,强化意见建议征集,百分之百办理与反馈学生诉求,以"数智后勤""智"育人。

(六)擦亮暖心底色,把好"提温""气脉"

把提高服务温度视作管理育人的"气脉"。学校后勤集团注重挖掘管理服务中的教育元素、引育价值,用有温度的管理引导学生提高思想道德、行为

规范和实践能力。设立"小红帽"工程,每年推出勤工助学岗,20 年累计提供
近 2000 个岗位;开设"社区小课堂",2015 年至今累计开课 130 余堂,参与学
生 2600 余人次;坚持为困难学生提供"爱心礼包""爱心住房""爱心岗位""爱
心基金"等;每年推出大件行李专送、加长床铺、失物招领、自助熨烫、代浇绿
植、公益伞借用等近 20 项暖心微服务;在寒暑假和法定节假日期间做到"服务
状态不变、服务价格不变、服务质量不变",以暖心的服务感染人。

三、特色创新

(一)智慧后勤推动智慧育人

学校后勤集团通过启用网上生活服务平台,积极引进和打造"智慧餐
厅",深化与"饿了么"平台的合作,完善校内网上餐厅建设,不断深化后勤服
务"最多跑一次"改革。通过开发"社区小课堂"线上预约授课等功能,推进线
上育人。通过加强学生消费数据、舆情信息平台数据等各类数据的分析处
理,提高管理育人的速度和效率,并为学生管理部门提供参考,用智慧后勤推
动智慧育人。

(二)服务品牌推动品牌育人

学校后勤集团以服务品牌建设为推手,深化内涵、拓展外延,推进服务品
牌向品牌育人转变。在坚持 16 年的"两元盖浇饭"服务品牌的基础上,设立
"两元盖浇饭"志愿服务岗,推进自我服务;在"社区小课堂""开心农场"等服
务品牌的基础上,建立实习实训和勤工助学基地,推进劳动育人;在"文明寝
室""文明教室""光盘行动"等行动计划中,设立文明监督岗,推进文明教育,
以服务品牌推动品牌育人。

(三)工匠精神推动精神育人

学校后勤集团大力弘扬新时代"工匠精神",在后勤集团内开展"技术能

手""金牌师傅"技能大比武,开展"领军人才"评选活动等,涌现出了一大批技艺高超、业务精湛、品质优良的工匠。同时,以此为依托,建立若干个"工匠工作室",让工匠为员工培训,为学生讲课,为师生服务,并通过"微故事"等形式,讲好工匠故事,弘扬工匠精神,传播正能量,让工匠精神感化人。

(四)后勤文化推动文化育人

学校后勤集团坚持在"点滴服务"中彰显后勤文化,推进"叶的事业",逐渐形成"满意在后勤、奉献在后勤、创业在后勤"的精神,"特别能奉献、特别能吃苦、特别能战斗"的作风,"待人诚一点、做事实一点、学习勤一点、业务精一点、服务好一点、节约多一点"的品质,涌现出了一大批"最美员工""拾金不昧之星""微笑服务之星"等道德典范,营造了有温度、有情怀的后勤育人文化,有效推动以文化人目标的实现。

四、育人实效

(一)影响指数逐渐提升

学校后勤集团品牌项目,已成为管理服务育人的"金名片"。"两元盖浇饭"——一荤一素,米饭管饱,惠及师生 300 余万人次,媒体新闻报道总点击率突破 4000 万次,受到国务院稳定物价督查组的充分肯定,被《人民日报》、新华社等媒体广泛关注。连续举办 17 届的"优质服务月"、惠及众多学生的"社区小课堂",以及"爱心开学加油包""爱心用房"等,获得广大师生的好评,赢得社会各界广泛赞誉。

(二)感动指数逐渐提升

学校后勤集团员工的育人故事得到广大师生员工的认可,得到新闻媒体的广泛关注,逐渐成为师大学子身边的感动人物。把送一桶水得到的一元钱积攒起来捐给困难学生的"微助学"扛水工——李培义,家境困难却坚持不求回报做公益,累计献血 6000 多毫升的学校首期师德标兵讲师团成员、杭州市"最美公益人"——刘元,新冠肺炎疫情暴发之初就主动从老家赶回学校投入隔离观察点工作,近 50 天没有回家,被学生爱称为"陈妈妈"的宿管员——陈卫君,等等。一则则感人故事被"学习强国"学习平台、《人民日报》等多家媒体报道,向学生传递正能量,传递感动。

(三)感恩指数逐渐提升

在育人工作机制的保障下,在后勤员工的辛勤付出下,一项项扎实的举措,一次次暖心的服务,收获了学生一次次感恩的回馈。学生通过多种形式向后勤集团表达感激之情。近年来,学校后勤集团收到多面感谢锦旗,几十余封感谢信,收到电话表扬、口头表扬、网络留言感谢数千条。

在学校坚强领导下,学校后勤集团先后获得全国高校后勤文化建设先进院校、青年就业创业见习基地等国家级荣誉 13 项,获得浙江省高校先进基层党组织、浙江省教育系统"三育人"先进集体、省级青年文明号等省级荣誉 7 项,获得杭州市先进基层党组织、杭州市劳动模范集体等市级荣誉 5 项。

"第二课堂成绩单"制度

——浙江农林大学

为落实立德树人的根本任务,发挥第二课堂的育人功能,提高学生的综合素质,促进学生的全面发展,有效构建"一二课堂"协同育人体系,浙江农林大学通过整体设计学校第二课堂工作内容、项目供给、评价机制和运行模式,制定出一整套可记录、评价、测量、呈现学生参与第二课堂情况的工作体系和工作制度。

"第二课堂成绩单"制度共设 6 个学分,包括 4 个创新创业学分和 2 个思政实践学分,要求学生在弹性学制内完成,不仅是学生毕业的必要条件,也是学生评奖评优、推优入党的重要依据。

一、目标思路

"第二课堂成绩单"制度的课程项目体系分为创新创业大类(思想素养、创新创业、技能特长)和思政实践大类(社会实践、志愿公益、文化活动、成长履历)。创新创业学分是指全日制本科生参加思想教育活动,从事创新创业训练和职业技能培训,取得具有一定创新精神和创业实践的智力劳动成果或其他优秀成果,经认定获得的学分。

思政实践学分是指通过客观记录、有效认证、科学评价学生参与以拓展自身非专业素质为目标的文体活动、社会实践、志愿公益、成长履历等实践项目的经历和成果,经认定获得的学分。

二、实施举措

(一)构建课程项目体系

课程项目体系是"第二课堂成绩单"制度的实施基础。"第二课堂成绩单"的课程项目体系分为创新创业大类(思想素养、创新创业、技能特长)和思政实践大类(社会实践、志愿公益、文化活动、成长履历),共 7 个类别,实现第二课堂与第一课堂互动互融、互补互促。思想素养主要记载参加党校团校、"青马工程"、主题教育的经历,以及获得的相关荣誉。创新创业主要记载参与各级各类学术科技、创新创业竞赛和活动的经历及获得的相关荣誉,以及发表的学术论文、出版的学术专著、取得的技术专利等。技能特长主要记载参加各类技能培训的经历,以及获得的相关证书。社会实践主要记载参与"三下乡"社会实践活动和国内国际交流访学的经历,以及获得的相关荣誉。志愿公益主要记载参与"大学生志愿服务西部计划"和各类助残支教、社区服务、公益劳动、赛会服务等志愿服务活动的经历,以及获得的相关荣誉。文化活动主要记载参与各级各类文艺、体育、社团、讲座等校园活动的经历,以及获得的相关荣誉。成长履历主要记载在校内党团学(含学生社团、学生艺术团)组织工作任职的经历,以及获得的相关荣誉。

(二)构建记录评价体系

记录评价体系是"第二课堂成绩单"制度的实施牵引。针对学生参与第二课堂的情况,建立系统的记录、审核、评价机制。评价体系应突出客观性、真实性、价值性、简便性,以科学的量化标准为依据,采用学分式评价方式对具体课程项目设定学时或学分,对学生参与第二课堂情况实行课程化管理,以是否完成相关要求作为评价标准,按照学期、学年等时间节点,对学生表现出的综合素质进行全面反映。

（三）构建数据管理体系

数据管理系统是"第二课堂成绩单"制度的实施支撑。要依托数据信息体系开展课程项目的发布、管理、评估，实现学生参与课程项目的记录、评价、认证。构建学校"第二课堂成绩单"网络管理系统，与学校中心数据库统筹联通，建立自下而上、逐级审核、及时更新的信息采集、审核、发布机制，完善学生个人申报、学院审查、项目主办方审核、学校认定等流程，实现逐级对数据信息的真实性、完整性、准确性把关，确保数据信息及时、准确、全面。

（四）构建工作运行体系

工作运行体系是"第二课堂成绩单"制度的实施保障。通过建立横向沟通和纵向分工，实现"事前规范、事中监督、事后审查"的完整工作闭环。主要包括4个方面。一是建立制度管理体系。通过制定《浙江农林大学本科生"第二课堂成绩单"学分管理办法》等相关制度和实施细则，做到有章可循、有序开展。二是建立人员保障体系。学校在校团委设立"第二课堂成绩单"认证管理中心，各学院、学生组织、班级团支部要设立指定负责人，通过明确各层级的职责分工，强化业务能力和系统操作培训，建立起运转有力的工作队伍。三是建立完备工作机制。规范课程的发布审核流程，明确学生参与第二课堂活动的记录、审核、评价、反馈、申诉的各个环节，做到便捷、透明、公平、公开。四是建立合作互动机制。构建起部门与部门之间、部门与学院之间顺畅的沟通合作渠道，确保第二课堂工作在学校有序运转。

（五）构建价值应用体系

价值应用体系是"第二课堂成绩单"制度的实施关键。"第二课堂成绩单"制度具有客观跟踪记录、科学评价评估、引导学生成长、服务育人大局、强化组织建设、促进学生就业创业等功能。要重点突出"第二课堂成绩单"结果应用和价值发掘，将"第二课堂成绩单"作为学生在校期间综合素质测评、评奖评优、推优入党等的重要评价依据，推进将"第二课堂成绩单"纳入学生个人档案。通过"第二课堂成绩单"为社会用人单位选人、用人提供具有规范性、公信力的科学参考依据,形成学生、学校、社会的有效连接。

三、特色创新

通过建立"第二课堂成绩单"制度,学校对学生在校期间的综合表现进行专业化的准确评价,帮助学生正确了解自身优势、弥补自身不足,真实、客观地记录学生在校期间参加各项课外活动、从事团学工作的情况和取得的各类成绩。多维度的自动化评价考核体系,多种活动成绩得分评价模式,可以让项目发起者快速新增项目;搭配评价体系与考核体系可以对第二课堂所有活动成绩进行全自动比对生成,让指导老师无须手动录入成绩,减轻工作量;为师生提供各类审核、签到、查询、关注等功能,让第二课堂活动更具有吸引力;各类成绩、数据全自动生成,导出方式灵活,访问方式丰富。"第二课堂成绩单"制度是适应高等教育综合改革、全面落实立德树人根本任务、全面实施素质教育的必然要求,具有服务学校人才培养的"牛鼻子"作用、引领学生成长成才的"指挥棒"作用、促进学生融入社会的"通行证"作用和深化团学改革创新的"发动机"作用。

四、育人实效

自 2020 年 9 月起,学校针对 2020 级学生试行"第二课堂成绩单"制度,共有 4056 名学生参与其中,2020 级学生参与率达到 100%。2020 级学生共开展活动 1738 次,平均每天开展活动 7 个,其中包含文化活动 217 次,学生平均文化活动分数达 38.45 分,志愿公益活动 556 次,学生平均志愿者积分达6.61 分。该制度有效提高了学生参与活动的积极性,将学生的第二课堂通过可视化、可量化成绩单的方式进行了呈现,切实提升了第二课堂的育人实效。同时,学校涌现出了一批积极参与校园文化活动、热衷志愿服务、热爱社会实践和乐于服务奉献的青年学生。

筑牢安全防线，共创平安校园

——温州医科大学

温州医科大学立足总体国家安全观,把握校园安全稳定的总目标,牢固树立"预防为主,安全第一"的责任意识,坚持管理与服务相结合的工作理念,紧密围绕立德树人根本任务,结合学校"三全育人"体系建设,学校保卫处加强与学工部、研工部、二级学院等部门的沟通,与社区、辖区派出所、公安机关等职能部门的联动,从落实上级党委部署和满足师生需求的角度出发,充分发挥保卫工作在校园管理中的新动能,着力强化校园安全治理体系和治理能力建设,形成了统筹协调、齐抓共建的工作格局,逐步完善具有学校特色、师生满意度高的校园安全管理工作体系。

一、目标思路

习近平总书记指出,建设更高水平的平安中国意义重大,要认真贯彻党的十九届五中全会精神,落实总体国家安全观,坚持共建共治共享方向,聚焦影响国家安全、社会安定、人民安宁的突出问题,深入推进市域社会治理现代化,深化平安创建活动,加强基层组织、基础工作、基本能力建设,全面提升平安中国建设科学化、社会化、法治化、智能化水平,不断增强人民群众获得感、幸福感、安全感。长期以来,温州医科大学的安全保卫工作得到了省平安办、省教育厅、省公安厅等上级有关部门的关心和肯定,学校也被评为浙江省"4A

级平安校园",荣获 2020 年度省级"平安单位"暨省级"智安单位"称号,逐步形成了安全宣教一支队伍、能力培养一个目标、技术保障一套系统的"三个一"管理育人模式。

二、实施举措

(一)以制度稳人心,推进安全育人制度化建设

严格落实平安校园建设的各项指标,先后制定、修订《温州医科大学综合治理工作管理规定》《温州医科大学治安安全管理规定》《温州医科大学校园秩序管理若干规定》《温州医科大学校园大型活动安全保卫工作管理规定》等一系列校园安全管理制度,从制度体系建设规范安全管理,为师生营造良好的工作学习环境。结合学校特色,着重加强学校危险化学品和实验室安全监管,联合科技处、科研实验中心共同制定《危险化学品和易制毒化学品安全管理办法》《实验室生物安全管理办法》《实验室废弃物处置管理办法》等办法文件。会同宣传部、学工部、研工部等部门研究制定《温州医科大学网络舆情应急处置预案》《温州医科大学突发事件总体应急预案》《心理危机干预事件处置预案》等一系列工作方案,全力确保校园安全稳定。

(二)以服务暖人心,形成安全育人的良好格局

学校认真贯彻落实党的十九大精神,坚决扛起"重要窗口"使命担当,坚持问题导向和底线思维,深入开展"不忘初心、牢记使命"主题教育、党的群众路线教育实践活动,始终坚持"师生少跑腿、服务送上门"的宗旨,夯实一站式服务和网上办事流程。在师生校园机动车通行证办理、户籍落户迁移、政治审查等事务上,优化工作流程,提升工作效率。利用"平安温医大"公众号平台、24 小时报警求助电话等形式及时回应师生需求。通过走访学院、举办校警校园安全案例分析会,加强警、校、院安全防范三级体系建设。

(三)以平台聚人心,开创安全育人的崭新局面

学校保卫处以不断提升安全管理的师生参与度和服务师生的满意度为目标,不仅完成了"数字化、高清化、网络化"的技防体系,更引入大数据技术,推动安全保卫工作"智能化",完成了"一个中心四个平台"建设,实现了校园高清视频监控、智能访客管理、车辆智慧化管理、智慧消防巡检等"八大智慧安防系统"的升级改造。智慧化管理进一步提高了学生家长探访、车辆入校、轨迹追踪等服务效能,赢得学生和家长的高度认可,潜移默化地推动学生爱校荣校教育。

三、特色创新

(一)丰富教育形式,拓展安全宣传新阵地

学校保卫处在实施安全教育过程中,遵循教育育人规律,不断丰富安全教育形式,通过形式创新吸引学生的关注和参与,形成了教学式、体验式、互动式相结合的安全教育模式。开设"互联网+安全"微课,新生入校前接受系统的安全教育,毕业离校、重大节假日等关键节点和"4·15"全民国家安全教育日、"6·26"国际禁毒日、"11·9"全国消防安全宣传教育日等重要时间开展专题安全教育活动,助力学生提高对各类安全知识的掌握。通过建设线上安全教育展厅、组织开展消防逃生应急演练、校园安全隐患查找、参观防诈中心等体验感较强的活动,助力学生掌握安全防范技能。依托"平安温医大"微信公众号平台,针对来华留学生专门开设英文专栏,定期推送全英文安全教育主题文章;新增"案情通报"版块,不定期通报校内典型案例;推出"防诈进行时"专栏,分享二级学院学生安全教育经验;增设"校广播台安全教育"专栏,提醒师生警惕电信网络诈骗、盗窃等校园治安事件。通过一系列专栏项目,结合安全教育主题内容,开展网上安全知识专题竞赛、互动问答等活动,助力学生扩展实践能力,共同呵护生命财产安全,维护校园安全稳定。

(二)成立朋辈宣讲团,增添宣教队伍新血液

学校重视朋辈队伍建设,成立温州高校第一支由女大学生组成的交通管理队伍。多年来,每到上下课交通繁忙时段,都会有一群英姿飒爽的女大学生站在校园各个交通要道,指挥过往的车辆和行人,维持交通秩序,成为校园里的一道亮丽风景线。成立学生特勤队,开展宿舍区治安巡逻、隐患排查、新生安全知识宣讲、监督和制止不文明行为等活动,以朋辈的力量,构建校园安保的另一道防火墙,有效提升学生的安全幸福感。

(三)加强警校联动,共建平安校园新格局

加强警校联动,以"请进来"与"走出去"相结合的方式增强师生安全意识和法治观念。邀请公安机关人员进校开展"安全第一课"和电信网络诈骗、国家安全普法安全专题讲座,联合消防救援大队开展新生消防演练活动,组织学生走进温州市防诈中心实地参观学习。通过一系列平台与联动,鼓励学生走出校园、走向社会,在实践中拓宽认知视野,提升学生安全防范意识,助力学生学业与未来的发展。

(四)重视心理健康,构建心理教育新模式

大学生心理健康教育是维护高校安全稳定的有力保障,是高校稳定与发展的主要基础和保障。学校高度重视大学生心理健康教育工作,以关注全体学生心理健康,促进全体学生的心理发展为主线,把加强大学生心理健康教育工作作为学生对美好生活需要的主要内容之一,通过抓整合资源、抓机制保障、抓干预体系、抓课程建设、抓主题教育、抓队伍建设,构建"五位一体"心理育人新模式。健全和完善"学校—学院—班级—寝室"四级心理危机预防网络,创新性地提出具有医学院校特色的"五早四化三名单"(五早即早发现、早对接、早评估、早诊断、早治疗;四化即网格化服务、人性化关怀、专业化指导和规范化管理;三名单即重点关注名单、需跟进名单和可能需要关注名单)危机干预工作机制,及时干预问题学生。注重专兼职队伍培养,采用不同方式为专兼职队伍专业能力的提高创造条件,提供支持。定期开展心理咨询师

督导、讲座、培训、沙龙,促进咨询服务专业化发展。

四、育人实效

(一)师生满意度高,育人覆盖面广

2020 年,在全校范围内开展的平安校园满意度调查中,学生总体满意度近 100%。全校师生积极参加各类安全教育活动,如"大学生心理健康教育"课程年均授课人数达 4500 人,采用线上线下混合式"翻转课堂"教学模式,课程线上互动 2.7 万人次,全校师生同时观看"学校消防安全公开课"现场直播。每年开展大学生安全文化节、大学生心理健康文化节、新生心理健康活动月等品牌活动,近万名学生参与活动,学生积极性高。占地 1000 多平方米的户外素质拓展基地面向大一新生,每年有 5000 多名学生参加素质拓展。开设 10 余项专题团体心理辅导,每年有 1400 多名学生参加。

(二)护航学校发展,呵护学生成长

安全稳定是学校发展的夯实基础,安全祥和、秩序优良的校园环境是学生成长的重要保障。近几年,学校以维护校园安全稳定为主线,以做好责任落实到位、制度建设到位、宣传教育到位、硬件设施到位"四到位"为重点,切实加强学校安全工作机制、安全保障能力、安全管理队伍"三项建设",进一步完善多校区运行的安全管理模式,探索校园安全管理新途径,深化"三全育人"综合改革,促进安全保卫工作与学校发展、学生成长的有效融合,同向同行,形成合力。

强化讲堂管理，打造"三化"育人"金课堂"
——嘉兴学院

为进一步加强大学生的思想政治教育，充分发挥讲堂在加强思想引领、传播学术思想、丰富校园文化、培育大学精神等方面的积极作用，全面提升"三全育人"实效，嘉兴学院坚持把"讲堂的建设与管理"作为一项常态工作来抓，按照"健全制度、规范管理、整合归类、精心培育"的工作思路，推动校园讲堂"三化"——规范化、多样化、品牌化，着力打造育人"金课堂"，确保思想政治教育贯穿大学生的学习生活全过程，为全面提升学校管理育人水平提供坚实保障。

一、目标思路

学校党委坚持以立德树人为根本，认真贯彻落实《中国共产党宣传工作条例》《党委（党组）意识形态工作责任制实施办法》《浙江省党委（党组）意识形态工作责任制实施细则》等文件精神，出台《关于进一步加强对论坛、讲坛、讲座、报告会、研讨会等阵地管理的暂行规则》。强化讲堂管理，在讲堂开展过程中坚持把正确的政治方向、价值取向和舆论导向摆在首位，坚持整合归类，勤于精心策划，坚持守正创新，强化质量意识，通过打造规范化、多样化、品牌化的"金课堂"，构筑大学生精神家园，培养大学生学术思维，提高大学生综合素养，促进大学生成长成才，从而提升管理育人成效。

二、实施举措

(一)坚持制度保障,打造规范化的育人"金课堂"

学校十分重视对各类讲堂的管理,进一步完善讲堂审批制度,全面落实讲堂"一会一报"制度,并将讲堂的管理纳入二级党组织意识形态工作责任制的考核。切实把好入口关,建立健全讲堂审批报备制度;切实把好过程关,确保讲堂全程不出现政治导向问题;切实把好宣传关,始终坚持正确舆论导向;切实把好处置关,对讲堂中出现的思想倾向和意识形态问题,及时予以处置;切实把好问责关,对在讲堂中出现问题造成不良社会影响的主讲人和相关责任人,严肃追责问责。学校党委宣传部统一负责对全校各类讲堂的管理。各二级党组织协同配合,压紧压实主体责任,按照"谁主管谁负责,谁主办谁负责"的原则和属地管理、分级审批原则,做到守土有责、守土负责、守土尽责,从源头上提升讲堂的质量和品位,更好地弘扬主旋律,传播正能量,提升育人实效。

(二)坚持整合归类,打造多样化的育人"金课堂"

学校党委坚持以大学生的成长成才为出发点,与大学生的素质提升、能力提高、专业发展、就业创业等方面紧密结合,打造多样化的讲堂。开设了以弘扬"红船精神"、传承红色基因为宗旨的"红船论坛";以塑造人文情怀和科学精神为出发点,以提升大学生人文科学素质为己任的"省身讲堂";以陶冶大学生情操、提升大学生精神境界、助力大学生社会主义核心价值观培育为宗旨的"初心讲堂";以全面提高大学生就业竞争和创业能力、拉近学生与社会距离为目标的"育成讲堂";以展示国内外最新学术成果、提升大学生学术研究能力为主要内容的"南湖青年论坛";以报告最新理论成果、解读政策热点、分享实践经验为中心,为建设共同富裕提供智力支持的"中国共同富裕大讲堂";等等。多样化的讲堂,不仅使学生听讲座有了丰富的选择,也在学生中形成了很高的认同感和参与度,吸引学生自觉走进讲堂,为发挥好讲堂育人功能奠定了良好的基础。

(三)坚持精心培育,打造品牌化的育人"金课堂"

在讲堂多样化的基础之上,学校致力于推动讲堂品牌化。学校党委以学校首任名誉院长、国际著名数学大师陈省身先生所提的"方正为人、勤慎治学"校训精神为核心,秉持学校百年文脉,整合校园文化资源,全力打造"省身文化"品牌,开设"省身讲堂"。加强对"省身讲堂"的组织领导,成立"省身讲堂"组织委员会;加强对"省身讲堂"的制度管理,制定《嘉兴学院省身讲堂管理办法》。经过近14年的打磨和发展,"省身讲堂"在社会上的知名度不断提升,品牌效应凸显。2011年,"省身文化"品牌获全国高校校园文化建设优秀成果奖;2012年,"省身讲堂"被授予"浙江省社会科学普及示范基地";2019年,"省身讲堂"获评嘉兴市"十大科普品牌"。在"省身文化"的陶冶下,学校广大师生仰望星空,脚踏实地,以"方正为人、勤慎治学"的校训精神做人做事做学问,涌现出一大批精神成人、专业成才的优秀学子。

三、特色创新

(一)共享地方资源,打造"高标准"精品讲堂

在讲堂的举办过程中,邀请优质、高层次的演讲嘉宾,确保讲座高质量、高水平尤为重要。学校在讲堂演讲嘉宾的邀请方面一直严守"有较强的社会责任心、较高的学术身份、较好的演讲水平"这一遴选标准。一是充分利用承办或参与各类学术研讨会、论坛,以及成立相关学术科研平台等契机,邀请专家学者来校开讲。例如,利用中国共同富裕研究院揭牌成立这一契机,开设"中国共同富裕大讲堂",邀请著名农业经济学家陈志钢教授为大讲堂开讲。二是十分注重与地方的合作,有效整合地方优质科普资源,实现与地方之间的讲座资源共享。例如,学校"省身讲堂"曾与浙江省社科联合作,共享"浙江人文大讲堂"的优质资源;与嘉兴日报社"南湖文化讲坛"合作,确保讲座的高质量。

(二)优化开讲形式,开设"主题化"系列讲座

为进一步提升讲堂的号召力和育人效果,学校党委优化讲座形式,结合时事政治、学校大事要事、学生需求等,开设"主题化"系列讲座,避免讲座设置的随意性,潜移默化地将讲堂的育人功效达到最大化。例如"育成讲堂",每年在全校范围举办 4 期以创业为主题的大型演讲活动,配合形势政策课的相关内容,邀请创业大咖主讲创业人生,培养大学生的创新创业意识,激发创业热情。再比如"省身讲堂",学校在 2014 年百年校庆期间,邀请知名校友围绕主题"我的大学我的梦"做系列讲座,增强大学生对母校的认同感、归属感和自豪感,培养爱校情怀;在庆祝 2015 年世界反法西斯战争胜利 70周年期间,开设"抗战精神"主题系列讲座,教育大学生铭记历史、缅怀先烈、珍爱和平,培养家国情怀;2017 年,邀请张泰城、李佑新、刘建军 3 名红色基地研究专家围绕"红色精神与理想信念"主题开展演讲,增强大学生的理想信念意识。

(三)拓宽信息渠道,实现"线上线下"交互学习

高校讲堂作为课堂教学的延伸和重要补充,光靠现场"听"达到的教育效果显然不够。学校紧跟现代信息技术的快速发展,积极拓宽信息传播渠道,推动"线上线下"交互学习,实现"课前热身""课中听讲""课后温习"三驾马车并进。开讲前,学校提前"热身",积极做好宣传,充分利用海报、横幅、宣传栏、广播等传统宣传手段,同时借助微博、微信、抖音、哔哩哔哩等新媒体,准确及时传递信息,扩大对讲堂的宣传;开讲期间,对部分讲堂进行直播,让更多无法来到现场的大学生有机会收听、收看,拓宽育人覆盖面;开讲后,及时做好延伸传播,扩大教育效应,使讲堂产生"余音绕梁,三日不绝"的效果。例如"省身讲堂",学校会将每一期讲座进行录音,整理成文字,推出新闻网版、报纸版、广播版,同时进行全程摄像,制作成讲座视频,以影像形式再现讲座。此外,利用网络互动平台,引导学生围绕讲座主题,开展专题讨论,及时获取

学生对讲座的评价和反馈。通过不同载体回放、传播讲座,既体现了高校讲堂的开放性、时效性,又让学生有了更多的学习机会,也使讲堂得到最大程度的开发和利用,充分发挥了育人功能。

四、育人实效

(一)构筑大学生精神家园

当今世界正处于百年未有之大变局,社会价值观多元化,这在一定程度和一定范围内对大学生的信仰造成冲击。学校通过强化对各类讲堂的管理,打造规范化、多样化、品牌化的育人"金课堂",既解决了高校讲堂无计划、随意性强的问题,增强了高校讲堂的纪律性和导向性,又形成了品牌效应,增强了讲堂吸引力。各路专家学者、教授名家、知名人物、企业大咖、杰出校友等做客讲堂,与大学生面对面交流,有利于帮助大学生树立正确的世界观、人生观、价值观,引导他们树立崇高理想,构筑符合祖国需要、顺应时代要求的大学生精神家园。

(二)培养大学生学术思维

大学生通过"金课堂",与专家学者面对面对话与交流,能在第一时间与学术前沿接触,涉猎到更广泛的、综合性的前沿知识,拓宽学术视野。一方面,专家学者通过传授自己的治学科研之道,帮助学生在掌握学科知识的基础上,学会"走出来",了解与其研究相关的其他学科知识,真正做到专业化与跨学科相结合;另一方面,通过分享前沿领域的研究成果,帮助学生探索学术前沿,追求更高层次的科学研究,为未来搞好科研确立远大的奋斗目标。

(三)提高大学生综合素养

当今社会综合素养的高低已成为衡量人才质量的重要标准。如何提高大学生的综合素养成为大学教育的当务之急。要想提高大学生的综合素养,单靠课堂教育远远不够,还需要校园文化的熏陶。通过参与"金课堂",能进一步活跃学习氛围,激发大学生学习兴趣,从而提高人才的综合素质和培养质量。

(四)促进大学生成长成才

高校讲堂文化是一种文化教育力量,对学生的成长成才影响巨大。学校在着力发挥讲座管理育人功能的同时,始终以学生成长成才为出发点,发挥讲堂的文化育人作用。学生参与"金课堂",不仅丰富了大学课余生活,获取到更多更新的知识和信息,还陶冶了情操,有利于塑造高雅的情操与健全的人格,促进个人的全面发展和成长成才。

创新机制，倾力打造书院育人新高地

——丽水学院

为提升"三全育人"实效，丽水学院积极探索创新思政工作方式方法，在设立"行知书院""德涵书院""石湖书院""伯温书院"4个书院的基础上，进一步推进书院制改革，尝试建立学工主导、后勤保卫协助、教育教学协同、二级学院为主的书院教育管理模式。逐渐让学生思想政治工作重心从教学区转移到生活区，把书院打造成学生学习进步、成长成才、人格塑造、思想品德修养提高和行为规范养成的重要场所，成为学生思想政治素质提升和能力素质培养的重要阵地，为高质量开展师生思想政治教育、全面提升学院管理服务水平、助推学校内涵式发展提供坚实保障。

一、目标思路

中共中央、国务院印发的《关于进一步加强和改进大学生思想政治教育的意见》指出，要高度重视大学生生活社区、学生公寓等新型大学生组织的思想政治教育工作。书院制模式就是把大学生的日常生活纳入教育范畴，把学生的日常管理工作重点由专业学院转移到学生公寓区即书院，由书院承担学生的思想品德教育与行为养成教育等方面的任务，倡导用传统文化、真善美与爱来引导学生的日常生活，帮助他们树立远大理想，培育健全人格；培养共同的社会理想、公共责任、奉献精神、自主管理能力等，使学生在心灵、知识、行为和身体上全面发展,从而推动大学从单纯的"专业培养"向具备社会适应能力的"全人教育"转变,进一步深化"三全育人"综合改革,提升书院管理育人成效。

二、实施举措

(一)打造书院温馨家园,建设陶冶学生高尚情操的新环境

倾心打造学生的温馨家园。一是学生公寓条件配置达标,整洁舒适。学校陆续投入5000多万元用于学生公寓修缮,筹集资金600多万元为每个学生寝室安装了空调和热水设备,高水平完成学生公寓标准化建设。二是学生生活配套设施完善,周全舒心。开设便利店、快递驿站、自助售货机、洗衣房、理发店、银行网点,满足学生商业服务需求。三是学生活动用房功能齐全,便利实用。在书院建有阅览室、书吧、自修室、成长辅导室、党团活动室、文体活动室等功能用房107间,共4000多平方米。四是学生日常事务办理便捷,周到贴心。建立"丽园微后勤"等微信公众号,打造一站式服务。

(二)强化书院思想引领,筑就锤炼学生道德品行的新阵地

深入实施"金扣子"育人工程,教育引导学生扣好人生的"第一粒扣子"。一是抓教育,引领思想成长。以每月主题教育为载体,开展学生文明寝室创建、学生文明修身主题教育等活动17项。二是抓规范,促进品行养成。以文明寝室建设为契机,以学生公寓区纪实考评为抓手,培养学生健康的生活方式,促进行为规范的养成。三是抓实践,强化责任担当。以党员"1+N"服务岗、党员"4S"服务队和党员先锋寝室为组织基础,实施书院学生党员学分制考核。

(三)注重书院民主管理,拓宽促进学生自主成长的新空间

充分发挥学生自我教育、自我管理、自我服务的作用。一是建立书院学

生组织。建立书院学生自治委员会，联系学生，服务学生，代表和维护学生正当权益，协助和促进书院的教育管理工作。二是健全书院民主管理机制。组建书院院务委员会，由二级学院副书记、辅导员、后勤服务人员和学生代表组成，每月召开书院院务委员会会议，研究和部署书院工作，实施民主决策机制。三是畅通学生利益诉求渠道。学校设立校领导接待日，深入书院倾听学生的诉求，帮助解决学生的实际困难；邀请专业教师担任书院导师，定期举办师生恳谈会，倾听学生的心声，限时督办学生反映的意见和建议。

三、特色创新

(一)一院一品，营造涵育学生人文素养的新氛围

积极培育浓郁的书院文化氛围。一是"一楼一主题"，公寓廊宇楼道主题文化特色鲜明。以公寓楼大厅主题布展、主题文化楼道、阶梯主题踏步文化为载体，以项目推进为手段，实施廊宇楼道主题文化建设。二是"一室一风格"，学生寝室室内文化温馨典雅。以卫生、温馨、和谐为基本要求，引导和培育学生寝室室内文化。每学期开展评比，累计共评出星级寝室 2756 间、优良学风寝室 769 间、"最美寝室"490 间、免检寝室 871 间。三是"一院一节"，书院文化活动精彩纷呈。每个书院每年举办各具特色的书院文化节，丰富书院学生的文化生活。四是"一院一品"，书院文化特色基本形成，育人阵地发挥阵地育人作用。"伯温书院"的民族传统文化、"石湖书院"的科技创新文化、"行知书院"的陶行知教育文化和"德涵书院"的校史文化都已形成，书院已成为育人的隐性课堂。

(二)拓宽渠道，搭建指导学生全面发展的新平台

发挥教师的主导作用，构建全员、全过程、全方位的书院育人工作体系。一是全员育人。实施教师育人工作量考核制度，全校 700 多名专任教师人人参与育人工作。每位辅导员人手一份"生情地图"，随时掌握学习困难、家庭

经济困难、情感受挫、宗教信仰等特殊学生的详细情况,楼幢安全住楼辅导员全天候陪伴学生成长。实施干部教师联系寝室制度,坚持每月深入学生寝室,在思想、学习、生活等方面给予无微不至的关心、指导和帮助,形成辅导员《丽水学院生情周记摘要》220 期,170 万字,干部教师《丽水学院寓情月记摘要》20 余期,近 20 万字。二是全过程育人。实施书院"新生导航计划",开展"感知丽院""融入丽院""成长在丽院"专题教育活动,贯穿大一整个学年;实施书院"学业助航计划",实施"小先生"艺教团、尚学沙龙、"1＋1"学业帮扶等项目,提升学生学习能力;实施书院毕业生"青春起航计划",开展求职指导、离校教育和毕业服务。三是全方位育人。在书院中建立了思想、心理、就业、学业、人生等发展性指导工作机制,聘任校领导、行政人员、教授、博士等为书院导师,开展人生指导、心理辅导、职业咨询、就业指导、学业答疑、创业辅导等。依托辅导员寝室,发挥辅导员专长,建立"刘二姐的书"等 7 个辅导员特色工作室。

四、育人实效

(一)充分发挥了书院服务育人功能

着力抓好宿舍卫生管理、寝室文明建设工作及大学生的生活指导和生活教育工作,真正把思想政治工作进公寓落到实处。真正从思想上给予学生更多的关心,从学业上给予学生更多的辅导,从生活上给予学生更多的帮助。书院成立学生自律委员会、学生党支部等学生自治组织,建立和完善楼层长、寝室长制度,充分发挥学生党员、楼层长、寝室长在寝室文明建设中"自我教育、自我管理、自我服务"的作用。

(二)建立了较为完善的书院教育管理与指导服务工作体系

经过 8 年的实践与探索,学校形成了全员育人、全过程育人、全方位育人的工作机制,促进了学生综合素质的提升。2016 年,"建立育人新阵地,促进学生全面发展——书院建设的实践与探索"获学校教学成果奖二等奖。

（三）获得了各单位的一致好评

2016 年,教育部本科教学审核评估专家组对学校书院育人模式给予高度评价;《浙江日报》专题刊发了《丽水学院将寝室打造成育人"第二课堂"》。省内外已有近百所高校先后以各种形式到学校学习交流书院建设,对学校积极探索书院制学生管理模式,构建完善的学生指导与服务体系,促进学生综合素质的提升,将书院建成学生思想政治素质提升和能力素质培养的重要阵地给予了高度肯定。

学生议事会制度：大学生参与高校民主管理的试金石

——台州学院

2003 年,台州学院在全省高校中首创学生议事会制度,至今已坚持了 19 年,成功举行了 49 次。学生议事会是在学校的组织领导下,学生议事代表按照一定的议事规则、程序和要求,充分讨论、商议学校发展和学生成长成才过程中需要学校决策的各种事项,是一种学生参与高校民主管理的制度。它的特点是:师生共同参与,平等对话,当面交流,当场答复。该制度实施以来,在激发学生的民主参与意识、推进学校的民主管理、促进学校发展和学生成长等方面发挥了重要作用。

一、目标思路

学校以习近平新时代中国特色社会主义思想为指导,坚持育人导向,落实"以学生为中心"的理念,不断改进工作方法、创新工作载体,激活思想政治工作内生动力,提高思想政治工作的针对性和实效性。通过建立规范有效的学生议事会制度,培育符合现代高等教育发展的学生参与高校民主管理的新机制;借助学生议事会活动平台,激发学生主人翁意识和民主参与意识,提高学生的综合素质和实践能力;通过学生议事会这种形式,把解决学生思想问题和解决实际问题结合起来,打造有影响有特色的高校"管理育人"新模式。

二、实施举措

(一)有章可循,推进议事会工作规范化

2003 年开始,学校专题立项开展学生参与高校民主管理形式的探索研究,以大量调研论证为基础,建立学生议事会制度。2004 年 3 月,学校制定了《关于建立学生议事会制度的意见》,明确组织设置、功能架构、工作方式,形成了较为完善的运行模式。2005 年 3 月,学校成立了学生议事会常务委员会,作为常设学生议事机构。2010 年 3 月,学校制定了《台州学院学生议事会章程》,进一步规范学生议事会的组织机构和组织程序,明确议事代表的产生办法、权利和义务,实行部分议事代表常任制。2015 年 12 月,学生议事会写入《台州学院章程》,进一步推进了学生议事会的规范化、制度化建设。

(二)有事必议,有效反映学生利益诉求

学生议事会通过 2 种途径征集学生意见和建议:一是现场征集,通过现场和网络方式收集"民意",分类归纳,提炼"焦点";二是委派征集,指派有关思政人员和学生干部深入学生一线,通过访谈、座谈等形式,征集学生关注的热点、难点和疑点问题。议题确定后,向全校学生公布,同时预告议事会的时间、地点。学生代表根据议题撰写各自的议案,提交议事会讨论。

(三)有议必答,充分保证学生民主权利

学生议事会参加代表主要以学生为主,一般为 60 人左右。根据议题涉及范围,邀请有关校领导和职能部门负责人参加。议事会一般有 3 个议程:首先是前期议事结果通报,其次是学生代表自由发言"议事",最后是学校相关部门"答事"。学生议事形式活泼,可以口头发言,坦诚交流,求得共识,也可以递交书面议案阐述观点和意见。学校相关部门"有议必答""有疑必答",简单的问题当场答复,复杂的问题,以"谁主管谁负责"的原则进行现场沟通,事后

协调办理。截至 2020 年底,累计学生各类议案 1000 多件,答复率为 100%,90% 以上议案得到有效落实。

(四)有效处置,及时反馈议案落实情况

召开学生议事会,关键在于解决实际问题。对于学生代表在议事会上提出的意见和建议,特别是大家反映比较集中的问题,整理成议案,统一编号,集中处理。先由常务委员会将议案提交校主管领导签署意见,然后交由关职能部门落实,对于涉及多个部门的问题,由校主管领导牵头协调。在落实过程中,校领导和常务委员会关注工作进展,监督落实。处理结果在规定时间内,以书面形式及时反馈给学生代表,并以通告等形式传达给全校学生,最后由学生代表在议案上签署反馈意见。如果学生代表对处理结果不满意的,则由主管领导责成经办部门重新办理。

三、特色创新

(一)机制创新:推行协商民主

学生议事会是一种架构于现代大学民主管理框架下的议事组织和民主协商平台,是学生有序参与高校民主管理的新机制,具有较为深层的民主意蕴和较为积极的现代价值,发挥了学生的主体意识,扩大了学生的公共参与,提升了学生的公民意识,推进了高校治理的民主决策,丰富了协商民主的实践内涵。学生在学校的学习和生活过程中,不可避免地会遇到各种矛盾,形成各种问题,而这些矛盾和问题需要通过一种恰当的途径来解决。学生议事会帮助学生解决了实际困难,排除了思想忧虑,缓解了思想政治工作的压力,不仅充分调动了广大学生参与议事的积极性,同时也成为思想政治教育的新平台。

(二)理念创新:构筑对话平台

学校坚持学生为本,引入对话理念,通过师生共同参与,平等对话,当面

交流,当场答复,达到倾听学生呼声、维护学生利益、化解内部矛盾、解决实际问题、促进学校民主管理的目的。在学生议事会上,学生与学校领导面对面地集中交流和平等对话的方式,一方面架起了学校与学生之间心灵沟通的"心桥",拉近了师生之间的距离;另一方面对于学校广泛吸收学生的合理化建议,推动学校的改革、建设和发展起到了较好的促进作用。

(三)文化创新:融入和合元素

学生议事会在 10 多年的实践中,充分融入了"和合文化"的理念,达到了"和合统一"的目标。在这个民主协商的治理愿景中,议事双方的话语表达,甚至思想交锋,都在规范、有序、可控的"气和"中追求"和而不同",并最终达到"求同存异"的显性目标,这恰恰是"和合"的思想魅力。通过学生议事会而形成的各项重大决策,能最大限度地代表广大学生的根本利益,学生的人格尊严和自主意志得到了应有的承认和尊重,有利于实现学生对公正感的需求,形成学生认同学校管理的心理基础,并以实际行动支持学校的工作。

(四)品牌创新:注重研究推广

为进一步发挥学生议事会校园文化品牌的作用,学校组织课题组对学生议事会制度进行了深入的研究。一方面,进行规范完善,对取得的经验进行总结推广,建立并完善了"学校—学院—班级"三级议事机制;另一方面,积极申报各级各类多项研究课题,发表多篇相关研究论文,进一步推动制度文化建设的创新和发展,使学生议事会制度具有更强大的生命力和远大的发展前途。

四、育人实效

学生议事会制度实行 19 年来一直坚持并不断完善,取得了一定的效果,在搭建学校与学生平等交流的平台、发挥学生主人翁意识和学生参与学校民主管理等方面发挥了积极的作用,已成为学校学生思想政治工作的新载体,学生参与学校民主管理的新机制,促进学校民主管理的新途径。

学生议事会制度的探索和实践,得到了上级领导的高度肯定和各级媒体的普遍关注,在全省高校有关党建、思想政治工作会议上被推广交流,在校内外具有一定的知名度和影响力。2005 年 9 月 26 日,时任浙江省委教育工委副书记蒋胜祥到校调研大学生思想政治工作,充分肯定了学生议事会制度,指出"这一创新举措,富有特色和成效"。2005 年 11 月 25 日,时任浙江省委副书记夏宝龙来学校调研,充分肯定了学校的学生议事会制度,认为"这一制度搭建了民主沟通的平台,真正维护了学生的权益"。

同时,《人民日报》《光明日报》《浙江日报》《浙江教育报》《台州日报》,以及浙江电视台、中国教育新闻网等相关报纸、电视台和网站都进行了专题报道。学生议事会制度彰显成效,意义深远,荣获 2005 年度浙江省高校学生工作创新奖;2008 年在"台州改革开放 30 年风云大事"评选中被推选为台州市十大创新举措的候选事件;2010 年被评为台州学院"师生最满意十件事"之一;2011 年被评为台州学院首届校园文化品牌;2012 年被评为浙江省高校校园文化品牌。

育人为本，寓德于技

——浙江警察学院

近年来，浙江警察学院全面贯彻党的教育方针，坚持立德树人的根本任务，以提升实验室育人功能为导向，积极构建实验室"人才培养体系"、"德智体美全面培养的教育体系"和"三全育人"体制机制，进一步提升大学生的思想道德素质、创新精神和实践能力，将"育人为本、寓德于技"落实到实验室建设与管理中，推动实验室管理内涵式发展。

一、目标思路

"思维意识→基础理论→实践训练→专业应用"是理论与实践融合的有机环节，蕴含着宝贵而丰富的育人资源。实验室是公安院校人才培养体系的重要组成部分，不应只是一套套冷冰冰的机器设备，应该既是学生专业验证与探究的空间，又是高校教师开展全方位育人的途径。浙江警察学院始终贯穿思想政治工作体系的人才培养体系建设观，提高实验室在新时代背景下的规划、建设、管理和发展水平，构建完善新时代实验室思想政治教育功能的创新机制，从发展人和匹配人的双重视角激活实验室思想政治工作内生动力，加强价值引领与知识传授、能力提升同步推进，写好高等教育"奋进之笔"。

二、实施举措

(一)强化实验室建设与学科紧密融合,构建贯穿人才培养全过程的实验室思想政治教育体系

一是坚持实验室建设注重与公安学科建设紧密结合,聚焦教育教学过程中的难点问题与核心问题,以创新教育教学理念,变革教育教学方式,优化教育服务模式,从而推进学生核心素养与关键能力的培养,培养学生树立实践创新与责任担当意识。二是实验实训的教学目标、内容、评价等各个环节始终坚持以人才培养为导向,构建贯穿人才培养全过程的实验室思想政治教育体系,取向上要更加关注学生能力培养,重视学生的核心素养与关键能力。三是完善学科建设中"实验思政"教学设计,引导每一位专业教师科学设计"实验思政"教学设计表,梳理、探究具体的教学方法及举措,更深入、更广泛地挖掘实验课程内容中的思政元素,挖掘、提炼各门专业课程与实验实训环节所蕴含的德育元素和教育内容,自觉地推进思政育人与实验教学有机融合。

(二)打造"实验＋思政"育人共同体,挖掘实验室蕴含的思政元素和功能,优化高校思想政治教育内容供给

一是深入挖掘"实验＋思政"课程和实验室中蕴含的政治教育资源,构建融专业能力、科学研究精神和创新能力培养为一体的教学模式,充分发挥实验室深厚的学术积淀和丰裕的学养环境的育人功能,强化育人意识和思想引领。二是从育人理念、体系、形态着手,挖掘实验室蕴涵的思想政治教育元素和所承载的功能,通过"一对一""面对面"的指导,使学生与教师更直接地沟通,聚焦问题和需求,引导学生在实验实训学习、理解、发现和创造的过程中,通过认知与情感、实践与意识、智力与非智力因素的多重互构,把价值观培育和塑造融入所有实验室。三是通过实验室诠释匠心匠行,将思政元素融入实验教学,给学生以人生启迪、智慧光芒、精神力量,使思想政治教育像阳光和空气一样充满每一间实验室,使实验室蕴含浓浓"思政味"。

（三）完善实验室管理制度和运行机制，优化实验室资源整合与共享，拓展全过程育人链条，构建多媒介支撑的协同育人平台

一是加强公安专业实验室、虚拟仿真实验室、创业实验室和训练中心建设，构建多媒介支撑的协同育人平台，探索实验教学线上与线下融合、虚拟与实际结合、开放与特色并重的多样化、跨专业实验教学平台，为培养和提高学生实践能力和创新能力提供强有力的支撑。二是推进现代信息技术与实验教学管理深度融合，全面提升实验室数字化转型基础支撑能力，实现教学场景、教学人员、知识体系和技术环节等多维度互联、多网数据融合，延伸实验教学时间和空间，让学生充分参与实验实训活动。三是以学生成长成才需要为出发点，配置思政要素和教育资源，加强实验室的科学管理，将实验室资源转化为课程思政资源，并且向多元的互动模式发展，将专业教育与通识教育融为一体，促进实验教学、理论教学的延伸和扩展，使过去的单向学习变为多向学习、被动学习变为主动学习、整块式学习变为随时随地随堂学习，使学生真正融入教学。

（四）加强实验室环境和文化建设，培育多元实验室文化，以特色鲜明的实验文化涵育学生核心素质

一是以特色鲜明的公安学科文化实现专业育人。发挥实验室空间中各种文化要素的育人功能，唤起学生在情感和精神上对公安专业学习的归属感，潜移默化地塑造着学生的品格、陶冶学生的性情，使学生在不知不觉中趋向专业所倡导的人才培养目标和价值追求。二是以严格规范的制度文化实现管理育人。围绕公安人才培养、教学管理、岗位责任、行为规范、安全防范等建立一套科学、健全的实验教学管理制度，通过严格有序、生动活泼的实验制度文化，激发培育学生形成积极进取的工作态度和团队精神。三是以整洁干净的环境文化实现环境育人。通过提升实验软硬件和环境建设，以宽敞明亮、整洁干净的环境文化涵育学生核心素质，通过专业特有的文化内涵和时代特色，对实验室建筑、环境、场地和仪器设备按照专业教育目标进行文化设计，让一路一楼承载学科文化、一器一皿诉说专业思维精神、一刻一度展现求真精神，在潜移默化中构建塑造良好认知和行为。四是以求真务实的学术文化实现导向育人。营造积极向上的学术文化氛围,让仪器设备"会说话"、规章制度"有感情"、实验管理"有温度",以严谨的科学态度、高尚的道德规范、价值取向和精神追求,培育学生开拓创新的优秀品质,并内化为个人内在特质和素养。

(五)提高实验专业技术队伍的思想政治教育水平,发挥高水平实验平台的资源优势,以良好的师德师风引领学生全面发展

一是坚持立足岗位提升与专项培训相结合,强化立德树人根本任务和人才培养第一使命,不断提高实验技术队伍的职业情怀、专业素养、管理水平和创新能力,主动担当思想政治教育、科学研究与专业实践的指导责任,把思想价值引领贯穿教育教学全过程和各环节。二是加大对实验技术队伍培养的投入力度,营造尊重技术人才的文化氛围,提升实验技术岗位的吸引力,使更多高学历、高层次的人才愿意充实到实验技术队伍中来,踏实于本职工作,把工作的重心和目标落在实验教学、科研和育人成效上。

三、特色创新

(一)创新思想政治教育理念和方式

实验室育人实践与探索为思想政治教育方法和模式的创新带来了新的思维方式。实验室实践教育与学科教学的深度融合,实现了教育理念创新、载体拓展、形式丰富和空间延伸,开拓了全面育人模式下的思想政治教育新方式,同时推动了马克思主义理论、师德师风、社会主义核心价值观等领域的实践教学,不断提升"三全育人"实效。

(二)提升思想政治教育的有效性和精准性

传统的思想政治教育以"灌输"理论内容为主,已经不适用于新时代教学。实验室育人能够充分发挥实验教学在实践、互动等方面的功能,使高校思想政治教育摆脱了传统的"填鸭式"教育方式,转向基于客观实践的科学方式,能够有效提升思想政治教育的有效性和精准性,有助于取得最佳的教学效果。

(三)更加全面、合理地引导学生的实践行为

充分发挥实验室育人功能,营造全面育人场景,助推思想政治教育向可视化、实证性和精准化的方向发展,也拓展了大学生的思想政治教学实践形式,实现教育过程由单向式传输转为主客体双方的有机结合,形成良好的互动教学氛围,使思想政治教育更具吸引力和渗透性,有助于增强思想政治教育的实效性。

四、育人实效

(一)实现了实验室思政理论与实践的有效结合,进一步完善了思政学科教学模式

实践是重要的教学体现,是实验教学的基本内容,而理论是实验开展的核心,是对理论知识的补充和升华。发挥实验室思想政治教育功能将"知识、能力、素质"的人才培养三要素有效落实于实验实训教学体系,强化学生对基础知识和基本理论的掌握,学生的理论学习与实验训练得以结合,科学研究与实际运用得以结合,真正实现学习的"有趣"、知识的"有用",使得学生在互补的思维状态下,不断地利用理论深入思考实验,不断地利用实验拓展理论思考,有效地提升学生创新意识、创新思维、创新技能和创新品格,培养学生具备严谨的科研思维能力、熟练的实践动手能力和发散思维的创新发展能力,是高校实验室育人的目标指向。

(二)强化了实验室思政在立德树人中的特殊功能,进一步丰富了实践育人特色载体

高校实验室深化育人功能是对立德树人特点和规律认识的进一步深化,在理念上体现了人才培养更加强调全面发展、终身学习与整合协同育人,体

现了立德树人的内在要求,顺应了人才培养的发展趋势,契合了思政工作的发展规律。实验室思政将立德树人作为根本任务,强化育人意识和责任担当,挖掘实验实训课程中蕴含的思政元素,构筑多维并进、互补互动、综合融通的思想引领和价值塑造,培育学生坚定执着、一丝不苟、追求完美的精神状态和行为习惯,实现实验实训教学育人功能同向同行,落实高校立德树人的根本目标,进而构建全领域、长时段、持续性的育人机制,起到"春风化雨,润物无声"的最佳效果。

(三)提升了实验室拓宽思想政治教育渠道的作用,进一步拓展了"三全育人"的途径

深刻认识和推进高校实验室育人,既是深入学习贯彻全国教育大会精神的客观需要,又是着力构建一体化育人体系,打通育人"最后一公里"的理性自觉。实验室要紧扣青年学生的思想和成长需求,努力打造全功能、多样化的"三全育人"新平台,不断创新育人工作体系和机制,通过实验实训平台一系列契合新时代特点并符合青年学生需求的实验实训育人项目和实践活动,针对学生的思想观念在实验实训内容、实验实训理念、实验实训文化熏陶等方面形成整体协同教育机制,实现实验室育人工作的思想性、科学性和全面性的有机结合,使之成为高校学生思想政治教育工作的"增长点",助力思想政治教育和人才培养。

嘟妈工作室：打通新生入学适应的"最后一公里"
——宁波诺丁汉大学

　　大一新生适应问题历来是国内外高校学者研究的重要课题,在高等教育大众化的今天,此课题的重要性日益凸显。立足国内高校,基于从中学教育过渡到大学教育,以及从应试教育转换到素质教育的现实迫切要求,新生需要在大一期间顺利完成从中学生到大学生的角色转换。而能否完成这样的角色转换直接影响和决定着整个大学生活。由此可见新生适应问题研究着实重要。

　　对于拥有独立法人资格和独立校园的中外合作大学的新生来说,面临的考验更加严峻。除了完成国内传统高校新生必须完成的角色转换外,还需要面对全英文的教学方式、全西式的管理模式、全方位的国际融合、全开放的价值理念等。学生在从12年的中式教育模式中脱离出来,在"心理断乳期"独自面对以上挑战时,必然伴随着阵痛。

　　宁波诺丁汉大学通过组建中外合作大学新生成长适应工作室——嘟妈工作室,旨在发现和解决目前中外合作大学新生在大一"适应年"里存在的问题,促进中外合作大学新生顺利完成角色转换,从根本上解决中外合作大学新生适应与融入问题。

一、目标思路

(一)紧紧围绕一个核心

嘟妈工作室立足中外合作大学新生的实际情况,通过各种有效的、系统化的、可操作性强的工作方式,具体围绕新生入学前适应、新生适应体验、新生适应机会、新生适应文化和新生适应延续几个板块从根本上提升中外合作大学新生适应的整体情况,为其大学生活打下扎实的基础。

嘟妈工作室建成线上线下 2 个平台。线上建设工作室"微信公众平台",将现有比较成熟且具备一定影响力的微信公众号"嘟妈的本五团"改名及包装升级,成为工作室的专用公众号。对于微信公众号的运行和维护,创建了嘟妈工作室成员文章发表专栏,开设大学生感悟体验发表专栏,邀请热心家长撰写文章,并且多方面、多维度、多角度地分享转载贴合新生适应成长主题的文章,切实丰富线上平台,增加用户黏性,形成线上平台的不可替代性。

线下根据嘟妈工作室成员的特长和兴趣,开设不同类型的导师讲堂、沙龙、团辅等,从学习、生活、社团、情感、人际等多方面找寻新生真正关心的问题。通过小型讲座和经验分享会的形式,从点到线再到面实现大一"适应年"里辅导员引导的辐射作用。

(二)构建三级督导体系

从嘟妈工作室人员构成来看,已形成"专家督导—朋辈辅导—成员自导"的三级督导体系。嘟妈工作室特邀宁波诺丁汉大学党委副书记董红波博士为专家督导,以期通过定期的工作坊形式,审视工作室发展方向、建设重点和成员的工作方式。另外,嘟妈工作室邀请国内 2 所重点大学(山东大学和中国矿业大学)的工作室主持人作为朋辈导师,以期借鉴其丰富的工作室运行经验,帮助探寻提升辅导员素质能力的路径和大学生成长发展的规律。最后,嘟妈工作室成员会定期开展批评和自我批评,审视工作,取长补短,着力推进工作室的专业化发展。

（三）铺开四级辐射模式

嘟妈工作室立足宁波诺丁汉大学，放眼兄弟院校，促成"工作室—新生群体—中外合作大学新生群体—国内传统高校新生群体"四级辐射模式。从工作室实际出发，着力探索宁波诺丁汉大学新生适应问题，在此基础上，梳理出适用于同为中外合作办学性质的高校新生适应群体性问题。同时，在坚持培养家国情怀的国际化人才目标上，致力于影响更多中国大学生努力成为国际化人才，走向更高更远的平台。

二、实施举措

（一）例会常态化

每周四上午 10 点到 11 点半组织例会，严格执行例会制度和奖惩机制。有事说事，没事组织学习，从思想上形成工作室氛围的紧迫感，从根源上消除懒散、挂名等消极现象。

（二）案例文字化

成员每人两周一篇工作案例。在规范格式的情况下，鼓励嘟妈工作室成员将跟进过的学生案例形成可阅读、可分享、可借鉴的工作文案，将工作经验凝练成具有启发和学术探讨价值的工作成果，目前已累计存档 80 余篇学生工作案例。

（三）推文定期化

保证每个工作周 1—2 篇公众号推文。围绕"新生适应"主题，从学术、社团、人际、生活、心理、亲子关系等方面，用通俗有趣、学生接受度高的语言进行引导，充分履行工作室的育人功能，强化辅导员教育引导的实效性。截至目前,已推送 70 余篇公众号文章,点击总量超过 10 万人次。

(四)沙龙辅助化

根据新生适应主题,定期拟定沙龙,由嘟妈工作室团队成员轮流策划组织,基本保证每个工作月一次沙龙。每次沙龙团辅人数在 20—40 人,内容涵盖生活、社团、社交、自我探索等。形式多样、主题丰富、由点及面覆盖的沙龙团辅帮助新生群体更好地适应大学生活。

(五)研究专业化

积极投稿论文,开展市级校级课题研究,为省级课题做准备。嘟妈工作室定期组织自发学习,探讨如何开展辅导员科研工作,并邀请专家评审参与校级课题开题,迈出专业研究重要一步。

(六)辐射阵地化

线上线下活动相互补位,形成合力。在充分借助网络新媒体力量的情况下,不丢弃传统思政工作阵地,相互补位,充分扩大嘟妈工作室的覆盖面。

(七)分工明确化

成员分工职责明确,落实到人。线上线下各平台板块分工明确,责任到人,权利到人,充分调动成员的积极性,给予巨大的工作开展空间。

(八)视野国际化

为更好地服务国际新生,嘟妈工作室自发形成语言学习互帮小组。利用每天下班后 5—6 点之间的一个小时学习英语,通过微信群内打卡的形式相互监督,以点滴促积累,以习惯促氛围,从而提升成员运用工具性语言的能力,为打造中外合作大学国际化的辅导员工作室而努力。

三、特色创新

(一)深受学生好评

嘟妈工作室紧扣"新生成长适应"主题,通过微信公众号推文、预约咨询等线上形式和团辅、沙龙、面谈等线下形式切实为迷茫而焦虑的新生解决适应性问题。通过推文的点击量、评论、后台反馈和沙龙团辅的现场评价可看出,嘟妈工作室在新生群体中已产生相当大的影响力。

(二)开创了家校合作新方式

通过线上平台推文传递和线下家长见面会形式,嘟妈工作室已初步实现从"让新生家长认识工作室"到"邀请新生家长共建工作室"的飞跃。在打通新生入学适应"最后一公里"的同时,也为家校合作奠定了良好的基础,从而延伸出"家长课堂""家长开放日""家长说"等别开生面而又独树一帜的家校合作新方式。

(三)受到上级、同行的高度评价

嘟妈工作室成立以来,切实为迷茫而焦虑的新生解决了不少适应性问题,为辅导员工作室发展树立了良好的样板作用。在校级层面,校党委领导多次表扬嘟妈工作室为辅导员专业化发展树立了典型;在市级层面,在"宁波市首批辅导员工作室交流"和"宁波市首批辅导员工作室中期检查"中,市教育局宣教处和市辅导员研修基地领导对嘟妈工作室的发展给予高度肯定。

(四)产生良好的社会影响

在新媒体时代,把握舆论阵地、彰显社会影响力显得尤为重要。嘟妈工作室官方微信公众平台"嘟妈的本五团"几乎每周上榜"全国高校辅导员微信公众号排行榜"前 30 名。

《东南商报》新媒体中心称"这是一个温馨有爱的平台",南方周末记者采访工作室负责人后评价"嘟妈的本五团(工作室的线上平台)真正实现了辅导员品牌化,真正实现了潜移默化的教育作用"。

(五)工作室阶段性成果丰富

目前,嘟妈工作室已形成高质量学生工作案例文案 80 余篇、优质推文 70 余篇、市级已结题课题 1 项、校级在研课题 5 项,以及学术论文 8 篇(其中 1 篇为核心)。

为将工作室成果物化,目前已出版一本专著《嘟妈说》,团队在编《中外合作高校新生适应 80 例》案例集。

初步构建"中外合作大学新生适应指数",为问诊中外合作大学新生适应问题创造了标准和典范,为下一步推广打下了坚实的基础。

四、育人实效

成立以来,嘟妈工作室作为宁波诺丁汉大学首个以新生成长适应为主题的工作室和宁波市首批辅导员工作室,得到了市级领导的关注指导和校党委的各种支持,工作室在人员、场地、经费等方面充足的情况下,走上了稳步发展的道路。

(一)团队成员所获荣誉丰富

嘟妈工作室在部门和学校示范效应初显,工作室负责人也成功入围宁波市首批骨干辅导员领航计划。工作室成员所获省市级奖项颇丰:工作室负责人荣获 2018 年度"宁波市优秀思政工作者"称号、宁波市微党课大赛优胜奖、2019 年度和 2020 年度"宁波市优秀辅导员"称号;工作室成员杨真荣获 2018 年度和 2020 年度"宁波市优秀班主任"称号、宁波市学生工作案例大赛二等奖、第二届浙江省高校辅导员优秀网文大赛一等奖;工作室成员边璐佳获第二届浙江省高校辅导员优秀网文大赛三等奖;工作室成员王安婷荣获 2018 年度和 2019 年度"宁波市优秀班主任"称号；工作室成员张羽荣获 2019 年度"宁波市优秀班主任"称号。此外，工作室撰写的案例获宁波市高校 2019 年思政创新案例工作三等奖。

（二）跨校、跨省、跨办学性质组建的工作室团队产生良好的辐射效应

嘟妈工作室创新尝试"跨校、跨省、跨办学性质"组建辅导员工作室，邀请了全国高校辅导员年度人物、"全国最美辅导员"、全国思政骨干——山东大学范蕊老师和全国高校辅导员年度人物提名奖——中国矿业大学王梦倩老师作为工作室的朋辈导师。通过朋辈导师的指点、宣传、推介，工作室成员育人水平不断提高，工作室在兄弟院校及国内其他高校中产生了一定的影响力。

创新学生工作路径，助推学生全面发展

——宁波财经学院

为进一步加强学生教育管理工作，充分发挥学生在管理育人中的主动性和积极性，全面提升"三全育人"实效，宁波财经学院认真贯彻落实立德树人根本任务，积极探索学生教育管理的有效路径，持续推进"参与型"学生教育管理模式，突出强化学生管理的服务意识，尊重学生的主体性，注重学生在事关个人成长成才过程中的全面参与，通过鼓励、服务和激励学生参与，把选择的机会交给学生自己，给学生提供自学的机会、表达的机会、创作的机会，最大限度地发挥学生的积极主动性与创造性，最终实现学生自我全面发展。

一、目标思路

建校以来，宁波财经学院始终坚持"知行合一，随才成就"的教育理念，注重顶层设计，加强系统谋划，着力实施"参与型"学生教育管理模式，通过搭建参与教学过程、参与校园管理等平台，鼓励学生参与，服务学生参与，激励学生参与，给学生提供"选择的权利、实践的机会、展现的舞台"，让学生在参与中"学会学习，学会做事，学会做人"，最终实现全体学生的全面发展。

二、实施举措

（一）加强顶层设计，构建协同高效的运行与保障机制

学校高度重视各部门协同配合和各类育人资源的有效整合，建立了基于"参与型"的学生教育、管理、服务联动机制，逐步形成校党委主要领导亲自抓，学工、教务、团委、保卫和后勤等多部门参与的工作格局。持续完善激励机制，将实践参与型学生教育管理模式的成效作为学生工作的重要考核指标，大力推行"学生工作创新奖"评选制度，设立专项工作经费，对重点实践项目给予大力支持；同时通过授权激励、荣誉激励、学分激励和成就激励等，提高学生参与的积极性。进一步健全监督与约束机制，学生工作主管部门通过定期或不定期的走访学院、查看材料、听取汇报、进行学生调研等及时了解各学院"参与型"学生教育管理模式的实施情况并提出有关建议和意见；完善各类信息公开制度，制定实施校领导接待日制度，在关乎学生切身利益的评优推优、奖助学金发放等重点环节做到透明公示、渠道畅通、反馈及时，鼓励学生参与到推进学校民主管理的进程中来。

（二）倡导学生参与教学过程，助推学校教学质量持续改进

学校大力提倡教学互动，设立学生信息员定期反馈制度，通过招聘学生信息员定期了解学生对教师教学的意见和建议，充分发挥学生在教学质量监控、教学质量评价等教学质量管理系统中的主体作用，不断强化学生自我管理、自我服务意识，促使学生以更自觉的心态投身大学学习，为学校提升教学质量提供重要参考依据；教务部门和学生教育管理部门密切合作，进行"教学—学工"融合式人才培养工作实践探索，重点开展以学生军训教导队为主要载体的军事理论与训练课教学改革，让学生成为教学活动的任务承担者、实现者，成为课堂的真正主体。

(三)支持学生参与校园管理,切实提升治校理政的科学化、民主化水平

学校将"以学生为本"的理念体现在办学治校的各个环节,鼓励和引导学生关注学校管理、参与校园管理,并为此创设了一系列平台:通过支持学生开设校园论坛、进行师生微博交流、实施校领导接待日制度等,拓展学生信息反馈平台,完善学生诉求表达渠道,确保学生对学校各项工作的意见能够得到及时、顺畅的表达和回复;注重发挥学生在重大制度决策过程中的作用,学校在制定学生管理教育、教学改革和校园文化建设等事关学生切身利益的工作制度时高度重视调查研究,通过各类访谈、问卷调查等方式,鼓励学生积极为学校建言献策;加强学生军训教导队、学生助理团、学生公寓楼层长队伍建设,支持他们在有关部门的指导下直接承担学校的相关管理工作。

三、特色创新

(一)坚持"以学生为本"的育人理念,促进学生在参与中全面发展

自 2008 年开始探索"参与型"学生教育管理模式起,学校始终秉承"以生为本"的教育理念,倡导"把舞台让给学生,把展示的机会让给学生",各级学生工作人员积极扮演"导演"和"教练员"的角色,在教学过程、校园管理等方面着力推进该学生教育管理模式的实施,搭建了丰富多彩、体现特色的项目和载体,随着"参与型"学生教育管理模式的不断深化,"参与"正成为一种理念逐渐渗透到广大学生的成长需求中,成为宁波财经学院在新形势下践行全员育人、全过程育人和全方位育人要求的重要有效途径。

(二)创建学生军训教导队,军训育人功能得到深挖和拓展

自 2009 年起,学校在全省率先推出学生军训教导队这一全新的国防教育和军训工作模式,建立了以武装部和学生处为主体的军训教导队管理和培养机制。学校从大二、大三学生中选拔 150—200 名骨干作为教导队的培养对

象,在学校武装部、宁波武警中队和宁波海警学院等的专业教员们的帮助下,利用日常课余时间和假期进行常态化训练,开展一月一次技能比武,一学期一次阶段考核,采取末位淘汰制激发队员训练激情,助力队员实现由普通学生向合格教员的转变。大学生军训教导队兼具军事训练、国防教育、安全保卫、义务消防、信息收集等职能,先后获得宁波市优秀大学生集体、宁波市抗洪救灾先进集体等荣誉称号,被宁波市鄞州区武装部列为民兵序列,成为鄞州区唯一的基层武装部示范点,并作为典型案例在省征兵工作会议和全国民办高校学生工作创新研讨会上受到与会者的一致好评和高度肯定。学生军训教导队的创新做法先后被《中国国防报》、《人民前线报》、浙江省军区政治工作网、《宁波日报》等多家国家、省市媒体连续深度报道,社会影响不断扩大。

(三)组建学生助理团,全面提升学生管理能力

学校面向全校学生按照"靠得住、能力强、作风正、学业优"的总体要求选拔出一批骨干,以助理身份参与各类管理和服务工作。学生助理团下设事务助理团、专项助理团和辅导员助理团。学生助理由学生处和所在单位共同培养和管理,学生处负责总体培训和工作协调,所在单位负责日常管理和具体业务指导。各类学生助理必须参加由学校组织的培训和相关活动,加强自身政治理论修养,学习相关业务知识,锻炼工作能力。辅导员助理作为辅导员与学生之间的重要纽带,在协助各专任辅导员做好班级的教育管理和服务工作中发挥了显著作用,并受到师生的一致好评。

四、育人实效

(一)学生主动参与的内生动力得到有效激发,主动发展的热情日渐高涨

学生工作的本质是为学生的健康成长与全面发展创造条件,为学生自我教育、自我管理提供良好的外部环境。学校主动适应新时代、新要求,根据学生群体不同阶段的不同特点和需求,大力推行和实践"参与型"学生教育管理模式,在全校师生中形成了良好的带动效应,广大学生对参与理念给予了充分的认同并体现出了高度的参与热情。

(二)丰富了学校育人平台,师生素养得到显著提升

通过参与平台的不断完善,形成了军训教导队、教学信息员、学生助理团等众多的育人项目,实现了对全体在校学生的全覆盖。从各类参与平台中涌现出一大批在管理服务、文体艺术等方面取得优异成绩的团队和个人,有效促进了学生素养的整体提升。同时,教师在模式推进中扮演"导演"和"教练员"的角色,也有力推动了自身能力和水平的提升。

(三)各方协同联动,学校"三全育人"格局日渐形成

"参与型"学生教育管理模式实施以来,校院两级及各行政职能部门纷纷招收学生助理,拓宽参与渠道,为学生参与学校管理和服务提供项目支持。越来越多的教师、管理人员和后勤服务人员主动参与到学生的课外指导中来,"参与"成为学校在新形势下践行全员育人、全过程育人和全方位育人要求的重要有效途径。

导师工作室：以教育之道赋能学生多元成长

——浙江外国语学院

　　浙江外国语学院东方语言文化学院党总支积极推行"三全育人"综合改革，根据学生成长的多元化需求，通过在校内无偿征募导师、院内学生自主报名并随机结对的方式，成立了导师工作室，积极服务学生人生引领、成长成才。

　　导师工作室致力于通过导师与学生结对、定期交流从而形成相互信赖认可的紧密型师生关系，为学生提供思想引领、答疑解惑，满足学生多样化和个性化发展，为人才培养质量提升赋能助力。导师工作室目前有 29 名导师，均为无偿提供指导工作。导师均有教学及学生工作相关经验，由校领导、擅长语言教学、国际问题研究等的学校柔性人才、专家，学校职能部门负责人和学院教职工等构成。29 名导师共指导 51 名一年级学生，通过见面、共进午餐、共同参加校园活动、微信等多种方式进行互动、联系。

一、目标思路

（一）目标

　　通过导师工作室的建立，凝聚一批有热心、爱心、责任心，有高度责任感、事业型的导师，关注大学生个性化成长需求，注重学生科学精神和人文素养培养，积极参与学生成长成才答疑解惑，引领帮扶，促成师生关系更紧密的联系交流,最终促成学生多元化成长成才,提升人才培养成效。

(二)理念

在"一棵树摇动另一棵树"的倡导下,鼓励师生以"一对一"或"一对二"的形式建立紧密师生关系,深度投入育人工作。

以"爱心、热心、责任心"的教育之道吸引、激励导师无偿开展指导工作,带动校内专家、教职工积极奉献,投身育人工作良好氛围。

以包容、多元的态度贯穿工作全程,在导师选聘上吸纳热心于育人工作且来自不同岗位的教职工。在结对指导中,导师关注、接纳、支持学生的个性化成长需求,从不同维度提供建议。

(三)推进思路

导师工作室按照"结对联系—成效反馈—推广持续"的模式持续循环推进。在结对联系中,强调导师、学生的积极性、主动性。在导师招募中,面向校内专家、职能部门、所在学院公开招募。在学生招募中,鼓励一年级学生自主报名。结对后,导师、学生自主多样开展联系工作,联系内容与学生成长需求、困惑相关,涵盖学业规划、职业规划、人生规划多方面,不做具体限制。在成效反馈中,学院党总支通过访谈跟踪、问卷调查、数据比较等方式关注导师、学生的交流感受,以科学研究、观察的方法,对联系工作进行观察、分析、提升。

二、实施举措

(一)具体举措及探索

1.导师招募面向校内职能部门,学院无偿招募,吸引热爱学生工作的教职工自主参与

学院党总支无偿征募来自校内不同岗位,关心关注大学生成长发展,工

作之余尚有余力的同人加入导师库,使其成为东语学子的成长导师,从不同的维度启发、引领学生成长成才,为学校的人才培养贡献力量。校领导、多名专家及职能部门主要负责人、学院教职工积极响应,组成导师团队。导师团队对学生指导工作认识统一,参与积极性强。

2.联系指导要求基于学生需求,创新形式,注重实效,不做具体限制

导师联系工作强调主动性、自发性,鼓励导师根据学生需求和实际情况个性化开展联系工作,鼓励学生主动联系导师,不做具体次数、具体内容要求。在实际指导工作中,随着师生社交关系的建立,师生联络工作压力减小,导师工作室逐渐成为校园积极社交的有效组成部分。

3.启动仪式上学生赠送聘书和水晶牌,以坦诚、感恩、荣耀缔结师生关系

在导师工作室启动仪式中,学生通过录像表达对大学生活的期待、感受、困惑,结对学生为各自导师赠送聘书、水晶纪念牌,以坦诚、感恩、荣耀缔结师生关系。

4.吸纳反馈,做好导师结对联系跟踪反馈工作

导师工作室启动后,学院党总支通过专人负责,通过与学生的交流,定期对导师工作室联系情况进行记录、整理,并启动数据搭建,加强对导师工作室的跟踪反馈。

(二)保障机制

1.以党建引领、专家指导,做好管理理念的统一

导师工作室成立前后,学院党总支、专家团队通过学院工作会议、启动仪式等,就导师工作室成立初衷、理念等进行充分讨论、交流,导师对指导学生工作认识高度统一。运行期间,学院党总支充分发挥党建引领、专家指导的作用,积极倡导、推广导师工作室中的奉献理念。

2.以科学研究、跟踪反馈,做好运行跟踪和服务保障

学院党总支成立导师工作室跟踪和服务保障团队,在专家指导下,通过科学研究方式,做好项目的跟踪维护、成效比较和保障工作。

三、特色创新

(一)专家引领示范,"奉献"凝聚队伍

导师工作室成立的初心,是导师对学生成长成才的热心、爱心、责任心,需要导师对指导工作有正确、积极的认识,以高度的责任心、事业心来对待。这个过程最重要、最根本的是导师最纯粹的育人之心、教育之道。导师工作室实行无偿制,"无偿"虽然没有业绩点、补贴,但是要求参与的导师更具纯粹的初心、荣誉感,以及义无反顾参加的决心。

因此,在招募过程中,分管教学副校长,学校国别和区域研究中心主任、国家外语专业教执委副主任周烈教授,学校西溪学者(杰出人才)、国际问题专家马晓霖教授,全国高校唯一土耳其语教授沈志兴,学校西溪人才(领军人才 A 类)、语言习得专家滕小春教授等率先报名,为其他教职工奉献参与起到示范带头作用。首批报名导师 29 人,涵盖校领导、校内专家、各专业带头人等各级教职工。

(二)多部门导师支持,"吸引"汇集力量

除了二级学院教职工,校园内有许多专家、干部在育人方面有丰富的经验,受岗位限制,日常与学生"一对一"接触机会不多,如教务处、学生处等职能部门干部,学科相关研究机构专家,等等。

因此,学院导师工作室跨出学院范围,同时面向校领导、校内各类机构专家、职能部门负责人等招募导师。一方面,为校内不同岗位专家、教职工多维度参与育人工作提供平台,不断强化育人队伍力量;另一方面,充分吸纳热心于学生工作的专家、干部,利用其自身工作经验、研究专长,为学生成长提供多维度的信息、建议。导师工作室最终吸引来自学校 10 个职能部门的教职工,与 10 余名学院教职工共同组成 2020 级学生的成长导师。

（三）联系工作创新方式、注重实效，"亲近"师生关系

在联系工作中，导师和学生根据具体情况、联系需求等自主确定交流内容、方式。

在内容主题上，有"疫情对小语种专业学生就业的影响""校园学习生活安排规划""一年级要不要考虑考研""专业语言翻译思维的养成""如何面对人际交流的困惑""'目标设定、方法论、成果导向'讨论"等各类话题，也有导师为学生推荐书籍，以读后感方式推动学生思考交流。

在形式上，有微信互动、见面谈话、食堂会餐、文化游览等多种方式，也有导师与学生约定每周定期参加日语角等活动，以专业语言交流学习生活。

这种自主触发、内容和方式多样的联络，让导师联系指导更紧密、舒适、无负担，导师与学生逐渐在联系中建立亦师亦友的师生关系，成为学生校园社交活动的积极组成部分。

四、育人实效

思政工作中关注、回应学生多样化的成长需求，对学生成长成才作用显著。导师工作室运行后，学生们积极反馈：结识到了交谈后让人感觉"很安心"的导师，导师对个人学业、生活的规划安排产生了积极影响。

2020 级阿语 2 班的李晓越说："我觉得我收获挺多的，周烈教授跟我们谈了很多他学习中给自己定的规矩，还解答了一些我们的疑问，这些对我们做好学习规划太重要了！"2020 级日语 3 班的鲍晨盈说："原本我对自己的专业课并不是很有自信，我的导师滕小春老师经常鼓励我'有时间怀疑自己，不如用那份时间去提高自己''ほうさんは絶対大丈夫(小鲍肯定没问题)'，还和我一起参加日语角活动，随机让我翻译标语，让我感受日语翻译过程中日文思维和中文思维的差异。这也更加坚定了我考研的决心。"2020 级日语 2 班的张心雨说："导师工作室让我的大学生活多了一个沟通渠道，有一些我们这个阶段可能不理解的问题，找导师一问就能豁然开朗了！"

建设"五个学院"，践行"五育并举"

——浙大城市学院

浙大城市学院怀卡托大学联合学院(以下简称"新西兰 UW 学院")是浙大城市学院与新西兰怀卡托大学联合举办的中外合作办学学院,是杭州市高等教育领域第一家中外合作办学机构,入选杭州市"三名工程"支持单位。学院成立以来,立足中国本土,突出国际化特色,以建设诚信学院、学习学院、国际学院、活力学院、魅力学院"五个学院"为路径,全面助推学生德智体美劳全面发展,做到"五育并举",强化铸魂启智润心,努力探索高水平国际化应用型人才培养的"城院路径"。

一、目标思路

新西兰 UW 学院坚定正确的政治方向,不断加强党的建设,为学生茁壮成长铸魂。

坚守质量方针,构建了由教师准入机制、教师互评机制、教师教研机制、教师学业辅导机制、教材更新引进机制、课程考核评估机制、先修课机制、优化学习进度机制等组成的教学质量保障体系,为学生学业发展启智。

坚持教师百分百参与,学生百分百覆盖的"双百"方法,建立了全过程个性化的职业生涯规划指导机制、教学联动机制、重点关注学生跟进机制、同伴帮扶机制、学生谈心谈话机制等,构建了全员、全过程、全方位助力学生成才的立体化育人模式,为学生全面成才润心。

二、实施举措

(一)诚信学院,诚信是第一品质

新西兰 UW 学院以"诚信学院"建设深化"德"育。结合中外合作办学学生特点和培养需求,学院持之以恒开展以"国际视野,家国情怀"为主题的德育活动,通过红色走访强党性,通过社会实践知国情,通过研习传统文化滋养爱国心。将诚信确定为学院第一品质,通过新生开学第一课、诚信签名承诺、主题班会等活动加强诚信品质全过程教育,引导学生着力构建对党忠诚、对国诚心、学术诚信、为人真诚的"四诚"品质。

(二)学习学院,学习是第一要务

新西兰 UW 学院以"学习学院"建设强化"智"育。针对中外合作办学学业强度高、难度大的特点,新西兰 UW 学院严肃明示学生学习是学生的第一要务。从"教""学""管"三维入手,建立严抓教风促学风、严格学业跟踪、严抓学生到课率的"三严"机制,注重过程性学习,形成了浓郁的学习氛围。

(三)活力学院,青春飞扬是第一风采

新西兰 UW 学院以"活力学院"建设提升"体""美""劳"育。鼓励学生学娱结合,激发活力,全面发展。将文体活动作为育人的重要内容,学院连续多年获得校运会优异成绩和体育道德风尚奖,学生在省市各类文体比赛和浙江省"互联网＋"大学生创新创业大赛中屡创佳绩。同时,学院注重社会服务,各类"志愿服务之星"层出不穷。

(四)国际学院,国际化是第一特征

新西兰 UW 学院通过"引进来"和"走出去"立体结合的方式拓宽学生国

际视野,培育学生国际技能。完整引进新西兰的教育体系、核心课程、师资力量、评价体系,让学生沉浸式体验国际化教学;鼓励学生"走出去",丰富国际化第二校园经历。新西兰 UW 学院设立了丰厚的对外交流奖学金,多次组织赴新西兰、芬兰、美国等国家和地区的交流团,2021 年应届毕业生海外交流率达 70%,海外深造率初步统计已达 65%,国际化在新西兰 UW 学院已蔚然成风。

(五)魅力学院,美好家园是第一追求

通过培养学生"专业成才"和"精神成人",新西兰 UW 学院也注重美好家园建设助推"学院成优"。新西兰 UW 学院极其重视服务师生,将师生作为办学的第一资源,每学年都实行学生谈心谈话全覆盖,坚持学生问题不隔夜,师生关系较为融洽。同时,新西兰 UW 学院高度重视新闻宣传、文化建设,建成了一套体系化的标识系统,成为师生共同体认和喜爱的文化符号。新西兰 UW 学院的快速稳健发展,也吸引了上级部门、社会各界,以及家长和考生的大量关注,培育了良好的社会口碑。

三、特色创新

(一)坚定政治方向,为学生苗壮成长铸魂

在中外合作办学特殊阵地上,新西兰 UW 学院党总支充分发挥政治核心作用,创造性地构建了"党建驾驶舱"工作模式,抓稳意识形态和安全稳定的"双轮定向",抓好引领发展和党的自身建设的"双轮驱动",四轮协同共进,把牢正确的办学方向。严抓意识形态不偏移,做好外籍教师管理、英文原版教材管理、课堂管理 3 项工作;在引领发展方面,做好在事业谋划上促发展,在攻坚克难上促发展,在人才培养上促发展;在党的自身建设上,加强思想建设,筑牢中国魂,落实基层党组织标准化建设,提升规范性和组织力。发挥党的政治核心作用,牢牢把握办学和育人的主动权。

(二)坚守质量方针,为学生学业发展启智

新西兰 UW 学院在育人过程中,聚焦质量提升,建立教学质量保障体系助推学生专业成才。

教师准入机制:引进高水平外籍教师,兼聘校内具备全英文或双语教学能力的专业课教师,学术委员会定期对教师任职资格进行评估和审查。

教师互评机制:建立了学院领导和课程负责人深入课堂听课制度、外籍教师团队相互听课相互教学的学习制度。

教师教研机制:学术英语教师团队等课程组团队建立每两周一次的定时教研活动制度,针对教学内容和教学需求进行研究和探讨,录制课堂片段进行共享和分析。

教师学业辅导机制:建立了由学术英语外籍教师负责运行的学习支持中心,"一对一"免费辅导学生提升英语水平。

教材更新引进机制:每学期经学术委员会确认,引进符合国家要求的最新、最前沿的教材,保证教学内容及时更新。

课程考核评估机制:外方的课程由外方出卷、阅卷及最后评分,严格按照外方院校的标准执行。

先修课机制:严格执行课程的先修制度,学生必须通过先修课后,方可进入后续课程的学习,夯实学业基层。

优化学习进度机制:每学期开学初梳理本学期所有专业所有年级课程考核的形式和时间表,汇总后发给学生,便于学生合理规划自己的学习进度。

(三)坚持"双百"方法,为学生全面成才润心

新西兰 UW 学院坚持教师百分百参与,学生百分百覆盖的"双百"方法,构建了全员、全过程、全方位助力学生成才的立体化育人模式。

全过程个性化职业生涯规划指导机制:大一时帮助学生树立职业生涯规划理念,同时开展专业导论、培养方案解读、业界导师进校园等活动,帮助学生了解学业过程和职业前景;大二、大三阶段,学院领导牵头,为学生进行"一对一"个性化职业规划指导,量身定制专属职业发展方案;大四阶段,尽一切

力量助力学生实现大学阶段性发展目标。

教学学工联动育人机制:采用国外高校通行做法,成立"学术与学生事务办公室",在机构设置上就将传统的教学与学工职能合二为一,要求所有老师全面了解学生的专业培养方案,掌握学生思政工作要点,构建起从第一课堂到第二课堂培育的无缝对接机制。

重点关注学生跟进制度:建立了学生课堂表现在线反馈和跟进流程,筛选出学业重点关注学生,以"点对点"的方式跟进,学生按周上交每周学业情况反馈表,对学生提出的问题进行逐一解决。

同伴(Peer Assistant,PA)帮扶机制:建立了完善的同伴帮扶制度,相关学科成绩优秀的学生帮扶基础知识薄弱的学生,开展"一对多"知识点梳理、"一对少"习题讲解、PA轮流值班上习题课等多种帮扶。

学生谈心谈话机制:实行谈心谈话全覆盖,以学年为单位,辅导员至少与所负责年级的学生谈一次话;定时谈心谈话,了解学生学业进展。

四、育人实效

(一)时时育人、事事育人、处处育人的氛围基本形成

新西兰 UW 学院将育人工作融入日常教育管理的方方面面,时时育人、事事育人、处处育人的氛围基本形成。学院常务副院长何敏亲身示范,从大三开始,"一对一"与学生谈话,定制专属职业规划方案,已实现大三、大四所有学生全覆盖。辅导员与学生定期谈心谈话,帮助其适应大学生活。新西兰 UW 学院所有教职员工均熟悉专业人才培养方案,结合工作,关注引导学生成长成才。

(二)国际化特色的高质量人才培养初显成效

2021 年,新西兰 UW 学院迎来首届毕业生,根据毕业资格初审的情况,211 名应届毕业生获得中新双学位率可达 99%,国境外深造率截至 4 月底已

达 65％,其中 QS 排名前 100 的院校占 76％。毕业生中产生了包括 2 次获得
国家奖学金、获评学校学生最高荣誉"求是荣誉奖章"(当年度全校共评选出 3
名)的工业设计专业徐逸超等在内的一大批优秀学子。

(三)优质办学逐步积累社会声誉

新西兰 UW 学院优良的学风和特色化育人模式获得了校内外的肯定,新
西兰政府领导,省、市相关领导,以及浙江大学领导多次到访考察。上海高顿
财经捐资 50 万元人民币在学院设立"高顿精英奖学金"。中新网、浙江在线、
新浪教育等多家主流媒体对学院的办学和人才培养情况进行报道,学院的办
学逐步积累了良好的社会声誉。

"课堂教学＋课外体育＋社区实践"一体化管理育人

——浙大宁波理工学院

学校是国家培养人才的重要基地,体育不仅仅锻炼学生的身体,更重要的是能培养学生的运动兴趣,增强学生的拼搏精神与规则意识,浙大宁波理工学院体育工作实行课内课外一体化,让学生关注或了解一项体育赛事,爱上一项体育运动,实现4年内体育锻炼不间断。学校丰富课堂教学内容,把公益体育与课程思政相结合,鼓励学生完成课堂教学内容的同时服务社会,从而体现管理育人的理念。

一、目标思路

学校依托公共体育教学、体育运动专业队、学生体育社团等平台和组织,构建"公共体育专项课程＋课外体育活动＋体育进社区"项目,增强学生体质健康,激发学生运动兴趣,锻炼学生意志品质,加强学生社会责任感。经过多年的实践,学校开展了"益跑"项目、"8公里运动圈"(参与学生:所有对公益、运动有兴趣的学生)、"运动校园"项目(参与学生:大学一至三年级学生)、"动画太极龟"(参与学生:太极选项课学生)、"走出去,引进来"体育项目(体育特色协会:"八一"女篮啦啦队、木球协会、篮球裁判协会、龙舟队等)。

二、实施举措

(一)课外体育与公益体育项目相融合

学校利用课外体育部分加入公益体育项目,设计"益跑"项目、"8 公里运动圈"、"运动校园"项目等,促使"体育课堂＋课外体育"项目一体化,课堂教学占体育课成绩 70％,课外体育占体育课成绩 30％。在体育课堂教学、课外体育活动(包括运动校园 App 打卡)、体育社团定期活动、专业运动队入场训练中加入公益体育元素,增强大学生的体育运动兴趣,改变运动行为模式或保持最高运动行为模式,提高学生的运动参与度,增强学生的体质健康,提高学生的公益意识。

(二)发挥体育专业团队优势

体育社团是高校社团组织中最活跃的部分,它推动了高校体育工作的深入开展,丰富了大学生的业余文化生活,促进了校园精神文明建设。体育社团、专业队参与公益体育建设对课外体育活动的开展产生了十分重要的影响,并逐渐发展成高校课外群体活动竞赛、校园体育文化活动和校际体育交流的主力军。学生在活动中体现出的团结协作精神面貌,营造了和谐的校园文化氛围。

(三)建立体育教师下分院制度

学校建立校园体育普及化机制,建立体育教师下分院制度。体育教师出任校教工舞蹈队、瑜伽协会和学生体育社团指导教师。利用学校体育的辐射作用,分层次推进校园体育活动开展。为推动各学院体育活动的开展,体育部为每个学院安排一名教师负责该学院的体育指导工作,指导学院体育活动的开展,提高体育训练技术水平,加强对学院体育的教法、训练法的创新,攻坚克难,精心培育特色项目,使各学院的体育活动成为校园文化重要亮点。

（四）提升体育公益的社会影响力

体育部在公益体育方向获得教育部人文社科项目立项。体育部鼓励教师利用自身的专业知识服务社会，下社区、下企业开展各类社会服务工作，主要承担各类赛事的裁判工作。学校体育教师先后承担宁波市鄞创科技孵化器管理服务有限公司鄞州区科技双创运动会裁判工作、宁波三迪体育活动策划有限公司 2018 平安普惠宁波分公司趣味运动会裁判工作、交通银行 110 周年火炬传递仪式暨趣味运动会裁判工作、中国人寿宁波分公司首届"三对三"篮球比赛裁判工作。此外，学校还承办了宁波市首届大学生 11 人制足球比赛。

三、特色创新

（一）理念创新

把课内课外一体化，并把专业带入社区，能让学生在直接参与的同时，增强其社会责任意识，增强体育课堂育人功能，大学体育与思政教育融合模式能有效提升大学生的体育运动兴趣和参与度。

（二）方法创新

课内课外一体化实现教学方法、教学手段创新，体育课程思政贯穿课内外，实现"课堂教学＋课外体育＋社区实践"一体化。

（三）平台创新

搭建公益体育锻炼的平台，如"益跑"项目平台、"运动校园"App、鄞州老年协会木球基地、"八一"女篮啦啦队实践项目、"储能"体育校园实践基地，让大学生积极参与体育锻炼，建立了全员参与、全域参与机制，创新了工作方式方法，促进大学生运动锻炼的兴趣，把"体育＋课程思政"机制有效结合。

四、育人实效

(一)学生体育参与率大幅提升

学校已经形成了完整的教学体系,已经在大学体育课堂教学、课外体育、体育社团、专业队训练中全面推广,成果显著,主要体现在以下4点。一是受众群体广。受众群体包括所有大学一年级、二年级学生,体育社团和专业队成员,参与人数达3000人左右。二是学生课外体育的参与度提升。学生参与规律性体育运动的频率上升,每个月锻炼总时长增加,学生对运动赛事的关注度提高。三是各大赛事的参与率有所提高。各大赛事的参与率逐步提高,大型赛事观众人数有所增加,学校体育赛事获奖情况不断增多。四是社会服务次数增加明显,质量提高,做到"走出去,引进来"。"走出去"是指学生利用专业知识走进社区,"引进来"是指把社会体育团体引入学院,成立基地,并与社会建立长期联系。

(二)校园体育文化氛围浓郁

学校"益跑"项目吸引了300多名学生参加,在增强学生公益意识的同时,丰富了校园体育文化,增强学生的运动兴趣;参与"运动校园"项目的学生有3000多人;"动画太极龟"项目通过武术社团推广,吸引了一批太极爱好者与公益达人参与。这些体育活动使更多学生树立了正确的体育文化价值观,增强了学生的公益意识与社会责任感。

管理不是目的，育人才是根本

——台州职业技术学院

台州职业技术学院一直以来高度重视文明寝室建设工作,2003 年开始举办第一届公寓文化节,2012 年成立文明寝室建设工作领导小组,并逐步形成了较为完善的文明寝室建设管理制度。2018 年以来,在学校党政领导的高度重视下,学校严格执行寝室卫生检查公示制度,文明寝室建设取得了重大成效,学生在文明寝室建设中得到了劳动锻炼,提升了文化审美,增强了职业素养,育人成效显著。

一、目标思路

台州职业技术学院在文明寝室建设工作过程中始终坚持立德树人的根本任务,坚守育人为本的教育理念,秉承"技文双馨,和谐发展"的人才培养目标,秉持"管理不是目的,育人才是根本"的服务理念,在文明寝室建设中坚持做到管爱相融、管育并举,通过制度管人、流程管事、标准做事、规范行事等管理举措,不断提升文明寝室建设管理育人水平。

二、实施举措

（一）完善管理制度,强化育人导向

1.明晰职责机制,加强协同管理

2016年,学校发布了《台州职业技术学院关于深化文明寝室建设的若干规定》。该文件突出制度化要求,坚持管理、服务、育人相结合的原则,形成了学校领导重视、学工部牵头负责,后勤处、保卫处及浙江浙大新宇物业集团协同配合,各二级学院负责具体实施的管理构架,搭建起了学校领导和中层干部协同配合,二级学院总支书记、班主任和公寓辅导员负责组织指导,寝室长和值日学生具体建设实践,校院两级宿舍管理中心检查监督的协同配合机制。有效明确了各部门和人员的管理职责,形成了齐抓共管的良好工作局面。

2.细化管理职责,增强育人自觉

学校通过细化管理考核制度,责任明晰到人,引导学校领导、中层干部及班主任增强育人自觉。学校要求校党政领导每人联系一个学生班级,各二级学院党政领导与学校党政管理部门中层干部每人联系一个寝室,并要求每月至少下寝室指导一次。中层干部与所联系班级的班主任对文明寝室建设工作负同等责任,实行专项考核。各二级学院文明寝室建设专项考核的结果即为该学院中层干部该工作的考核结果。同时,对中层干部下寝室指导情况实行一票否决制,凡下寝室次数达不到有关规定的,该项考核直接定为不合格。所联系寝室在文明寝室建设工作专项考核中为优秀的,在中层干部年终考核的总分中予以加分;考核不合格的,在中层干部年终考核中不得评为优秀;两个学期均不合格的,给予诫勉谈话。

学校要求班主任每周至少下寝室指导一次,并要求各二级学院每周对班主任文明寝室建设指导工作进行排名公布,每学期进行专项考核。如在文明寝室建设工作专项考核中为优秀的,在班主任年度考核时,工作业绩得分部分给予上浮。同样,如果在校级文明寝室检查结果中班级学生所在寝室不合格次数累计一个学期达到 6 次及以上,该班主任学年考核降一档;校级文明寝室检查结果中班级不合格寝室数累计 2 个学期均达到 6 次及以上,该班主任学年考核不合格,取消当年班主任任职经历认定。

3. 强化制度激励,形成比学赶超

学校通过制度和荣誉激励,引导各二级学院形成文明寝室营造比学赶超的良好氛围。学工部每周对各二级学院的文明寝室建设工作进行检查,并将检查结果在学校食堂前进行张榜公布,方便学校师生观看检查结果。同时,学校不定时组织召开文明寝室建设现场推进会,负责学生工作的校副书记带领学工部长、各学院总支书记、辅导员到公寓进行现场突击检查,随后召开各学院寝室卫生现场点评会和经验交流会,从而对后进学院施加压力,为整个学校文明寝室建设增添活力。

学工部根据每周文明寝室检查数据,每学年对各二级学院进行专项考核,考核居前两位的二级学院给予 10 元/生的学生活动经费的奖励,考核居第三、第四位的二级学院给予 5 元/生的学生活动经费的奖励,奖励经费用于二级学院文明寝室建设。文明寝室建设专项考核居第一位的二级学院,在同年度的教学业绩考核中,负责公寓管理的辅导员思政专项部分分数给予上浮。反之,不合格的给予下调。此外,学校于每年 5 月召开文明寝室建设表彰大会,学校党政领导为获奖学院颁奖、授牌。

4. 完善考核评价,增进制度自觉

学校通过完善学生综合测评体系,形成制度引领,增强学生文明寝室建设的制度自觉。完善寝室长制度和值日轮扫制度,将责任落实到人,并结合每周寝室卫生检查结果,将每位学生在寝室内的学习、生活等各个方面的表现作为学生综合素质测评、评奖评优、推优入党的一项重要考核指标。在学生综合素质测评中,若被评为"优秀寝室长""文明寝室""特色寝室""党员示范寝室",则分别给予相应加分。同时,学校力求将这项工作做实,使学生切实认识到文明寝室建设工作的重要性,从而从思想上、行动上积极主动配合学校进行文明寝室建设工作,增强执行制度的行为自觉。此外,学校正积极探索将学生文明寝室建设劳动实践纳入学生日常生活劳动实践教育范畴,要求学生完成相应劳动学时方可毕业。

(二)细化规范标准,提升指导效率

1.制定详尽标准,提高管理信度

拟订详尽可操作的文明寝室建设标准和规范,有效促进文明寝室建设各项工作有据可依、有制可循,提升管理的信度。学校制定了一系列规范性文件指导文明寝室建设工作。通过制定稳定合理的目标,建立明确的标准,达到思想的统一,从而有效引导学生文明规范行为的养成。

2.反馈标准差距,增强管理效度

针对检查中存在的不足,及时予以反馈,方便学生对照整改,提升管理的效度。检查不是目的,为的是发展和提升,校宿管中心学生在每周的文明寝室检查过程中,针对寝室卫生中存在的不足,若寝室成员在场则当场指出扣分点和事由,若不在场则以纸条的方式给予反馈提醒。及时的检查结果反馈,让学生能够及时纠正、及时改善。同时,学工部每月刊印一期《寓情月刊》,就当月检查的结果进行通报,对寝室检查中存在的突出问题和反面典型进行批评,对检查中成绩突出的寝室进行详细报道并介绍其经验做法,通过正反面的详细比照,引导学生找差距、学先进、鼓干劲、争上游。

3.吸纳合理建议,提升管理温度

针对文明寝室建设的动态发展情况,及时听取学生建议,吸纳合理化意见,及时修订相应制度文件。学校每学期不定期召开"寝听你声,宿说我爱"等主题文明寝室建设座谈会,以及通过"校长书记接待日""温馨早餐会"等平台引导学生参与到文明寝室建设的制度管理中来,引导学生就寝室生活中存在的问题、困难和学生文明寝室检查中存在的问题提出改进建议。同时及时对学生提出的问题给予反馈解决,对学生提出的合理化建议及时吸纳,不断调动学生的建设主体性,完善文明寝室建设管理体系,提升文明寝室管理的温度。

(三)加强过程管理,提高建设成效

1.检查评比公示,形成激励氛围

校学工部组织校、院两级宿管中心学生干部每周对全校学生寝室安全、

卫生等方面进行检查,检查结果及时反馈并根据分数排名进行张榜公示,检验考核各二级学院的文明寝室建设工作。通过学生的自我管理与建设,二级学院的指导与监督,学校层层综合检查与考核评比,形成竞争和激励氛围,有效促进学校文明寝室建设水平的提升。同时,每学期对校级学生干部寝室、学生党员示范寝室进行挂牌,形成示范、引领和监督作用,并评选出"文明寝室""学习型寝室""公益爱心寝室""运动才艺寝室""和谐温馨寝室"进行表彰奖励,从而对周边寝室和同学形成榜样示范作用。

2. 交叉检查监督,促进程序公正

为保证检查结果客观公正,校宿舍管理中心需要对每位检查学生进行综合培训,使学生检查前清晰了解检查标准,并进行岗前培训考核,合格后予以上岗检查。学校倡导校院宿管中心成员将检查标准带回宿舍和班级,进行解释宣传扩大教育影响。在检查中严格实行班级学院回避制度,避免徇私舞弊现象,确保检查结果的公正合理性。同时,学校积极发动二级学院宿管中心力量,不定期开展各学院宿管中心交叉检查,加强各学院之间的相互学习,提升检查过程的透明度和检查结果的权威性信服力。

3. 强化师生指导,加强过程管理

学校充分利用退役复学学生众多的优势,积极动员退役复学学生加入校院两级宿管中心,在充实学生干部队伍的同时,充分发挥退役复学学生军队内务整理的绝对优势,对学校和各学院寝室内务整理进行指导,将部队严苛标准和优良习惯带回校园,并扩大影响力,形成朋辈育人效应。学校对班主任、辅导员下寝室指导实行签到监管,加强教师对学生寝室卫生的工作指导,让师生靠得近,在教师下寝室指导的过程中增进情感,形成育人效应。同时,学校对全校寝室均划定了标线,让卫生整理要求更加直观明了,从而有效加强过程管理。

三、特色创新

(一)"室雅人和 技文双馨"公寓文化节

学校每年 11 月定期举行公寓文化节,截至 2020 年底已举行了 18 届。公寓文化节主要放在新生入学后的第一学期举行,主要活动目的是增强学生的寝室凝聚力和向心力,培养学生公益感恩心,强化学生良好生活习惯的养成。公寓文化节创建的主要常规品牌活动有"我爱我家"寝室设计大赛、公寓包饺子大赛、公寓羽毛球混合团体赛、"爱心加油站"捐衣送温暖活动、公寓暖心志愿服务行动、公寓全明星足球赛、寝室全家福摄影大赛、公寓安全建设我先行活动、寝室 T 恤设计大赛活动等,并结合国家时政热点、青年关注焦点和学校工匠精神培育工程等中心任务开展特色活动。同时,各二级学院将各自文化特色和职业精神上墙,在课堂外形成引领青年职业素养和精神成长的重要育人场所。

(二)"'寓'见文明和谐美丽的你"和谐寝室建设月

学校每年 5 月定期举行和谐寝室建设月活动,截至 2020 年底已经举办了13 届。和谐寝室建设月主要对一学年以来在文明寝室建设中涌现出的先进集体和个人进行表彰。校学工部根据评选条件,分别评选出十佳寝室、文明寝室、党员示范寝室、学习型寝室、和谐温馨型寝室、公益爱心型寝室、才艺型寝室、运动型寝室,十佳寝室长、优秀宿管干部、优秀宿管干事、优秀寝室长等先进集体和个人,并给予表彰和奖励。同时,学校积极开展安全知识竞赛、趣味运动会、党史文化进寝室等活动,通过精神激励和正负强化举措,有效引导学生为构建安全、整洁、舒适、和谐的寝室,打造富有学校特色的公寓文化而共同努力。

四、育人实效

通过近年来文明寝室创建工作的常态化、制度化发展,凭借学生的自我管理与建设、二级学院的层层指导与监督、学校的综合检查与考核、党政领导的重视与支持,学校文明寝室建设工作取得了初步成效。各二级学院文明寝室建设工作综合检查分数显著提升,寝室卫生状况明显好转。各学院之间形成了你追我赶、奋勇争先的精神劲头,每周检查综合测评的平均分数都在不断攀升,各学院之间的分差逐步缩小,文明寝室整体建设情况不断向好。

同时,各学院基本完成了学院特色文化的凝练和上墙宣传,初步形成了各具特色的寝室文化育人形态,学生寝室文化底蕴不断加深,学生的文化审美得到不断的熏陶。同时,学生的卫生习惯不断改善,日常劳动技能得到有效强化,劳动素养明显提高。

文明寝室建设是一项任重而道远的工作,需要学校从提高办学水平和人才培养质量,维护校园和谐安全稳定,促进学生健康成长的高度出发,充分认识开展文明寝室建设工作的育人意义。同时,结合工匠精神培育、劳动素养教育、关键能力培养等人才培养中心工作,不断加强寝室教育引导和管理服务体系的建设,不断完善齐抓共管的文明寝室建设体制机制,提升学生寝室文化内涵建设,把学生寝室作为学生良好生活习惯养成、劳动素养培育、职业素养提升的重要阵地,从而使学校文明寝室建设工作更上一个新的台阶。

多主体参与，全方位提质，高质量就业

——浙江金融职业学院

在高职教育改革创新不断深化的背景下，为全力提升学生就业能力和学生就业质量，浙江金融职业学院保持优质特色就业，先后与近 200 家金融机构开展订单式人才培养。在此基础上，不断创新订单式人才培养优质就业推进机制，完善毕业生高质量就业工作体系，多主体参与，多措并举，精准切入不同阶段学生的发展需求，努力做到教育到位、服务到位、指导到位、跟踪到位、保障到位，耐心细致地做好就业工作。切实推进了毕业生真实就业、充分就业和高质量就业，落实了高校育人职责，践行了学校"以就业为导向"的办学使命。

一、目标思路

党的十九大报告指出"就业是最大的民生"，党的十九届五中全会公报中提出，"十四五"时期经济社会发展主要目标之一是实现更加充分、更高质量的就业。浙江金融职业学院认真落实习近平总书记重要讲话精神和党中央、国务院决策部署，深入实施就业优先和人才优先发展战略，围绕立德树人的根本任务，坚持"就业立校"的办学方针，深化就业优先政策，完善就业工作体系，创新优质就业机制，丰富就业服务内容，提升就业服务质量，强化就业技能训练，做好困难群体就业帮扶，为更加充分、更高质量就业提供保障。浙江金融职业学院订单式人才培养是学校创新特色就业的重要路径,已经有18年历史,校企联合订单培养,为学生搭建了提前就业、优质就业的平台。订单班的人才培养模式深受用人单位欢迎,也深受学生和家长喜爱,是学校长期以来形成的社会认可度很高的品牌。为深化高质量就业,浙江金融职业学院不断创新升级,形成了"一二三四五"优质就业推进机制,即以银领学院为中心,招生就业处和继续教育与培训学院为两翼,三大学院力推,四大学院助推,最终成就学生五项就业砝码。学校贯彻"多举措抓重点"的服务理念,找准基点全面推进高质量就业,进一步深化"三全育人"综合改革,切实落实育人职责。

二、实施举措

(一)银领学院为中心

学校开设与其他二级学院平行的银领学院,负责订单宣传和订单人才的日常管理及培育工作。在大一及大二上学期,银领学院做好对学校订单式人才培养的宣传工作。同时,建立培育机制,做好对订单意向学生的前置技能辅导及构建合理的技能鉴定机制,营造一种良好的学习氛围。邀请银领校友到校讲座,与学弟学妹对话,为低年级学生树立榜样。

(二)两部门为两翼

招生就业处主要负责订单合作单位的维护、就业信息资源的收集和就业市场的开拓,积极走访校友企业,为学校引进更多的优质订单资源。做好学生的生源地统计工作,组织学生参加订单单位的沙龙活动,将生源地学生及早推荐给订单合作单位。

继续教育与培训学院做好订单意向学生的学历提升工作。大一入学时,广泛发动宣传,鼓励学生专本套读,毕业后半年便可取得自考文凭,为学生今后转正、升职、加薪打下基础。同时,可应学院需求,开设初级会计、证券从业、银行从业、保险从业等证书培训班,增加报考订单学生就业竞争力。

（三）三大学院主推

金融管理学院、会计学院、投资保险学院 3 个学院是订单人才的主要来源。一是要做好对学生宣传和日常引导工作，形成以学院领导、专业负责人、班主任、辅导员等为主体的订单宣传引导工作队伍。二是建立组织，成立学生会组织、技能协会，建立特色技能班（如"金手指"班），加强对订单意向的同学进行技能训练、鉴定等工作，力争培养出一批技能尖子。三是提供硬件、软件支持。为订单意向学生在教学区建立专门训练场地，在机房电脑安装技能训练软件。四是做好就业指导。开展好就业形势讲座、模拟面试、简历制作和面试礼仪培训工作。

（四）四大学院助推

工商管理学院、国际商学院、信息技术学院、人文艺术学院 4 个学院仍有部分学生选择订单班。对此，学校为这些学生提供技能训练机会，通过开设选修课、公开课、补习课等方式训练学生技能。

（五）五项就业砝码

通过以上 4 项措施，不断提升学生的职业素质，学生在入学到大二下学期近 2 年的时间内，经过一系列培育，最终成为一个拥有 3 项技能合格，拥有 1 本资格证书和 1 本学历证书的订单班后备人才。

三、特色创新

（一）落实落细，分层分类精准施策

从学生维度出发，增强毕业生的求职技能和主动就业意识，提升就业工作的"主动出击"能力；从企业维度出发，拓展就业工作的"被动支持"保障，有效搭建"生—企"桥梁，借助"互联网＋就业"平台优势，从"大水漫灌"向"精准

滴灌"转变,以信息化促进就业服务精准化。在实际帮扶过程中,结合学生所学专业和就业诉求,充分挖掘就业资源,细化、筛选招聘信息,通过短信平台点对点推送,为未就业学生提供更有价值的就业信息。

(二)线上线下,全程护航学生就业

学校采取线上线下相结合的方式为毕业生就业保驾护航。学校已经形成包括"就业信息网""就业信息港"微信公众号、"云招聘"就业系统、毕业生实时动态数据监测查询系统、就业指导直播平台、就业诊断与职业咨询预约平台、学生就业与职业发展教育平台等载体在内的线上和线下就业服务体系,实现了100%覆盖全体毕业生,极大方便了用人单位招聘和毕业生就业。

(三)用心用力,就业指导"三段递进"

在大一阶段,学校启动新生就业前置调研,对新生学习、生活质量和未来就业力等关键指标的维度进行全员调研,通过数据结果分析将就业指导资源进行针对性、有侧重的分配。在大二阶段,面向全体学生开设就业指导课程,针对订单招聘开展求职简历制作、模拟面试等就业能力提升教育,提高面试成功率。在大三阶段,做好未就业学生的校园招聘双选平台搭建工作,重点关注专升本学生,全力保障专升本毕业生"平行就业"。

(四)应时应需,办就业文化节活动

基于当前就业形势,学校创新思路,改进方法,坚持"共融、互动、相适"的原则,创设"大学生就业文化节",在产教融合的框架下设计、组织和实施就业系列活动,将就业讲座、求职技巧、就业实践融入文化节,注重学生职业发展理念的植入,提高就业文化节的就业指导作用,打造出契合学生需求的就业工作文化品牌,推进学生职业精神内化和就业力的提升。

四、育人实效

(一)应需创新,高质量就业体系不断完善

做好高质量就业工作,需要完善的就业体系支撑。在原有的订单式培养基础上,浙江金融职业学院应需创新,打造了"一二三四五"优质就业推进机制,完善了高质量就业工作体系,深化就业服务,将协同育人理念融入其中,把教书育人、管理育人和服务育人结合起来,建立全员育人机制,使各部门和各学院发挥各自的长处,实现优势互补。

(二)多边共赢,高质量就业成效逐步显现

浙江金融职业学院 2020 届毕业生总体就业率为 97.68%。第三方数据公司调查数据显示,93.53% 的 2020 届毕业生能适应目前的工作岗位,就业满意度较 2019 届提高了 6.08 个百分点,达到 79.17%,专业相关度较 2019 届提高了 8.65 个百分点,达到 69.63%,通用能力达成度较 2019 届提高了 3.68 个百分点,达到 92.20%。虽然受新冠肺炎疫情等因素影响,但是学校 2020 届毕业生就业率依然保持较高水平,其中学生岗位适应性、就业满意度、工作与专业相关度及通用能力达成度等都有明显提升。

(三)润物无声,高质量就业联动持续增强

学校已连续 10 年委托第三方数据公司对毕业生就业质量进行跟踪调查,将 10 年的就业质量数据进行比较研究、分析,形成《浙江金融职业学院 10 年就业数据分析报告》,为专业建设提供第三方参考依据,力促人才培养质量提升。教育扶贫是斩断代际贫困的一把利剑,一人就业可全家脱贫。学校将高职招生 20 年的数据进行比较研究,形成《浙江金融职业学院高职招生 20 年数据分析报告》,探索"就业—招生"联动机制,助力教育扶贫,让学生和家庭在就业中拥有满满的获得感、幸福感。

根植市场，以创立校，打造双创教育"义乌样本"

——义乌工商职业技术学院

义乌工商职业技术学院(以下简称"义乌工商职院")充分发挥义乌市场的优势，服务义乌发展的需要，打造了影响大、示范强的高职双创教育"义乌样本"，成为义乌创新创业要素源泉。学校坚持以"创"立校，以"创"文化为牵引，以培养具有创新精神和创业能力、德才兼备的学生为目标，形成了"市场共舞、师生同创、专创融合"双创人才培养和管理育人特色。

一、目标思路

义乌工商职院把创新创业教育作为人才培养的一条重要主线，从办学定位到特色发展，从人才培养到社会服务，从学生管理到教学改革，都紧紧围绕"双创"做文章，力求突破。

二、实施举措

(一)念好三字真经，推进专创融合教育教学改革

1. 实施"三课堂"工程，做实双创教育传播的主渠道

面上普及双创必修课，设置创新创业必修学分 2 个，学生相关实践经历可

折算。打破传统课堂模式,将课堂植入活动、搬入市场,打造了"志愿者服务—勤工助学—创业活动"三部曲;线上带动双创精品课,规定各专业教学计划中必须设置不少于 4 个学分的创新创业类相关课程,重点培育学生的创新思维和创业精神;点上培育专创定制课,开发具有普遍规律的专创教材,如电商类专业,在 10 余年电商创业实践教学的基础上,"电子商务运营实务"等课程立项为全国高等学校就业指导中心创业类慕课。

2.搭建"三载体"工程,建设双创人才培育的主模式

针对不同的专业特性和学生的不同需求,学校搭建了创业班、创业精英班、专创工作室三大载体,历经 10 余年,不断优化完善人才培养方案,从课内到课外,从大一到大三,实现了创新精神、创业能力培养的全过程。电商创业班从大一入校就组班,打破传统教学模式,边学习边创业,重点强调学中做、做中学。创业精英班主要招收创业业绩达到一定要求的在校生,跨学院、跨专业、跨年级组班。专创工作室与专业教研室、协同创新平台等紧密合作,由导师接项目到工作室,学生课余全程参与真实项目运作,构建了"教室与市场同台、教师与教练同体、实训与实战同步"的"三同"双创技能训练体系。

3.落实"三导师"工程,打造双创导师培育的主阵地

学校建立了"先锋—优秀—卓越"递进式三导师工程,制定《创新创业导师管理办法》,学校建立了创新创业导师发展中心,定期组织沙龙研讨,邀请知名专家入校讲座,每年选派不少于 20 名导师参加省级以上双创培训。鼓励教师创业,出台《教师离岗创业办法》,导师指导创业实践折算为每周 6 课时。每年开展优秀双创导师评选,并进行着重奖励,在职称评审文件中明确卓越创业导师可破格晋升职称。依托全球贸易研究院、义乌创新研究院等智库平台,围绕学生创新创业素质培养、创新创业服务地方等深化理论研究。

(二)完善三大平台,打造全真创新创业实践育人共同体

1.电商创业生态圈:引领市场的电商创业实践

以创业园为中心,辐射中国网店第一村、义乌国际商贸城等,构建了方圆

10 公里的电商创业生态圈,引领电商产业升级发展。秉持共建共享理念,在中国网店第一村建设了大学生创业实验室、创新创业引擎中心、跨境电商园;在义乌龙回村建设全国跨境电商人才培养基地;与浙江省妇联在义乌国际商贸城共建了浙江妇女创客园;义乌陆港电商小镇成为校企电商创业人才培养基地。

2.环湖创意产业带:服务市场的创意创业实践

以创意园为中心,连接义乌工业设计中心、学校 28 个协同创新平台,构建了以服务创意产业升级为主要目标的环湖创意产业带,累计投资 5100 万元,其中创意园是全国首个以"小商品创新设计"为主要研发方向的创意文化园区。创意园成为全国 151 所知名高校的设计学子实践基地。产业带获批浙江省高等学校省级产教融合示范基地。

3.双创竞赛训练场:对接市场的赛创提升实践

学校每年有 1800 余名在校生深入市场,开展真刀真枪的创业项目。为推进以赛促创,学校建立了双创竞赛训练场,成立创新创业竞赛领导小组,制定《创新创业竞赛管理办法》,构建校院两级项目孵化机制,100％的学生参加校创新创业大赛,推进项目落地升级,获国家级一类双创大赛金奖(一等奖以上)4 项。学校多次承办浙江省大学生工业设计大赛等省级高规格大赛。学生活动也都围绕"创"字下功夫,打造"一院一品"双创活动品牌,连续 10 年举办创业文化节、创意文化节,开设"凤鸣论坛""创新创业大讲堂"等,累计举办 500 多讲,开展大学生新苗人才计划,举办 SYB(Start Your Business,创办你的企业)、"互联网＋创业"等创业培训班,开设了 16 家创新创业类社团等。学校位居全国高职类团学创业促进工作第七。

(三)构筑"三航"保障,完善创新创业服务支持体系

1.制度护航

学校形成了相对完善的制度体系,校级层面有 14 项双创教育专项制度。制定《多元创业认定标准》,受浙江省教育厅委托负责起草了浙江省第一个《大学生网店创业标准》,制定了《创新创业学分管理办法》,推行弹性学制,允许学生休学创业。成立了学生就创服务中心,建立了创新创业网站和微信公

众号,为学生提供创业咨询服务和政策指导。

2.资金助航

学校每年设立创新创业教育工作经费,2018 年预算 866 万元。拓宽学生资金来源渠道,成立了大学生创业基金,牵手义乌商城集团共建"商城设计学院",共设 2000 万元规模的创新创业教育专项基金;创业学院成立 10 周年之际,创业校友捐赠基金 100 万元。建立了孵化扶持机制,双创项目可申请不少于 2000 元的经费支持。学校对接政府相关部门,明确给予创业带动就业、优秀创业项目等补贴,设立了全额贴息贷款创业担保贷款,金额在 30 万—50 万元不等。义乌农商银行为学生提供 e 路通大学生创业贷款。

3.榜样引航

学校每年组织优秀创业毕业生评选,宣讲学生创业事迹;聘请优秀创业学生担任创业助教亲授"创业秘籍";邀请优秀校友入校举办讲座,全国优秀创新创业导师人才库首批入库导师、校友双童吸管有限公司董事长楼仲平每学期现身说法,讲授工匠精神、企业家精神;在学校招聘会中设立创业校友招聘专区,用榜样的力量激励学生。

三、特色创新

(一)强化顶层设计,提升创业教育地位

在办学之初,学校就明确了以就业为导向的人才培养目标,提出了"让自己拥有市场是努力的方向,为同学创设就业岗位不应只是梦想"的培养口号,形成了"面向市场、面向学生、面向实践"的培养思路,并将校训定为"尚德崇文·创业立身"。历届校领导对创新创业教育高度重视,成立创新创业管理领导小组,每学期专题研究部署,将双创教育纳入学校对各部门的目标考核中。

(二)创新机构设置,教研创高效协同

学校在 2008 年成立了全国首批创业学院(浙江省首家),分管创业的校领

导担任院长,教务处、学生处副处长担任副院长。2016年,为进一步完善专业支撑创业、创业提升专业的新机制,学校将电子商务专业整体纳入创业学院,成立了功能更加完备的创业学院、电子商务学院,负责全校创业通识教育和创业园管理;创意设计学院与义乌市创意园合署办公,负责推进创意教育和创意园管理;新增创业管理处,负责具体协调、管理双创教育工作;与复旦大学等联合成立义乌创新研究院,推进双创理论研究。专业机构的调整和设置,形成了部门统筹协调、二级学院分工协作、研究所配合协助的管理体系,实现了教研创一体化。

四、育人实效

一座创业城孕育一所创业校,一所创业校提升一座创业城。创新创业教育已成为学校响亮的"金字招牌",是学校特色发展的"台柱子"。中央电视台多个栏目、凤凰卫视都做过创新创业教育专题报道,《人民日报》《中国教育报》、新华社、《纽约时报》等国内外高端媒体都曾关注创业办学特色。

(一)由点及面,就创业质量保持前列

2015年以来,毕业生初次就业率一直稳定在98%以上,每年有60%的毕业生留在义乌本地就业;累计成功孵化了988名创业毕业生,平均1人带动5人就业,为社会提供就业岗位5000余个;毕业生起薪水平也是连年提高。

(二)由内而外,样本溢出对外推广

学校每年接待来访交流、考察调研300余批次,先后受邀到数百余所高校做创业经验分享。多所兄弟院校复制学校创业人才培养模式并取得成效,与汶川阿坝师范学院共建电子商务学院,国台办授牌的"海峡两岸青年创业基地"落户本校,开设"中西跨境电子商务创业培训基地"。

（三）由东至西，创业扶贫广受点赞

学校在服务好义乌的同时，走进西部，与甘肃、青海建立电商精准扶贫对接，服务少数民族群体创业，获批全国大学生民汉双语志愿服务团建设单位。

数字赋能 智慧治理

2003 年，习近平同志主政浙江时就提出了建设"数字浙江"的发展愿景。浙江省大力推进政府数字化转型，用数据决策、用数据服务、用数据治理、用数据创新成为一道亮丽风景。浙江高校积极探索数字治理改革，践行"最多跑一次""最多跑一地""最多找一人"，让数据"多跑路"，让师生少跑腿，实现网上办事、掌上办事，构建了"一窗受理、集成服务、一次办结"的管理育人新模式，形成了"数字赋能 智慧治理"的"浙江经验"。通过开展"易班建设""疫情防控一人一码""数智赋能管理育人""网上办事大厅""打造智慧育人新体系""构建校园整体智治"等数字治理模式，赋能大学生就业创业，增强大学生对建设"数字政府"国家战略的认知、理解和把握，形成浙江高校数字化改革的生动实践。

打造校园专属"一码通"，实现防疫育人"两手抓"

——中国美术学院

针对疫情防控特殊时期,中国美术学院结合"数字国美"建设,创新校园安全科学精密智控,加强疫情联防联控,设计开发校园专属通行码、师生健康申报平台和出入校园管理平台,持续抓紧抓实抓细各项防控举措,深化校园码和健康码运用,探索高校人员智控系统建设,并结合大数据技术,实现返校复课后校园防控常态化管理和精准化智控,推进校园信息化管理能力和育人水平。

一、目标思路

中国美术学院奋力推进数字化工作,学校已基本集成各业务系统数据,对师生基础数据进行统一梳理,加强数据共享和数据应用。学校先后出台《中国美术学院信息化工作管理办法》《中国美术学院信息系统数据管理办法》等办法。在疫情期间,学校转变传统信息化孤立系统建设方案及模式,从全流程、一体化、线上线下融合创新出发,整合校园通行码和浙江健康码数据,基于数据服务大厅和统一身份认证系统,开发实现了全校师生健康打卡系统,有效收集师生各类数据,开发校园专属通行码,进一步实现校园智能管控,并对数据进行统计分析和再应用。

二、实施举措

(一)强化目标,提升"服务质量、服务效率"

疫情当前,为及时掌握师生每日健康情况,帮助师生做好疫情防范应对,确保师生平安健康。学校坚持需求导向、问题导向、效果导向,从与师生联系最密切的领域和事项做起,在师生反映最迫切的问题上寻找突破。坚持以实践来检验服务质量,迅速建立直通一线反馈渠道,与师生直接"一对一"对接,以强烈的使命感和责任感,以高标准和高质量推动各项举措落地,不断提高"一码通"制度化、规范化、科学化水平。充分利用移动互联优势,支持移动终端服务,提高师生满意度。

(二)夯实基础,确保"一库共享、数据通用"

统一全校数据编码和接口标准,打通各信息系统壁垒,实现业务系统权威数据充分共享。综合分析各类表格的通用基础数据,制订重要数据目录清单,明确师生个人基础信息数据权威来源,落实权威数据采集责任,提高数据利用率和实效性。集成人事、教务、学工、研工等 40 余个业务系统数据,建成学校统一数据中心和数据交换平台,数据中心各类数据超 4000 万条,各类数据接口 600 余个,基本实现了各部门业务系统间数据打通和共享,为推进"一码通"打下了坚实的数据支撑,以数据共享推动业务协同。

(三)数据治理,做到"数据共享、统一认证"

梳理全校师生员工数据信息,在原有在职教职工和在读本科生、研究生等系统数据对接的基础上,开发临时人员管理系统,增加继续教育学院、附属中学、后勤和物业人员等其他员工的信息系统化管理,实现全校师生员工人员数据全覆盖。师生员工健康数据对接浙江省政务数据共享平台,通过教育政务共享接口,实现与健康码信息和疫苗接种信息等同步打通,为疫情期间校园进出管理提供数据支持,保障校园和师生安全。

(四)融合系统,实现"一次认证、全网通达"

完善数字化校园平台,建立统一身份认证和统一信息门户系统。集成各流程使用入口,通过电脑 PC 端和企业微信移动端,仅需做一次身份认证,即可实现校内 20 余个重要信息平台和应用系统的无感知登录,一键通达,以获取各种服务和管理功能,校园通行码、健康打卡、返校申请、疫苗登记等均在一个平台上使用。师生无须再记各业务系统账号和密码简化用户认证相关应用操作,以降低信息化管理工作成本,提高信息系统的易用性、安全性和稳定性。

(五)改进方法,推进"反馈通道、效能建设"

"一码通"创新推广有助于进一步推进作风建设及效能建设,结合统一消息中心,开展服务满意度调查,建立师生反馈评价机制。信息化部门专门邀请各二级单位召开研讨会,听取师生意见,完善系统功能。畅通"一码通"诉求表达渠道,系统设置意见建议反馈通道,及时收集并回应师生反映的各类问题与建议,做到件件有回音、事事有着落。把推进"一码通"创新实践和提升服务效能作为正风肃纪工作重点内容,对工作推进过程中存在的问题及时分析,研究提出改进的措施和办法。

三、特色创新

(一)实施动态监控,有效掌控校园与用户数据

学校各出入口数据动态监控,全面了解和掌握学校师生的出入状况和场馆的使用情况等,从而更好地管理学校,服务师生。一是在服务学校和场馆的管理方面,管理者通过平台动态监控获取的各种信息,能够对学校人流量状况和场馆设施的利用状况有全面的掌控,从而做出科学的管理决策。二是

在服务师生方面,通过平台的动态监控,能够对师生有序返校和场馆使用习惯有更详细的掌控,从而为用户提供更精准的服务。比如,对容量限制的场馆动态监控能够及时将使用状况告知师生,以便帮助师生选择合适的时间到馆活动。同时,信息的共享、整合、传输、存储和运用,使信息的价值得到了最大化体现。

(二)全面资源共享,推动学校有序安全开放

在疫情防控常态化之下,运用信息化手段助力校园防疫工作科学管控、精密智控,研发上线校园"一码通"、健康打卡平台,全面摸排师生健康信息,做好校园门岗出入扫码管控,使校园疫情防控更具针对性和精细化。校园"一码通"联动师生信息认证码和浙江健康码,生成"二码合一"的师生专属校园健康通行码。返校时,学生凭国美校园健康通行码绿码报到入校。

(三)利用信息技术,提升信息服务品质

"一码通"是结合物联网技术和大数据分析技术而生成的一套系统。该系统由服务器层、传输层、客户端层、硬件层组成。服务器层关联了校园通行码系统和对接教育厅健康码接口。其功能涵盖了授权管理、数据存储、查询管理、终端管理和大数据分析。传输层为客户端层与服务器层交互提供信息通道,包括客户端层访客数据流水信息上传、服务器层信息下发和客户端层校园卡信息验证等所有通信通道。支持客户端层和服务器层以 Wi-Fi、局域网和互联网等多种方式实现信息交互。客户端的功能设计包括健康打卡、返校登记、疫苗预约等模块。硬件层包括主程序服务器、数据服务器、用户移动端、二维码扫码器、充电宝和 LED 屏等。

四、育人实效

(一)责任层层落实,师生信息管理全覆盖

信息申报平台在充分保障师生信息安全的前提下,实现了全员信息填

报、分级管理和分类统计,二级学院总支书记、辅导员、班主任等实现网格化管理,确保责任层层落实,实现了全校45个部门、430个班级、12000多名师生员工信息管理全覆盖。学生在返校前,需要通过企业微信提交返校申请,如实填报健康信息、返校方式、车次信息,以及其他相关必要信息,经辅导员确认、学院审批同意后返校。学校辅导员、二级学院书记、学工管理部门、疫情防控部门能充分掌握学生各类信息,并通过大数据进行层层把控。

(二)场馆预约智控,赋能校园管理智能化

设计校园图书馆预约智控平台和体育馆预约智控平台。师生要预约场馆,首先在预约平台预约到馆时间,预约后可在"我的预约"中查看详细的预约信息,到馆时,经由入口扫码器扫描验证,通过后则可进入场馆。后续数据的追溯和查询都实时可查,且易于支撑大数据分析。系统使用了新兴的信息技术手段,系统上线后,场馆资源得到了有效利用,有效记录了场馆访问数据,是对传统场馆管理模式的一次创新探索。

(三)数据统计可视,实现人员管理精密化

复学返校期间,通过电子显示屏实时展示新生报到信息,精准掌握师生当前健康动态信息,省内师生数据精确到每个省市,各学院新生实时报到数据一目了然。学校还对数据进行个性化分析,实现了疫情防控数据精准化、防控过程高效化,使学校决策更具针对性和有效性,对学校疫情防控工作给予了有力支撑。利用大数据平台,校园访客数据可视化大屏呈现,实时掌握访客预约情况、进校情况,为校园管控提供重要依据,为高校数字化建设和精细化管理提供实际参考典型案例。

出实招讲实效，打造高品质一站式师生服务中心

——宁波大学

习近平总书记在 2018 年全国教育大会上讲话时强调："要把立德树人融入思想道德教育、文化知识教育、社会实践教育各环节，贯穿基础教育、职业教育、高等教育各领域，学科体系、教学体系、教材体系、管理体系要围绕这个目标来设计，教师要围绕这个目标来教，学生要围绕这个目标来学。"宁波大学坚持以立德树人为本，在管理服务中积极创新探索新的思路，结合"最多跑一次"改革，聚焦师生关注的痛点、难点问题精准发力，以数字化转型为动力，明确"让师生跑一次是底线，一次不用跑是常态，跑多次是失职"的工作目标；以"一站服务、一网通办、一键即通"的"三个一"工程为总抓手，建设高品质师生服务中心，升级网上办事大厅，启用"意见通"反馈平台；着力构建"以学生为本，让学生满意"的"互联网＋"校务服务体系，打造集服务与教育学习交流功能为一体的共享平台，将"全员育人、全过程育人、全方位育人"的理念贯穿其中。

一、目标思路

宁波大学充分发挥管理育人、服务育人在育人中的基础性、保障性作用，将推进"最多跑一次"改革与增进师生获得感、营造"三全育人"良好环境和氛围相结合，从以下 4 个方面推进工作，构建协同育人新机制：一是建设高品质

一站式师生服务中心;二是按照"让信息多跑路,让师生少跑腿"的思路建好网上办事大厅,推进事项公开和服务集成;三是梳理校务服务事项,优化改造办事流程;四是运行好"意见通"系统,打造"师生需求在哪里,学校服务就在哪里"的沟通平台和快速响应机制。

二、实施举措

(一)"一套制度"整体谋划,明确工作方向

学校党委和行政高度重视管理育人,强调要通过改进工作作风、提升管理服务效能,营造良好的管理育人氛围。2018年4月,学校在教代会上提出要大力改进工作作风。2018年11月,学校出台《中共宁波大学委员会关于加强和改进作风建设的实施方案》,明确以精简审批事项、优化工作流程、提升工作效能为目标,提出健全学校决策机制、提升校院两级机关管理服务效能、加强师风学风建设、提升信息化水平4个方面共17项作风建设事项。内容包括反映师生意见的"意见通"平台开发,全面服务师生员工的一站式大厅建设及网上办事大厅建设等。学校根据"明晰职责、简政放权、规范用权、提升服务"的总体要求,建立了以《关于加强和改进作风建设的实施方案》为核心,以《师生服务中心建设管理办法》《督查督办工作实施办法》等为配套的制度体系,要求全校上下以"一流管理、一流服务、一流作风"为导向,推进审批事项的精简、工作流程的优化、工作实效的提升、管理服务理念的创新,建立多方联动、协同育人的工作机制。

(二)"一站服务"扎实推进,优化师生体验

坚持"以师生为本",解决师生办事"多头跑、多次跑"问题,建设高品质一站式师生服务中心,追求精细化人性化服务,打造功能丰富的育人公共空间。一是集成服务更省心。校内15个部门和单位入驻师生服务中心,共开设27个服务窗口,可办理服务事项186项,并引入宁波市公安局江北分局、宁波市

外事服务中心、中国银行、建设银行 4 个校外单位的政务和社会服务,高频事项实现"就近办"。同时,在梅山校区设立了师生服务中心的分支机构,提供学工服务、教务服务、财务服务、留学生服务、后勤保障服务、团学组织咨询等服务,并利用通勤车提供申请材料跨校区专递服务,实现多地通办,打造一体化的校务服务。师生服务中心自 2019 年 10 月运行至今已受理业务 69000 余项,师生满意度高达 99%。二是人本服务更贴心。师生服务中心设有咖啡吧、书吧和自助上网区,支持网上预约、静音叫号,为办事师生提供舒心的等候环境和休憩场所。设置 24 小时自助服务区,如一卡通充值、成绩单打印等高频服务,即便是非工作时间,也能通过刷卡自助办理。三是品质服务更暖心。窗口工作人员实行中心管理为主、派出单位管理为辅的双重管理模式,实行首问责任制、限时办结制、投诉问责制、错时服务制、主辅岗位制等制度,在"最多跑一次"基础上实现"最多跑一地"。中心内部成立服务团队党支部,同时面向服务团队开展"三争三创"行动,即争创峰领党员、争创青年文明号、争创巾帼文明号,强化团队内部管理,提升服务标准,优化服务质量。

(三)"一网通办"全面提速,提升服务效能

坚持推进线上线下协同治理,构建"互联网+"校务服务体系。一是升级数字化网上办事大厅,推进服务集成和校务公开。升级后的网上办事大厅集成 175 个 PC 端应用服务,20 个移动端应用服务。其中 OA 办公系统、自助报账、绩效考核、学生选课、考试管理、电子离校等 75 项服务,均可实现"网上申报、网上受理、网上审核",实现"零跑腿"。同时,提供办事事项流程查阅、材料下载、线上办理,以及办理人员、办理时限、办理地点、联系电话等信息展示等服务。第一批上线公布了 293 项校务服务事项,总体覆盖了全校的教师事务、学生事务、教学服务、科研服务、人事服务、外事服务、资产财务服务、生活服务等多个领域。二是启用电子印章,推进校务服务事项全流程"网上办"。学校向浙江省政府电子印章平台申请了 110 颗电子印章,实现了学校行政、党委公章和各二级单位各类公章的电子印章全覆盖。经调研论证,云签章 2 个试点项目启用:第一,对接自助打印终端,实现师生常用的 18 种证明和证书自助打印;第二,对接"印章使用申请"系统,可在线上完成学校电子公章和二级

单位印章的在线申请—盖章—下载全流程服务,一批事项可实现"随时办、随地办、跑零次";第三,打造线上"意见通"反馈平台,为师生搭建监督问政的直通平台。广大师生在手机端通过企业微信号中的"意见通"系统随时可以向学校各单位部门提意见和建议。"意见通"实行限时回复、层层督办机制,规定部门的回复时间为 3 个工作日,确保师生的需求能够得到及时、有效的反馈。"意见通"系统上线至今已受理咨询 3750 余条,实实在在解决了师生迫切希望解决的问题,实现了"师生需求在哪里,学校服务就在哪里"的目标。

三、特色创新

(一)加强党建引领,充分发挥支部战斗堡垒作用和党员先锋模范作用

师生服务中心成立服务团队党支部,支部注重党员教育,强化思想引领,致力于优化服务质量。党员落实"三亮"要求,所有党员佩戴党徽上岗,面对来访办事师生亮身份、亮承诺、亮事项,主动接受师生的监督。支部人人争当锋领党员,每月推选"党员之星"树立标杆,带领团队争创青年文明号和巾帼文明岗,以"号"的建设为标准,强化团队内部管理,优化服务质量。2020 年,师生服务中心入选宁波高校基层党建展示阵地,"宁波大学打造高品质一站式师生服务中心"案例入选《2020 年度全国教育领域"放管服"改革典型经验汇编》。

(二)建立健全评价机制,坚持"让实践来检验,让师生来评判"

师生服务中心工作人员实行挂牌上岗,依托"意见通"线上平台、8890 热线平台、师生服务中心满意度评价体系、留言板等多种方式形成"线上＋线下"全员评价监督机制,与师生建立切实有效的互动渠道,让每位师生都参与评价监督,倒逼部门考虑规章制度的修订革新、办事流程的优化再造、线上审批的落地实施,有效推动机关作风的改进和服务效能的提高。

（三）推动校务政务服务融合，实现高频事项"就近办"

师生服务中心在集结校务服务事项的基础上，积极引进社会服务，引入宁波市公安局江北分局、宁波市外事服务中心、中国银行、建设银行 4 个校外单位的政务和社会服务，在服务中心开设专窗或营业厅驻点服务，引进"宁波办事"综合自助服务终端机，师生不出校门便可自助办理社保证明、公积金证明等 200 余项政务服务事项，节约师生的宝贵时间，提升师生的体验感和获得感。

四、育人实效

（一）打造文化育人阵地

师生服务中心致力于成为充满学习交流氛围的"网红"打卡地，在等候区设立了读书角，摆放各类励志书籍。推进中心书吧党建文化建设，党徽、入党誓词、"三会一课"制度等都上墙展示，同时书吧向全体师生开放，深受师生欢迎，成为支部活动、学术研讨的首选场所。

（二）打造实践育人阵地

师生服务中心不仅为师生提供服务平台，也给师生搭建了自我提升、自我成长的空间。师生服务中心为学生提供了众多志愿服务岗位，如取号引导、服务区引导、秩序维护等，让学生在实践中收获更多书本以外的知识。另外，中心也注重内部培育，多次请相关专家为全体工作人员开展沟通技巧、接待礼仪、同理心等主题相关的讲座。

（三）打造线上"意见通"管理育人平台

"意见通"系统是与师生服务中心配套上线的监督问政平台，全体师生在手机端可随时向学校各单位部门提意见建议、咨询问题，3 个工作日内均会得到回复。"意见通"系统为师生提供了参与学校建设发展的平台,培养学生积极参与学校建设发展的主人翁意识,助力学校提升管理育人和服务育人的水平。

建构学教一体化生态链，打造智慧育人新体系

——浙江中医药大学

教育信息化，是推进教育现代化、促进教育理念更新的内生变量，是管理育人顺应时代发展的应然之为。浙江中医药大学紧紧围绕立德树人根本任务，以"数字浙江"建设为契机，深入推进以"学生为中心"的学教一体化生态链建设，搭建网上服务模块，方便学生事务办理；打破网络信息孤岛，实现互融互通互享；描绘学生数字画像，助力智慧精准育人。学教一体化生态链的构建，遵循科学管理原则，充分考虑学生思想特点和成长规律，充分发挥学生的主体作用，是对管理育人工作新路径的探索。

一、目标思路

2012年以来，为加快推进浙江中医药大学智慧校园建设，提升校园管理服务和育人成效，学校确立了校领导直接挂帅、非行政职务的教育技术总监由点到面的直接执行制，深入教学一线的项目产生制、负责人制和全程开放的监督制。通过扁平精准的推进模式，提升了系统执行的敏捷度，打破了行政藩篱，减少了人力成本。学教一体化平台是智慧校园建设的主要模块，学工部、教务处、信息技术中心等部门通力协作，分工分责，以学生实际需求为出发点，以智慧管理为落脚点，全力打造一个"一网通办、数据共享、画像描绘"的全生态学生信息系统，助推精准育人、主动服务。

二、实施举措

(一)抓建设力度,顶层设计到位

学校形成以"服务为导向"的校长负责制顶层设计架构,实行以"项目为驱动"的教育技术总监执行制,以教育教学为抓手,用教育技术方法和信息化手段解决信息化条件下中医教育教学与管理的实际问题。学院负责人和行政职能部门领导分工分责,抓具体项目,建4个体系,用互联网实现教育与管理的资源连接、融合和跨界。

(二)抓服务力度,数据"跑路"到位

学校管理始终秉承"以生为本"的育人理念,积极提升服务效率,学生少跑腿,数据"多跑路"。学校在线下办事大厅的基础上,以学教一体化平台为建构载体,开通网上办事大厅。各职能服务部门以"智慧服务"为目标,把能在网上办理的服务项目尽量开通网上办事服务功能。目前,该平台"最多跑一次"服务项目超过110项,基本形成"一网通办"的生态服务体系,满足学生日常的业务办理需求。同步开通的学教一体化手机App客户端,更是让学生随时随地可以发起办事服务申请。

(三)抓融合力度,信息共享到位

长期以来,教学、学工、教务、迎新、团学和离校等模块均有各自相对独立的运行系统,模块处理各自为政,信息孤岛现象严重,大数据的应用价值难以挖掘与开发。学教一体化平台以"全生态链"的视角对各模块数据进行有机整合,建立一个统一规划的数据元信息仓,充分实行数据共享与联通,实现数据动态的紧密耦合,切实提高了数据统计与报送的及时性与精准度。

(四)抓智慧力度,精准育人到位

模块系统的融合,实际是用信息化的思维整合工作流程,改变原来的低

效率、费劳力、费资源的工作状态,让数据规范,让数据流通,这是学校学教一体化平台建设第一阶段的目标。第二阶段的建设旨在通过对数据仓库的挖掘,让数据会说话,甚至主动说话,体现育人的智慧性。学校通过信息化的矩阵建设,归类学生服务与办理事项,初步形成申请、查询、预警、推送等信息流动链,形成"一人一库一表",为每一位学生及时呈现从进校到离校的信息画像。

三、特色创新

(一)重视系统建设,确保常抓不懈

学教一体化平台数据生态链的建设是一个长期的系统性工程。领导高度重视,顶层设计把舵定盘,部门分责推进,以时间倒逼进度,以目标倒逼责任,常抓不懈,持之以恒。学校把该平台建设列为年度重点工作,成立国家教育信息示范单位推进领导小组,设立教育信息化试点单位专项经费和建立经费管理、审计制度。同时,下达项目任务书到相关各部门和学院项目负责人,形成例会制度、定期检查制度、绩效考核制度等完善的评估审核制度,全面落实落细各项工作任务。

(二)实现数据同步,建立数据仓库

各模块数据通过学教一体化平台的深度整合,由信息孤岛变成一个能全天候流通、收集和处理信息的生态链。数据通过规范处理,形成一个巨大的数据仓库,对学生的各项动态数据同步更新。数据仓库包括基础数据类、应用数据类和决策数据类3个部分,为学校育人服务提供相应的数据支撑。同时,初步形成学业预警监测、心理预警监测等数据分析与处理的智慧预警功能,在育人理念、育人模式上进行小步探索,积极顺应"互联网+管理"教育现代化的发展趋势,为学生提供更多智慧服务。

(三)推进融合育人,培育"润泽"品牌

在学教一体化智慧平台建设中,各模块相互连接,融合育人,开花结果,共助学生成才。"润泽"品牌以智慧资助为创设点,形成"润泽·助学""润泽·筑梦""润泽·铸人"3个特色维度,在学教一体化平台中将资助育人、服务育人与管理育人有机融合,以"阳光下的数据、指尖上的信息、育人中的服务"为理念,着力打造智慧资助工程。在平台上实现"学生资助""勤工俭学""评奖评优"等学工子模块的全面运行,在迎新系统中实现"绿色通道"网上办理申请。2017年开通线上资助育人以来,"润泽·助学"已服务上万人次,为学生提供了便捷、高效、精准的资助服务,"润泽·青春"也已成为浙江省高校十大资助文化品牌。

四、育人实效

(一)凸显育人管理现代化,事半功倍提质增效

学校将移动应用技术深入应用到学教一体化管理和服务领域,以教育信息化为支撑,与现代教育紧密结合,实现管理和服务在时间上、地域上的无限拓展。学生日常学习、生活等事项基本实现网页端和手机客户端的申请办理。"最多跑一次"网上办事大厅服务的实现,为学生节省了大量时间成本和资源成本。学教一体化智慧平台建设以来,为形成服务于应用的数字资源良性生态环境做了一系列的探索和研究。在智慧育人上,学校也获得了一定的成果,"中医教育信息化生态环境的架构与应用"被评为普通高等教育学会信息技术与教学深度融合优秀案例,"易班"迎新工作案例成功入选全国迎新工作优秀案例。

(二)凸显育人管理温情化,春风化雨润物无声

学教一体化平台的建设,立足学生实际需求,为学生办实事、办好事,使

得育人管理更人性化,更有温度。学校多次组织针对教师、学生管理人员的信息化素养和信息化能力培训,建立以中医药特色为主导的"信息素养能力实训"工程项目。通过菜单式、自选式的培训,学校师生员工在互联网环境中运用信息化手段进行教学、学习、管理和服务的能力得以提升,为全员现代化育人做好充分的保障。据统计,学生全年在学教一体化平台上办理服务量多达 20000 余次,主要涵盖教务、学工、团委等与学生密切相关部门的服务事宜,基本实现"一机在手,办遍浙中事"的服务目标。

(三)凸显育人管理可视化,成长画像一览无余

网上服务是育人信息化的直接体现,而育人管理可视化则是对智慧育人深层次的追求。通过学教一体化各模块数据的共融共享,对数据仓库的价值挖掘,让数据主动介入管理育人的全过程,变"被动管理"为"主动管理"。学教一体化平台设置的学业预警,可以将即将达到学业预警的学生信息推送给学生管理老师,提醒老师及时介入,主动关心,帮助学生更好地规划学业。通过"一人一库一表"的个性化成长档案建设,学生毕业时可以从系统中导出其从入学到毕业时的事务办理清单、消费清单、获奖清单等大学时光表单,为学生提供立体、直观的个人成长画像,也为学生管理和学校决策提供现实的参考依据。

实施"一库一表"工程，数字化赋能高校整体智治

——浙江农林大学

近年来,浙江农林大学深入贯彻落实省委、省政府及教育厅数字化改革的总体部署和工作要求,以"师生的时间是农林大学最宝贵的财富"为治校理念,以"一库一表"工程为"总抓手"与"突破口",以数字化与信息化推动管理的制度化、规范化、高效化、生态化,从根本上提升全体师生的获得感与幸福感,进而有效推进学校治理体系与治理能力的现代化,更好地落实学校办学主体地位,创新管理育人方式,成为撬动学校综合改革的一个重要杠杆。

一、目标思路

浙江农林大学高度重视数字化改革,先后出台《浙江农林大学"一库一表"建设工作方案》《浙江农林大学数字化改革工作方案》等文件,构建了数字化转型办公室,提出了"数据引领 整体智治 唯实惟先"的数字化改革理念,以"竭尽所能节省每一位师生的宝贵时间"为初心,以"从根本上提升学校管理效能和治理水平"为使命,努力增强全体师生的体验感、获得感和幸福感。以"师生最多每年只填'一张表'"为工作目标,努力实施"一库一表"工程。"一库"是指覆盖全校师生信息、各项业务活动的中心数据库;"一表"就是通过数据互通与共享,避免表单信息的重复填写,最终实现师生一年只填"一张表"。

通过细化"一库一表"任务清单、明确时间表、拟定标准项,以"千年工程"的决心和标准建设一个完整、准确、安全、可拓展的学校中心数据库,推动管理流程的全面再造、优化和升级,坚持数据赋能、共建共享、整体智治,全面提升校务治理数字化水平,取得了良好工作成效。

二、实施举措

(一)坚守初心,强化智治理念

一是推进从管理到治理的理念转变。以"一库一表"工程为总牵引,建立为师生办实事的长效机制,引领学校治校理念、制度体系、服务方式、工作作风等方面的深刻变革,通过对数据资源、流程环节重新赋权,进一步简政放权,改善治理结构,推动校务治理"去中心化"。二是引导从结果到过程的价值转变。以"最多跑一次"改革撬动校务治理的数字化转型,在现有校务服务事项的基础上,延伸推导出 198 个校务管理与校务决策场景,打造全周期校务治理新模式。三是推动从资源到要素的认知转变。建立全校联动的数据管理制度,落实数据编目、采集、整理、共享责任主体,按要素标准进行"一库"建设,推动数据资源的供给侧改革,基本形成涵盖资产、教师、学生、运行 4 类信息,602 张数据表,15437 个数据项的数据产品体系。四是促进从碎片到整体的模式转变。以数据项和工作流为基本单元,制定跨部门、跨层级、跨系统"一件事"技术规范,打通部门壁垒,优化管理职权,以"一表"建设增强校务治理的整体性与协同性。五是实现从单一到多元的主体转变。强化党建引领、多方协作、分类治理,定期邀请各利益相关方参加"一库一表"工程推进会,广泛听取意见建议,构筑"顶层设计引领、综合部门主导、职能部门配合、领导率先垂范、师生深度参与、企业多重支撑"的共建、共治、共享的校务治理新格局。

(二)数据驱动,打造智治平台

按照全面覆盖、全息感知、全员参与的思路开展大数据集中治理工作,运用数字化思维、数字化认知对校务流程开展系统性重塑,建立校园整体智治平台——"智慧浙农林"。一是自主研发智治平台核心技术。设计研发"一件事网办""学生画像"等 30 个业务系统,占学校业务系统的 50% 以上,开发微应用 361 个、流程 118 个,登记软件著作权 10 个,形成了可更新、可复制、可推广的校园信息化生态技术服务体系。二是加快校务"一件事"集成。编制全校师生职业学业生涯"一件事"工作指南,细化办事场景,归并申请材料,精简业务流程,实现"教师报到""职称评定""年终考核""评奖评优"等 40 个事项"一套材料、一键提交、一次办好",形成多部门协同办公格局。三是实现师生业务"掌上办"。统筹建设表单中心、证照中心、图表中心、流程中心、消息中心、支付中心,增强了治理思维的一致性、交互操作的便捷性。聚合 59 个业务系统,汇聚 360 个微应用,打造一体化校务服务综合平台,实现师生业务办理在手机上"一点通"。四是身份认证"一卡通"。应用可信身份认证技术,汇聚身份证、校园卡、人脸、指纹等个人可信身份信息,搭建统一身份注册中心,实现对教师、学生、家长、校友、访客等不同角色用户的互认互通。五是创新校务治理场景。提取核心数据指标,建立多维评价模型,探索构建党团建设、设备资产、教师队伍、学生成长、学科发展、行政效能、教学秩序、科学研究、社会合作等领域的多业务协同场景应用。

(三)以师生为本,提升智治效能

坚持以师生为本,注重用户体验。学校建立了以人为核心的跨领域、多业务协同应用体系,形成了智能感知、精准管理、主动服务、科学决策、立体监管、高效协同的整体智治能力。

一是绘制画像,助推服务便利化。设计覆盖基本属性、教学科研、学习就业、生活消费、运动健康、社会活动等 10 个维度,100 多个子项的标签体系,打造"千人千面"的温馨服务,促进校务服务模式由"被动"转向"主动",由"运维"走向"运营"。二是梳理业务,助推治理精准化。围绕师生进校、在校、离校 3 个阶段在校行为与需求,全面梳理优化核心业务,并进行场景细化,实现各类业务闭环管理;制定统一服务标准,按照"减流程,减事项,从有到无,回归本质"的要求,将师生"一件事"办理落实为将多层级联办服务"一次办结",

年均减少报送材料 60％。三是构建模型,助推决策科学化。建成基于校务治理大数据的"农林智脑",将众多关联数据融合成指数模型,疫情防控、职称评审、学业预警、干部任用、学生资助等重要业务实现"一屏感知、一体研判",促进校务决策指数化、可视化、全局化。四是扩宽渠道,助推监督立体化。将师生满意度作为评价深化"最多跑一次"改革,推进校务治理数字化转型工作的第一标准,通过校务服务平台及时、主动向师生公开校务治理的运行动态,在建立"师生吐槽"、在线反馈、工作简报等多种互动渠道的同时,进一步面向各职能部门开展量化监督。五是再造流程,助推服务高效化。对复杂流程实行挂图作战,全面开展优化再造,通过数据融通共享、信息自动抓取,基本实现师生每年最多只填"一张表"。例如,在职称评审和年终考核工作中,教师可摆脱重复填报多份表格的烦恼,只需审核提交由系统自动生成的业绩报表即可。"一库一表"工程实施以来,已为师生减少各类工作报表 500 多种,简化材料 100 余万份,节约时间超过 3000 万分钟。

三、特色创新

(一)强化理念引领,落实目标责任

"一库一表"工程从建设伊始就将"竭尽所能节省每一位师生的宝贵时间"作为工程建设的不变"初心";将"从根本上提升综合管理效能和内部治理水平"作为这项工程的恒久"使命"。学校始终紧紧抓住"一库一表"工程建设这个"总开关",充分发挥其"牵一发而动全身,落一子而满盘活"的撬动效应和辐射效应,以数据治理与流程再造为"突破口",倒逼制度、决策、资源、服务等治理要素的完善、优化与升级。

学校成立了改革领导小组和工作专班,出台了一系列文件,为推进数字化改革提供制度保障。细化了"一库一表"任务清单,明确了时间表,拟定标准项,以"千年工程"的决心和标准建设一个完整、准确、安全、可拓展的学校中心数据库,推动管理流程的全面再造、优化和升级,坚持数据赋能、共建共享、整体智治,全面提升校务治理数字化水平。

(二)聚合信息系统,打破数据孤岛

通过构建统一数据标准和规范,对学校各个业务系统的数据进行有效集成和治理,实现各部门数据互通与共享,初步建成了覆盖全校师生信息、资产信息等方面信息的学校"数字档案馆"(大数据中心)。在此基础上,建成大数据分析与信息查询平台,全方位、多层次展现和监测学校的大数据信息,为提升学校管理效能和决策水平提供全面精确、科学系统的大数据支撑。

(三)深化流程再造,推进业务协同

通过校务网络建设、责任清单梳理等手段,由校领导牵头领办,以"大数据库"为基础,以各职能部门中师生反映最集中、最难、最核心的管理服务事项为突破口,对现有管理流程进行彻底优化再造,实现各类事务审批"一站服务",证书证明"一键打印"。同时,利用中心数据库、数据交换平台等信息化系统,打破各业务系统数据堡垒,实现全校基础数据的统一归集、交换和共享,建成智能报表("一张表")系统平台,实现教师每人每年只填"一张表"。

(四)坚持自主研发,用户体验至上

信息核心技术是校之重器,关系学校信息数据的发展和安全。"一库一表"工程利用大数据、物联网及云平台等技术进行自主设计与研发,核心技术及知识产权完全掌握在自己手中,并逐步形成可更新、可复制、可推广的技术服务体系。在技术研发上,创建校企融合新常态,通过理念共享、技术共研,按照需求导向、目标导向提升技术创新,推进"校园智脑"的建设。探索建设基于全面感知的大数据研判与决策一体化的校园智能管理模式,为教学、科研、学业、生活、管理等精细化管理提供瞬时反应、高效联动的解决方案和信息支撑。

"一库一表"工程的建设过程同样是一个"用户体验—反馈—完善—再反馈"的不断优化升级过程,海量的用户体验与建议,为"一库一表"工程保持其

先进性与创新性提供永续不竭的动力源泉。比如：在 2020 年教职工聘期考核、岗位聘任、年度考核等工作中，通过数据自动抓取，实现智能填报，节约 50 万条信息录入量，累计服务师生 6 万人次，节约时间约 1100 万分钟；2020 年新生报到，让新生通过一次"刷脸"即可享受"最多跑一次"改革的便捷效用；建成"智慧浙农林"App，实现校园服务大集成，为师生提供"便捷、高效、规范、优质"的掌上服务，累计服务师生 50 万人次。

四、育人实效

浙江农林大学通过"一库一表"工程的建设，基本形成"校务服务便利、协同办公高效、监督管理精准、教育决策科学、数据开放有序、资源应用共享"的数字化教育治理模式。学校也因此获得了浙江省高校教育信息化优秀案例、浙江省高校网络信息化建设工作先进单位等荣誉。"一库一表"工程已成为浙江省数字化改革在高校生动实践的典型案例之一。

(一)定制"数据魔坊"，让决策更加有温度

基于"一库一表"工程，以业务数据化为基础，围绕"教研""学科""人事""资产"4 个主题，制作"数据魔坊"，上线 16 个大数据可视化大屏，完成学校 8 个综合分析主题和 57 个子分析主题分类的查询、分析与展示，为疫情防控、职称评审、学习预警、干部任用等校园各项基本管理和重要决策提供可视化的科学数据模型，得到全校师生好评，让学校管理更加有温度。

(二)绘制师生"画像"，助推管理精准化

多维度精准刻画以师生为主体的"教师画像""学生画像"。画像涵盖师生个人属性、体育锻炼、教学科研、学习就业、社会活动、校园消费等 10 个维度，超过 100 个子项的评价模型，实时刻画出校内各单位基本运行、各师生学习生活行为的动态画像，精准洞察服务需求，助推管理精准化。

（三）数据动态监测，助推监督立体化

按要求主动、及时公开校务治理的动态运行数据，拓展学生吐槽、消息机制、App 反馈、工作简报、年度考核等多种渠道，将用户体验和师生满意度作为评价考核、督察督办工作的第一标准，量化监督各职能部门的工作进展和成效。

打造数智 N 场景，赋能管理强育人

——浙江传媒学院

浙江传媒学院始终牢记习近平总书记对学校提出的"紧跟时代、突出特色"重要办学指示精神，把立德树人内化于学校建设和管理各领域、各方面、各环节，将为党育人、为国育才融入办学治校、科学管理全过程，坚持整体智治、唯实惟先，以数字化改革工作为牵引，综合运用数字化技术、数字化思维、数字化认知，形成制度完备、运行有效、保障有力、线上线下融合的数智管理模式，促进学校教育治理体系和治理能力现代化，打造具有鲜明特色的现代大学管理文化，大力营造治理有方、管理到位、风清气正的育人环境。

一、目标思路

全面深化落实学校"最多跑一次"改革实施意见、数字化改革实施方案，强化学校管理全过程的数智场景建设和应用。从横向工作内容来看，数智场景建设和应用重点主要围绕事项梳理、流程优化、业务协同、数据共享、平台整合 5 个方面，着力完善优化工作机制、建设治理大数据平台、推进线上线下服务体系融合、提升校务服务事项质量、拓展重点领域改革五大目标任务。从纵向多元参与主体来看，重点聚焦职能优化调整、技术支撑保障和师生关切体验三大板块。

二、实施举措

（一）科学做好顶层设计，构建智治育人体系

科学制订数智场景建设和应用实施方案，形成"1＋3＋N"工作机制。建立校领导牵头重大项目制，统筹推进重点难点项目的落地实施；建立多部门联办事项协调会、服务改革事项上线联评验收会、数据建设专题会3类专项会议机制，针对职能边界模糊、系统建设质量和数据治理工作中的难点进行定期会商、协调解决；建立数改办，设立 N 个协同应用场景建设工作小专班，集中力量推进项目建设。初步形成以"一网、一云、二平台、三主线、四体系"为核心的信息化总体架构。

（二）做强校园保障新基建，构建高效数据中心

做好校园信息化基础平台提档升级工作，分步骤实施核心主干网络升级、校园无线网的优化扩容、基础设施智能化的配置、"私有＋公有"混合云平台的融合配置，夯实新基建底座。桐乡校区率先部署了 Wi-Fi 6 无线网，下沙校区进行千兆接入、万兆上联、主干双 40G 以上的高速网络部署，5G 技术在学校 4K 电竞实验室、云采编播等超高清项目实验平台得到广泛应用。按等保 2.0 标准部署安全综合防御技术体系，建立严密的外网安全防护系统、数据容灾备份系统。

（三）聚焦重点育人环节，强化应用场景建设

围绕教学管理、科研服务、学生管理、行政办公、资产管理、场地管理、后勤服务、学校财务、公寓管理等管理领域，聚焦重点事，确定优先级，排好进度表，分批推进应用场景建设，建成多场景应用 70 个。打造以主体职能部门牵头、关联部门协作的应用场景建设协作团队，将应用场景建设纳入学校线上"校务服务办事大厅"一张网建设中。学校正式运行综合校务信息管理平台，

形成线上线下融合的管理服务新模式。

(四)加快关联系统建设,有效实现数据共享

围绕聚焦事项范围和重点领域,明确关联系统和关联数据,按一体化推进、分阶段实施、上下游支持的建设思路,根据线上线下融合的育人场景建设要求,对相关的业务流程进行梳理重构,推进业务流程的高效整合和智慧化转型。首批确定推进学工、教务、后勤、场馆等系统的建设;对教务、学工、人事、科研等 9 大业务系统、245 张数据报表、7000 万条数据进行全面梳理清洗,构建学生管理数据集、教学管理数据集、教职工管理数据集、科研管理数据集等主题数据集;2020 年开始分期建设全量数据中心和校内统一的多种类数据"采集、治理、处理加工、开放、管控"共性能力平台,初步建成"一表通""师生画像""领导驾驶舱"等数据共享项目。

(五)优化应用场景运行,精准赋能管理育人

学校大力破除部门工作和业务壁垒,优化应用场景开发流程,缩短应用场景建设周期,细化时间表和作战图,加快应用场景功能优化升级,激发管理育人潜能,提高日常工作质效。疫情防控、教务管理、学生管理、迎新离校、场地管理、网络艺考、电子印章、e 码通办等一批"多跨协同"应用场景投入使用,助力精准管理育人。

三、特色创新

(一)实现"智能+通办"管理服务新体系

聚焦师生关切的公共管理服务问题,及时梳理一批、建设一批、用好一批应用场景,释放管理潜能,缓解师生矛盾,提升治理效能。建成公文一体化系统,实现电子印章和在线查档功能,试行档案单套制归档;实现两校区 e 码通办,师生凭电子码可实现在校园各场合消费、校园和公寓出入、图书借还、水

电缴费、讲座考勤等；实现网上课堂上课、活动场地申请、电子印章使用、资产管理、班车预约、网上报修、智能电表等涉及公共资源调配、跨校区事务的线上办理；建成场地管理系统，实现两校区师生活动场地资源的合理分配；打通科研管理系统和财务管理系统，探索科创经费监管应用，规范科创项目经费使用，推动科研诚信体系建设。

(二)打造"模式＋特色"的典型应用场景

在常规工作流程基础上，个性化开发艺考招生、迎新、智慧后勤等典型应用场景。疫情期间，自主开发"基于多维度身份验证的网络艺考平台"，利用多间由智慧教室改造的线上招生、复试专用教室，顺利完成 2020 年和 2021 年的艺术类考试。作为全国首个进行艺术类招生考试网络面试的学校，浙江传媒学院创新笔试和面试非现场考试模式的典型做法，受到浙江省考试院领导的高度肯定。从迎新到离校，数字化建设场景均已实现一网通办。打通招生录取系统、教务系统、宿管系统、人像采集系统、迎新系统，实现学生从录取、信息采集、寝室分配到宿舍刷脸刷码报到的一网办理、一次通办。2020 级新生实现全过程刷脸报到，真正实现"让数据先报到，让数字跑起来"。

(三)实现"技术＋思政"的课程教育新模式

通过教学数智场景建设，将信息技术充分融入思政课程和课程思政建设。立足智能互联环境知识传播更新迭代，优化网络课程云平台建设，完成智慧教室改建，发挥了沉浸式、跨区域、虚拟化教学环境的优势，丰富了教学手段，提高了教学效果，搭建了师生互动的桥梁，创新了课程思政新模式，加速推进了学校教育教学改革的进程。推进"互联网＋专题教学""大思政"教学改革的探索和实践，把思政课教育教学规律的"是"与新时代要求的"势"相结合，有效提升思政课堂教育教学质量。

(四)构建"学习＋生活"协同智慧育人环境

围绕学生学习生活、成长成才，打破时空限制和碎片化管理模式，对课堂教学、日常管理、创新创业、生活服务事项进行梳理，将直接与学生学习生活相关的 130 余个事项进行流程再造。在教室、寝室、图书馆、公共场所等全校域，整合 PC 端、移动端、自助服务等终端数据，覆盖学习、生活、社交、活动等全场景，打造智慧应用环境，为师生提供直观、便捷、个性化的一站式数据应用生态体系，实现多端可办、就近可办、随时可办，努力构建线上线下融合、全场域协同的新型育人环境。

四、育人实效

(一)新型智治管理文化助力师生成长

面对由传统管理模式向整体智治新型管理模式的转型改革，各职能部门、技术团队、广大师生迎难而上，广泛参与，积极配合。在学校智治场景建设过程中，浙江传媒学院打破了线上线下技术屏障，打造了"业务＋技术"的管理团队，形成了整体智治、高效协同的管理文化，形成了广大师生智治管理理念，增强了办学发展的内生动力，推动了学校高质量人才培养和高水平学科建设。2020 年，学校获得浙江省高校网络信息化建设工作先进单位、浙江省"最多跑一次"改革标准化试点项目参与单位等称号，典型经验被《浙江日报》等主流媒体报道。

(二)智慧数据分析助力全链精准育人

依托大数据平台，建立健全协同工作机制，根据新情况、新需求定期对平台进行优化升级，让思政工作更加有的放矢。学生事务管理工作的清晰量化，改变了思政工作队伍的管理、考核和培养模式。通过智慧学工系统建设和学生数据采集管理，在学生成长中建成精准资助系统、心理关爱系统、学业帮扶系统、重点关注系统，完善日常预警、组织协调等功能，实现了学生基础数据的智能获取和个性化供给。学校已初步实现在校学生全终端、多维度、全过程、个性化的全周期服务，变"人找信息"为"信息找人"，有效推动了学生的定制化精准教育实践。

（三）数字化管理确保多元决策参与

对公共数据进行采集和分析,有助于提升科学决策和民主决策水平,为办学育人提供更好的政策环境。学校数智场景的应用直接关系到教育资源的共享利用和获得公共服务的机会公平,多元主体参与建设的过程是学校协同治理推进数字化转型的有效途径。特别是在疫情期间,学校努力做好在线教学平台运行监测和技术保障,及时解决师生反映的各类问题,并采取多种手段确保线上教学工作,为"停课不停教,停课不停学"提供坚实保障。通过打造数智 N 场景,丰富了教育管理服务渠道,改善了教育教学环境,促进了教育公平,开拓了学校事业发展的新思路,提升了现代化治理能力,增强了师生的获得感和幸福感。

基于"城市大脑"理念，构建"整体智治"体系

——浙大城市学院

浙大城市学院贯彻落实浙江省数字化改革大会和杭州市"数智杭州"建设攻坚年推进大会精神，以"方便师生、服务基层"为宗旨，通过数字化改革全力推动学校治理的系统性重构、重塑性变革、创新性跨越，加快推进整体智治，营造"暖心党政、开心学习、潜心教学、专心科研、舒心校园"的"五心"数智校园，打造数字治理第一校，促进教育教学高质量发展。

一、目标思路

围绕建设数字治理第一校目标，统筹运用数字化技术、数字化思维，让数字化、一体化贯穿学校的人才培养、科学研究、社会服务、文化传承等全过程、各方面，通过数字化改革，从整体上推动部门业务数字化和数字业务化，形成全校共享"数字红利"的良好局面。

一是坚持以师生为本，运用"始终在线、一键直达"的"城市大脑"理念，打造"数据协同、业务协同、校院协同"和"治理直达、师生直达"的"三协同两直达"数字治理模式，推动学校整体智治螺旋式迭代上升。

二是坚持内外联动，发挥与杭州"城市大脑"互联互通的独有优势，建立基于"城市大脑"中枢数据协同、内外联动的服务体系，实现内外资源一体化利用。

三是坚持整体思维,以数字驾驶舱和跨部门协同应用场景为重要抓手,建立校院系所纵向一体化、机关各部门之间横向一体化、各业务之间一体化的整体意识,以"一件事"跨部门联办为牵引,推动全方位数字化改革,实现工作流程迭代优化,发挥整体的最大效益。

四是坚持重塑变革,以 5G、区块链、互联网、物联网、大数据、人工智能、云计算、数字孪生等前沿技术的应用和融合为基础,促进数据关联应用,推进机关部门流程再造、高效协同、迭代式改革和制度重塑,提升学校治理能力。

二、实施举措

2020 年 6 月,学校提出了建设"数字治理第一校"的目标,积极推进校园中枢建设,并与杭州"城市大脑"对接连通,成为接入杭州"城市大脑"中枢系统的第一所高校,并开发了 10 多个服务师生的特色应用场景。

2021 年 2 月 28 日,学校召开"整体智治打造数字治理第一校推进会",发挥"城市大脑"的独特优势,建立基于杭州"城市大脑"中枢数据协同、内外联动的服务体系,全力推进整体智治,推动校园公共数据平台与"城市大脑"数据共享的体制机制建设,实现内外资源一体化利用。构建校园公共数据平台,从办实事出发,达到管理端与服务端有效降低工作量的目标。

学校通过以下 5 个空间应用的建设推动整体智治工作。

(一)数智治理空间

以师生为本,运用数字化理念和手段,推进机关部门全方位、系统性、重塑性变革,构建综合集成、协同高效、闭环管理的运行机制,实现治理业务全在线和治理数据全贯通,加快推动服务从"需求"到"供给"的转变,管理从"碎片"到"整体"的转变,打造信息透明、业务集成、服务直达、指令通畅、执行有力、监督全面的数字化协同工作场景,真正从管理转向治理,切实增强师生的获得感、幸福感,为教职工营造"暖心党政"工作氛围。

(二)学生培养空间

以学生为中心,用数字化夯实校园学习环境,以打造"学在城院"平台为核心,将智慧教室、教学平台、在线课程、知识图谱及应用管理系统打通,全程记录学生在校期间的全生命周期数据,勾勒学生成长轨迹,构建教学活动新生态,让学生有更好的学习体验、更多的学习机会、更优的交互环境,为学生营造"开心学习"的校园氛围。

(三)教师发展空间

以教师为中心,着眼于未来教师队伍建设改革趋势,进行教师大数据挖掘和建设,采集教师教学、科研、管理等方面的信息,形成教师数字画像,在支持学校决策、改进教师管理、优化教师服务等方面提供支撑,利于教师有效开展教学活动,为教师打造"潜心教学"的工作环境。

(四)科研创新空间

用数字化手段助力教师开展国家、省市重大战略科研项目研究,搭建全流程线上科研服务平台,采集存储、分析学术成果数据,勾勒学者画像,辅助学者、机构之间开展学术交流与分享,促进科研团队有效协同,提升学科交叉汇聚能力,为科教创新综合体建设营造共建共享的科研生态,为科研人员打造"专心科研"的优质环境。

(五)智慧校园空间

以服务师生为中心,用数字化手段、智慧化服务丰富师生校园生活,加强物联网、人工智能等应用,提升校园数据采集、实时感知、事件预测预警等能力,建立健全一流的智能化校园后勤服务保障体系、安防体系和交通组织体系,为师生打造"舒心生活"的校园环境。

三、特色创新

(一)初步构建基于"城市大脑"中枢数据协同、内外联动的服务体系

学校于 2020 年 6 月实现了与杭州"城市大脑"数据的互联互通。学校作为"城市大脑"在教育领域的延伸拓展部分,是"城市大脑"场景中的重要节点。学校与"城市大脑"数据的互联互通是高校治理的最佳探索与实践。学校的"校园大脑"中枢节点作为杭州"城市大脑"的末端节点,一方面,在高校先行梳理高校数据,全面打通高校系统与杭州全域"城市大脑"之间的数据互联互通,在内外联动的机制下,学校数字治理与外界打通,聚焦城市数字化,与政府、企业等展开多领域的合作并提供智力支撑;另一方面,根据自身管理要求、管理重点和发展特色,结合学校数据资源和市级数据资源,为构建服务于学校的育人协同应用场景打下良好的数据协同基础。

(二)设立"城市数字治理创新班",开启全国首创育人新模式

为满足杭州建设"数字经济第一城""数字治理第一城"进程中对高素质数字人才的需要,结合学校人才培养战略,学校特设"城市数字治理创新班"。这是全国第一个专门为数字治理人才培养开设的创新班,每年从全校各个专业逾 3000 名二年级本科生中选拔,共招生 30 人。该创新班融合信息技术、法学、公共管理等学科,旨在培养具备"城市大脑"赋能治理理念,熟悉政府管理流程与基层社会治理需求,能够运用"城市大脑"推动治理能力提升的创新型、复合型和应用型本科人才。

"城市数字治理创新班"的创立是学校未来发展的一种尝试,学校将着手申报'城市数字治理'专业,探索数字治理产业学院建设,为城市数字治理和治理现代化能力的提升输送专门人才,助力政府打造"数智杭州·宜居天堂"。

(三)通过数字驾驶舱赋能育人

数字驾驶舱是学校进行整体智治的重要抓手,是以中枢、业务系统和应

用场景等为支撑的数据协同化、在线化、智能化学校管理和服务平台。数字驾驶舱的具体做法：一是围绕人才培养、科学研究、社会服务、文化传承创新、国际交流合作和办学保障六个一级指标，发挥"城市大脑"的"始终在线、一键直达"的优势，通过分级管理满足不同角色需求，通过自定义搜索实现各类信息、报表一键生成；二是关注突出点和薄弱点，通过指标对比、数据分析，精准判断学校的优势，以及需要发力的方向，为科学决策提供数字依据；三是实现强大的预警功能，通过数据指标分析，对各部门的目标完成度、师生的异常情况等进行预警，起到督促作用；四是与应用场景相结合，打通各业务系统，在数字驾驶舱中整合场景功能，实现业务直达、服务直达等。目前，学校已启动搭建师资队伍、科学研究和一卡通 3 个数字驾驶舱，更好地赋能学校育人工作。

四、育人实效

学校坚持把立德树人作为教育的根本任务，围绕整体智治目标，以服务为导向坚持数字化一键直达理念，建立健全立体、开放的全员、全过程、全方位育人的"三全育人"工作体系，促进学生德智体美全面发展。

（一）开通数字公交，提供暖心服务

2021 年 1 月，根据国家疫情防控的相关要求，为方便学生寒假离校返乡，学校联合杭州市公交集团为返乡学子提供一站式"点对点"数字公交专车服务，满足疫情期间学生乘车需求。学生通过"登录钉钉—校务服务—我要办理—公交预约"即可报名预约免费乘坐，1 月 25—30 日开通城市学院至杭州火车东站公交专车(每天 6 班车，途经善贤地铁站)，共服务学生 913 人次。

（二）上线爱城院 App，赋能数字智治

为加快推进学校数字化改革，打造数字治理第一校，学校借鉴"城市大脑"建设理念，打造了一系列师生服务场景，通过数字赋能学校治理和教育教

学。2021年3月15日,学校推出城院专属App——爱城院,开通爱活动、爱讲座、爱读书、失物招领、爱自习、意见直通车、课堂签到、学生请假、我的成长等应用场景,获得了全校师生的认可与好评。学校后续还将上线爱劳动、爱运动等应用场景,广泛开展劳动教育,不断加强体育、美育、教育,继续打造若干具有典型性、启发性和师生获得感较强烈的标志性应用场景,以场景建设驱动整体智治。

(三)率先升级金码,助力疫苗接种

为鼓励在校师生接种新冠疫苗,2021年4月24日,学校上线了"金码",成为全省高校中最先开始实行金色健康码的学校。学校通过浙江省教育厅高校数据共享平台同步师生疫苗接种信息,同时实时通过校园中枢,联通杭州"城市大脑"中枢,读取健康码数据,将已完成疫苗接种人群的校园蓝码赋成金码。这不仅是数字治理的创新应用,也是推动疫苗接种的重要疫情防控举措。该项措施有效调动了全校师生的积极性,人性化和智能化的管理服务也得到了师生的普遍认可。截至2021年4月30日,学校的疫苗接种率达85.1%。

(四)建设学业预警系统,强化学业管理

学校结合整体智治建设,依托"校园大脑",着力建设学业预警系统,加强学生发展指导。强化重点学生(学习、经济、心理困难)关注,实时一体化推送各类重点学生标识到教学一线,建立学生学业预警电子档案,实现任课教师、班主任、辅导员、专业学院领导掌握相关学生的学业预警统计及学业提醒记录,加强学业过程化监控、管理和帮助。

打造智慧学工服务平台，构建网络思政教育体系

——杭州医学院

近年来,杭州医学院根据浙江省及教育厅高校思想政治工作质量提升的总体部署和工作要求,结合学校网络思想政治教育和学校"最多跑一次"改革工作,不断创新育人的方式,积极打造涵盖"易班"工作站、网络直播间、学生网上办事大厅、微信公众号等新媒体矩阵的学工服务平台,切实加强校园网络教育主阵地、主平台、主渠道建设,促进学生健康成长成才。

一、目标思路

杭州医学院高度重视网络思想政治教育,紧紧围绕立德树人根本任务,先后出台《杭州医学院"易班"建设工作实施方案》《杭州医学院进一步推进"最多跑一次"改革的实施方案》等文件,创造性地提出"围绕中心、突出重点、打造特色、协同育人"的工作理念,打造集"互联网＋思想引领、互联网＋教育教学、互联网＋心理健康、互联网＋就业服务、互联网＋文化建设、互联网＋生活服务"于一体的智慧学工服务体系,推动学生思想政治工作传统优势与信息技术深度融合,增强大学生思想政治教育的时代感、吸引力和实效性,实现教学、管理、服务协同育人。

二、实施举措

(一)夯实"易班"基础建设,打造杭医"易"文化

学校是浙江省第二批"易班"共建高校,自 2019 年启动"易班"建设推广工作起,逐渐成立"易班"建设领导小组、发展中心、学生工作站等机构,加强对学校"易班"建设的领导和推进;制定"易班"发展章程、档案管理、日常考核等相关制度条例,确保"易班"工作站建设有据可依;形成"易班"发展中心、学校"易班"工作站、二级学院分站、班级四级工作站体系,促进"易班"建设。此外,在"易班"建设过程中,明确建设筹备阶段、推广实施阶段、发展提升阶段、总结完善阶段的各项任务和要求,加大资源整合和专项经费保障的力度,2019 年增加 30 万元经费用于"易班"先期建设,2020—2024 年列支总计 50 万元用于技术人员培训、大学生线下活动、宣传、数据对接、数字产品开发等工作。

(二)强化信息平台建设,构建网络服务平台

以学校"易班"建设为基础,按照学校"最多跑一次"改革工作的要求,开展学生网上事务大厅建设。该项工作启动以来,学校组建学生网上事务大厅建设工作组,开展学校学生管理、服务、审批事项的梳理工作,经过充分的需求调研和反复研究讨论,完成服务大厅建设的需求调研,再经过开发建设,完成学生网上事务大厅一期建设任务,有效提升了服务学生的能力。此外,为进一步推进学生思想信息化建设,有效提升学生思想政治教育的质量,学生工作部(学生处)牵头完成了学工一体化管理与服务平台的建设,完成学生基本信息、特殊群体管理、学生数字档案(一生一档)、学生课堂考勤、心理咨询预约、学生违纪管理、辅导员队伍管理、班主任队伍管理、学工业务呈报等功能模块的开发,为强化学生教育管理、思政队伍管理提供了信息技术支撑。

(三)加快媒体融合发展,营造杭医"云"文化

随着教育信息化发展趋势日益显著,学校深刻认识到网络文化在学生思政教育中的重要作用,积极推进校园"云"文化特色品牌建设。学校充分发挥网络育人功能,加强思政网络新媒体平台建设,组建全媒体中心,加强校内网络媒体渠道建设。通过对在校学生校园生活、个性需求、思想动态等方面的调研,结合校园疫情防控和社会舆论热点,打造"今夜杭 E"网络直播间、学校首届大学生节等品牌活动,把学校网络文化嵌入学生日常思政管理工作中,实现思政工作与教书育人的有机融合。

(四)拓展新媒体矩阵,打响校园网络品牌"IP"

学校积极推动网络新媒体建设,加强校园网络形象的塑造,擦亮新媒体文化品牌。在新媒体矩阵建设过程中,学校高度重视网络"IP"的打造和传播,经过一段时间的培育和发展,形成"杭医青年""HMC"等一批具有较强辨识度的网络"IP",深受青年学生的喜爱。同时,为把校园网络品牌建设好、利用好、管理好,学校以"杭州医学院""杭医青年"微信公众号为依托,成立校园广播站、HMC 视频制作工作室,不断丰富内容,打造品牌,树立形象,推进融媒体快速发展。

三、特色创新

(一)以学生日常管理为抓手,促使网络教育深度融合

学校智慧学工服务体系始终以"服务一流人才培养"为宗旨,注重强化对学校师生的服务属性。在智慧学工服务体系的构建过程中,以学生日常管理、学生事务服务、心理健康教育、职业生涯规划与就业指导、学生公寓管理、学生党建、主题教育等为抓手,通过广泛的需求调研和业务流程梳理,分类建立学生网上服务大厅、公寓管理系统、学工一体化管理与服务、心理健康咨询

预约等系统,加强大学生就业指导网络服务,促进网络信息化与学生日常管理教育有机融合。同时,为了进一步更新、充实、完善网络思政教育内容,学校组织开展线上线下相结合的校园活动,打造校园网络特色活动和精品项目,提高学生参与网络教育学习的积极性。此外,结合开学季、毕业季、考研、实习等特殊时间段,加大网络信息技术人力和技术投入,推出迎新报到、学生离校、节假日离返校等服务系统,切实增强管理服务学生的能力。

(二)充分整合学校各项资源,促使网络思政教育向纵深发展

在信息系统建设的基础上,学校重点加强对网络资源与品牌活动的梳理和整合,实现互联互通、共建共享。为此,学校积极培育和打造网络名师、思想政治教育专家,通过上传一批优秀课程视频,评选一批优秀网络作品,开展优秀思想政治教育活动和优秀校园文化活动,打造具有学校特色的网络思政教育品牌,有效提高了网络思想政治教育的质量。

四、育人实效

(一)"易班"建设初显成效

截止到 2020 年 12 月 31 日,学校"易班"平台实现学生注册人数 8205 人,占全体学生人数的 97.6%,学校"易班"工作站建设基本实现全覆盖,在学校"易班"发展中心的指导下,设立校级"易班"工作站,各二级学院建立了学院分站,各班级建立信息员队伍。在平台监视方面,学校"易班"平台接入了离校系统、迎新系统、学工系统、教务系统、后勤服务集成系统,完成系统的统一身份认证。此外,学校发布各类快搭 30 余个,并陆续推出了"易起相约杭医""我们这一班""杭医网上团课"等活动,深受全体同学的欢迎,扩大了"易班"在全校学生中的影响力,学校"易班"工作站活跃度长期排名在全省前十,"易班"工作站荣获 2019 年"浙江优秀易班工作站"称号,并在 2020 年浙江省易班共建高校迎新工作案例信息征集中被选为优秀迎新案例。

(二)"云"网络文化深受学生喜爱

2020年疫情防控期间,学校利用"今夜杭E"网络直播间等直播平台开展"开学第一课"、"校长第一课"、2020级新生始业教育等直播课程,深受学校师生的喜爱。此外,学校组织策划了特别主题网络直播活动——95周年校庆直播和2020年毕业典礼直播活动,累计吸引观看人数2万余人次。

(三)网上办事大厅和学工一体化管理与服务平台提效增质

以学校"最多跑一次"改革和学工一体化管理与服务平台建设为依托,针对学生日常思政教育中的各类服务工作,借用网络信息化的手段提高服务效率。目前,学生网上办事大厅已经完成建设并投入使用。2020年,"防疫期间学生请假申请"审批事项超过18000条。此外,学工一体化管理与服务平台完成一期建设,大学生心理咨询预约、大学生职业生涯规划与就业指导咨询、学生医疗保险办理、学生课堂考勤、学生一生一档(数字档案)、辅导员队伍建设、班主任队伍建设等业务功能已上线,有效提升了教育服务能力。

以数字化改革赋能校园治理能力提升

——浙江旅游职业学院

　　作为教育部第一批教育信息化试点单位,浙江旅游职业学院认真学习贯彻全国教育大会精神,深入贯彻落实全省数字化改革工作部署,在"智慧化教学支撑、网络化办事流程、自助化公共服务、智能化校园管理、数据化科学决策"5个信息化实践体系基础上,以数字化改革赋能校园治理提升,积极探索从治理能力到治理体系的变革新路径。通过建设校务服务平台、内部质量诊断与改进平台、学生安全态势无感智能预警和处置平台、"校园智慧大脑"等,学校打通数据"最后一公里",打破"信息孤岛",实现从碎片化治理到协同治理、整体治理的转变,增强数字化服务的师生获得感,提升学校现代化治理能力与水平。

一、目标思路

(一)理念与目标

　　顺应数字化转型的新发展趋势,围绕"数字赋能到系统性,全方位制度重塑"的核心理念和"一体化、集约化、规模化、规范化"的改革方针,以数字化改革推动学校办学决策更加科学、治理更加精准、服务更加高效。到2021年底,初步建成"校园智慧大脑",全面提升数据治理、网上办公办事的服务效率和便捷度;加快推进智慧教学、人事档案管理、智能环境管控等应用场景的数字化改革,建设内部质量诊断与改进平台,提升考核评价的信息化水平;启动师生信息素养提升工程,逐步提高干部、师生数字化思维、素养和能力,充分发挥数字赋能作用,以数字化转型引领学校各项事业的创新发展。

(二)建设思路与安排

学校于 2015 年启动网上办事大厅建设,拉开数字校园建设大幕。2016年,启用一站式网上办事平台,同时开展"简政放权"回头看活动,对涉及多个部门的管理和服务事项进行重新梳理再造。2017 年,结合"最多跑一次"改革清单,再次对网上办事大厅的功能进行全面优化升级,特别是针对教师数据重复填报的难题,学校搭建了"一张表管理"("一库一表"大数据平台),以便加强对数据的综合管理和服务管理的精准决策。2018 年,深入推进网上办事大厅建设,丰富和优化办事大厅应用,升级"一库一表"系统平台。2019 年,全力推进校园大数据治理工程,实现"教师画像、学生画像、智慧中枢、学院画像"4 个主题的可视化展示,启动建设内部质量诊断与改进平台。2020 年,完成智慧教育综合试点建设任务,试运行内部质量诊断与改进平台。2021 年初,初步建成"校园智慧大脑"。

二、实施举措

(一)健全工作机制,强化组织保障

学校全面加强对数字化改革工作的组织和领导,印发了《浙江旅游职业学院关于成立数字化改革工作领导小组的通知》等文件,由党委书记、校长任"双组长",校领导班子成员任副组长;领导小组下设学生思想政治工作数字化改革小组、校务服务数字化改革小组、教学科研数字化改革小组、资产和后勤数字化改革小组、校园安全稳定数字化改革小组、干部人事数字化改革小组和学校数字化改革督查工作小组 7 个工作小组。同时,依托学校"建设攻坚

年""治理提升年"活动,将数字化改革列入十大重点项目,建立数字化改革专班,实行专班化运作,加强人员和经费保障。

(二)明确责任分工,强化督查考核

学校先后印发了《进一步推进"最多跑一次"改革实施方案》《浙江旅游职业学院 2021 年数字化改革工作方案》等文件,并依此明确了各小组数字化改革的职责清单、任务清单,实行每月例会制,定期交流各项工作任务推进情况,专题研究数字化改革过程中的难点和弱项。同时,建立督促检查和问责问效机制,将各项工作任务纳入年度绩效考核,建立"月通报、季督查、年考核"工作机制,实行奖优罚劣,对责任单位因重视不够、措施不力、消极怠慢造成工作进度严重滞后的,严肃追究责任。

(三)集中动员部署,形成工作合力

为推进学校数字化改革工作,以数字赋能治校育人,驱动旅游职业教育高质量发展,学校组织召开了全校数字化改革工作部署会,对学校年度数字化改革目标与任务进行了具体部署,并对学校数字化改革"十四五"规划发展做出了"1+5+N"的总体部署和解读,为全校数字化改革明确了目标,指明了方向。

三、特色创新

为进一步深化数字化改革,提升管理服务效率,学校全面实施数字化改革十大建设项目。全面推进数据有效交互,打通教务、学工、人事、办事大厅等业务系统间的数据孤岛,明确系统数据源,搭建集数据采集、管控、发布等功能于一体的数据资产管理平台,提供数据规范采集、有序加工和授权共享服务。全面实现"最多填一次",全面梳理人事、科研、教务等部门校内填表业务清单,通过数据治理、数据共享,开发课题申报、教学项目申报、职称评聘等表格在线填报服务功能,实现"一次录入、共享互通、重复使用、自动填充"。

初步建成"校园智慧大脑"(见图1),聚焦教学、科研、管理和服务的核心数据治理场景,建立领导决策数据驾驶舱、师生成长分析仪、科研信息展示台、智慧中枢监控器等综合数据看板,盘活校园数据资产。全面实现掌上办公办事,依托"浙旅院钉"平台,定制教师、学生个性化钉钉工作台,升级和新增掌上办理服务,促使行政工作减负增效。全面实现"自助终端办",在"网上办""掌上办"的基础上,进一步推进跨系统、跨部门的业务整合,集成校内办公、教务、学工、人事、后勤等部门基于线下交互的服务事项,打通一卡通账户互联网金融支付通道,构建一体化自助服务触屏终端。全面启动信息素养提升工程,通过专家讲座、应用技能和信息素养培训等形式,科学构建分层分类培训体系,逐步提升干部、师生的信息化意识、素养和能力。

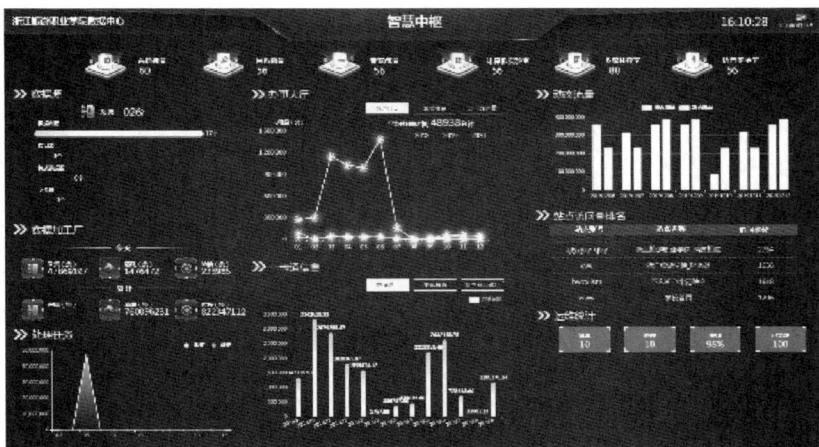

图1 校园智慧大脑

建成并运行内部质量诊断与改进平台(见图2)。该平台包括质量诊改展示,以及目标任务管理、学生发展、教师发展、专业管理、课程管理5个子系统,将学校绩效考核制度、人才培养状态数据采集等工作与诊改工作有机融合,逐步构建富有内生动力的常态化诊断改进工作机制,实现"目标—标准—运行—诊断—改进"的质量螺旋上升。

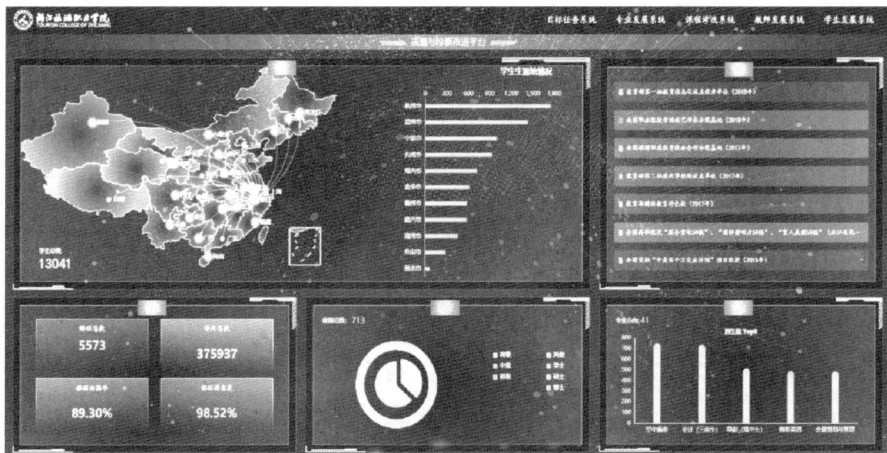

图 2　内部质量诊断与改进平台

加快推进专业升级与数字化改造,全面调整专业人才培养定位,扎实开展数字文旅企业新业态调研,明确文旅产业各类数字化人才规格,出台专业数字化升级改造方案。丰富专业数字化教学应用场景,加强虚拟仿真实训项目研发,完成现代旅游虚拟仿真实训基地一期建设。启动第二批智慧教室建设工程,建成萧山校区智慧教学示范楼。加快校园环境智能管控建设,创新物联网技术应用,实施用水用电智能管控工程,构建"校园能耗大脑";实施平安校园智能安防提升工程,建立人脸识别特征库,部署人工智能安防系统,提升平安校园安全防范能力。开展人事档案数字化建设,建设人事档案管理信息系统,实现对人事档案收集、整理、保管、传递、统计、查阅等数字化管理,实现人事档案由传统管理向信息服务的转变,提升人事档案的管理效率和管理水平。建设专业技术职务申报和评审管理等系统,建立专业技术人员业绩档案库,全面掌握专业技术人员的成长轨迹,实现人才信息集中管理和数据共享,推进人事管理的数字化改革。

四、育人实效

（一）有效赋能师生服务

"最多跑一次"改革持续深化，全面升级办事大厅、学工系统、办公 OA 三大平台，上线"浙旅院钉"移动门户，推进"跨部门一件事情联办"和校务事项"掌上办"改革，实现服务事项"百分百"网上办，核心业务"百分百"掌上办。

（二）有效赋能教育教学

建成学校首个智慧教学示范区，智慧教室的平均使用率将近 90％，为学校课堂教学的创新改革提供了优质的教学环境；建成智慧旅游体验中心二期展厅，进一步为智慧旅游教学拓展实训空间；通过创新校务服务改革、新技术融合应用、校企合作等举措，圆满完成智慧教育综合试点建设的计划任务。

（三）有效赋能学校治理

在"数据采集、数据管理、数据推送、数据呈现"4 个维度，制定数据管控平台数据标准，规范数据流程，建设"一人一表"师生信息电子档案；完成数据中心、数据交换平台、综合校情平台的版本升级及上线，支撑新版办事大厅、学工系统及钉钉移动端基础数据的迁移任务，实现学校综合校情信息的大数据可视化展示，为顶层决策提供有效支撑。

（四）有效赋能考核督查

完成诊改平台与学校相关业务系统的对接，试运行教师专业发展系统、课程诊改系统、教师发展系统、学生发展系统、目标任务管理系统。采集教师发展系统中 4 个类别 63 个教师业绩项目数据，同时排查问题数据；根据人才培养方案修订版及"双高"建设任务重点,调整专业发展系统中相关指标内容,并进行数据采集;根据年度部门目标任务及"双高"重点任务,调整目标任务管理系统,实现目标任务过程监控与管理。

深化"最多跑一次"，实现"服务零距离"

——浙江工业职业技术学院

2019 年起,浙江工业职业技术学院深入贯彻落实省教育厅关于推进全省高等学校"最多跑一次"改革的实施意见,践行"师生为本"理念,深化"最多跑一次"改革工作和"放管服"改革,立足服务师生工作实际,开展服务工作"10项"承诺亮诺活动,借助信息化手段整合数据资源,优化办事流程,建立 8 小时工作制、24 小时服务制,提供"一对一"服务,基本实现校务服务事项网上办事、掌上办事全覆盖。

一、目标思路

浙江工业职业技术学院高度重视"最多跑一次"改革工作,出台《浙江工业职业技术学院"最多跑一次"改革实施方案》等文件,成立"最多跑一次"改革工作领导小组,高位推动,周密部署,精心安排,严格要求,狠抓落实,探索服务管理新模式,实施部门信息化改造计划,建立"最多跑一次"改革事务每月动态报送机制,全面梳理校务服务事项清单,优化校务服务事项流程,完善校务服务平台建设,积极推动"最多跑一次"改革各项工作任务,服务智慧校园建设,服务学校中心工作发展,服务师生安全稳定。

二、实施举措

(一)转变服务理念,推进跑改工作流程标准化

学校从创新服务工作理念入手,积极营造服务工作良好氛围,把提高服务师生水平、提升师生的满意度作为检验服务工作成效标准。积极践行"今天的事,今天办;能办的事,马上办;说过的事,记着办;答应的事,坚决办;所有的事,认真办"等10项服务承诺,坚持8小时工作制、24小时服务制,设立服务信息联系牌和承诺亮诺宣传牌,有效解决师生反映的问题。在梅山、镜湖2个校区分别设点办公,集中收集各分院提交给职能部门的相关材料,建立相关动态台账,并予以办理反馈,努力做到"一窗受理、集成服务、快递送达"和"跨部门一件事情联办"。重新建设国标型学校标准数据库,标准数据库拥有共计316张符合标准的数据表,涵盖高校发展的各项数据指标字段共计2593项。通过办公OA系统、智慧学工、智慧后勤、教科研系统、一卡通系统、数字资产服务大厅等系统,将业务管理和服务事项办理相结合,并通过学校统一的办事大厅平台为师生提供一站式服务。

(二)打破信息孤岛,实现数据共享

学校高度重视校园信息化建设,统筹推进智慧教育技术环境、智慧学习服务体系、智慧教育管理平台、网络信息安全系统与教育信息化能力建设工作,进一步提高教育服务管理效能。深化数字校园应用,发挥大数据智能管理和分析平台在教学、科研和生活等领域的重要作用。深化移动校园建设,为师生提供更加便捷的掌上应用服务,逐步完善移动应用开放平台功能。为解决文件流转时间长、效率低、查找不方便、师生多次重复提交材料等问题,学校建立了一个高灵活性、高扩展性的"网上服务中心"系统和网上协同办公系统,2个系统整合学校现有各业务系统数据,打破了信息孤岛,避免出现师生"跑断腿"的现象,大大提高了服务效率,规范了流转管理,节约了管理成

本,提升了学校的管理服务水平。强化顶层设计,注重对全校数据治理的整体规划和数据治理,创新数据应用模式,以数据反哺业务,提升效率,助力服务。整合对接包括教务、校园一卡通、人事、科研、资产、财务、图书馆、微学工等在内的 25 个系统的数据,共建设数据集 13 个,数据子类 311 个,数据项5000 余个,共收集 4200 万条记录。

(三)优化工作流程,提升办事效率

按照"服务工作制度化、操作流程精细化"工作原则,优化和简化服务流程,坚持业务办理"最多跑一次、服务零距离",形成了一站式"网上服务流"。立足师生实际建立囊括校园报修、自助洗衣、在线充值、查询快递、水电费缴费、在线订餐、熟食预订、投诉建议等服务项目的"浙工院智慧后勤 App 服务平台",借助信息化综合性服务平台,线上线下同步,优化服务水平,为全校师生提供便捷高效、温馨周到的服务。

三、特色创新

(一)建立"最多跑一次"综合服务大厅

构建全流程一站式的校园治理与服务平台,通过内部应用整合,基本建成了集个人门户、办事大厅、数据服务、资源中心、企业微信应用于一体的一站式平台。平台的统一待办、统一消息、统一查询等功能给师生提供方便快捷的服务。

(二)推进移动校园平台建设

以企业微信为载体,集中展现师生日常数据,包括个人档案、课表、科研、资产、消费、图书及查询、通知公告、会议通知、校历等其所关注的数据,建立一卡通消费报告,以个人数据的沉淀为依托,建立校情分析报表,内容涵盖教职工概况、在校生概况、科研概况、图书借阅报告、图书馆藏报告和全校一卡

通消费报告等,方便相关人员及时查看总体校情及学校各纬度数据信息。在企业微信平台中整合移动办公OA、学校通信录、智慧后勤在线订餐、智慧学工、移动资产、督导评价等移动应用,统一系统平台登录口,方便师生获取与管理信息。

(三)拓展虚拟校园一卡通应用

积极探索虚拟校园卡应用消费模式,学校已在各食堂档口全面推广使用虚拟校园一卡通,极大地方便了师生的校园消费支付。改变学生宿舍空气能热水洗浴消费方式,采用手机蓝牙与在线支付结合的方式,方便学生在宿舍取用热水,有效地减轻了学校物理卡的采购投入与财务补卡压力。

四、育人实效

(一)学生幸福感进一步增强

智慧后勤开通了各类报修事项线上申请功能,"最多跑一次"改革让数据、申请在线上"跑"了起来,在线下实现了"零跑"。同时,智慧后勤和食堂打通,学生可通过公众号查看餐厅的菜品信息,实现网上订餐。此外,还有快递信息查询、一卡通在线充值和余额信息查询等功能。学校运用"最多跑一次"服务,以简洁、科学的管理手段来减少学生事项办理的流程,并切实提高了后勤管理的工作效率。

(二)学生管理水平进一步提高

智慧学工系统建设,尤其是校园健康码一码通的建设方便了学生进出校园,也便于实时掌握和关注学生在校期间的状态,在疫情期间更是简化了请假、假期离校等流程。同时,智慧学工还通过线上勤工助学岗位、个人奖项、公寓宿舍调换、通校生申请等模块,简化了学生线下表单业务流程,实现数据共享、审批流转的服务目标。

(三)学校治理能力进一步提升

学校以高效率、高标准、高品质的师生服务为突破口,通过网上办事大厅实现了"最多跑一次"一站式服务,师生用户可以根据服务对象、职能部门、服务方式、服务类别等方便检索到所需办理的业务,也可通过查看用户经常办理的热门事项和推荐事项查看了解业务办理流程和服务部门,通过在线方式快速进行办理,实现了"快速办""一次办""网上办""移动办"的目标,提高了师生办事效率。

网上办事大厅为校本治理现代化赋能

——湖州职业技术学院

湖州职业技术学院以"最多跑一次"改革为牵引,坚持"让信息多跑路,让师生少跑腿"理念,建设线上一站式平台网上办事大厅,构建了智慧办事服务体系。学校以学生为中心,完善制度规划,凭借互联网信息技术构建网络平台。平台上线推广以来,师生在平台上申报课程安排、请假高达上万次,少跑腿100多万千米,体现了学校的关怀温度、德育深度和育人高度,师生获得感明显增强。如今,平台建设和数字化管理为师生返校复课和疫情精准实时防控工作提供了强有力的支撑。

学校网上办事大厅持续为校本治理现代化赋能,将标准化管理与人性化管理相结合,不断拓展管理育人的新思路和新办法,优化改进现有管理服务模式,建设线上线下融合的办事大厅,深化"互联网＋"教学模式改革,把推进学校治理体系与治理能力现代化的各项工作落实、落细、落地。

学校充分利用"互联网＋校务服务",打破信息孤岛,实现业务协同。优化师生办事程序,简化办事流程,创建立体的师生服务平台,其中包括 PC 端网上办事大厅、移动端微哨平台和线下自助服务终端等。

2018 年底,学校全面梳理了各部门办事"最多跑一次"事项清单(即校务服务事项清单)并分批公布,开始高频校务服务事项(办件量占总办件量前80％的事项)师生到部门办事"最多跑一次"改革。

2019 年 6 月底,学校实现了 80％以上的校务服务事项(特殊要求的事项除外)师生到部门办事"最多跑一次",所有高频校务服务事项开通网上申请渠道,建成标准化的校务服务事项目录库。

2019年底,学校实现了全部校务服务事项(特殊要求的事项除外)师生到部门办事"最多跑一次",并开通网上申请渠道,其中50%以上的事项实现全流程在线办理。

2020年底,学校基本实现校务服务事项网上办事、掌上办事全覆盖。

一站式网上办事大厅通过全过程实时留痕、数据共享流通、信息透明公开等技术手段,实现了传统校务服务在线审批办理;通过与现有多个业务系统的对接,实现了校务服务的融合。

一、目标思路

湖州职业技术学院主要从4个方面着手营造管理育人的良好氛围和环境。

(一)理念引领

一是坚持以学生为中心,紧紧围绕促进学生全面发展、成长成才的目标,使管理工作与教育教学同向同行,形成育人合力;二是充分认识管理在育人中的重要作用,使管理和教学科研处于同等重要的地位;三是强化"管理即服务"的理念,增强管理人员的服务意识,把解决学生的思想问题和帮助学生解决学习生活中的实际问题结合起来,在一点一滴的服务中融入管理育人。

(二)制度保障

一是根据新形势的发展,不断完善学校的制度体系,使各项规章制度更加符合思想政治工作规律和学生成长成才规律;二是强化对制度执行情况的监督检查,提高制度执行力;三是尊重和维护师生在学校管理中的主体地位,拓宽师生对学校管理意见和建议的反馈渠道,更好地发挥二级教代会的作用。

(三)平台支撑

建设与学生日常学习生活密切相关的线上线下服务平台,实现学生服务线上线下流程化、标准化和全覆盖。一是重新梳理和优化各个业务部门的审批和服务流程,提高一次办结率;二是能"上网"的事务尽量上网上办事大厅,不能上网的事务在线下的大学生服务中心办理。

(四)信息技术助力

一是加快推进数字化校园建设,促进信息技术与管理、服务的深度融合,着力提升学生信息素养,不断提高育人实效;二是积极推进"互联网＋"教学模式改革,加强在线教学资源建设,打造泛在化、智能化的学习空间;三是探索基于大数据的学生日常行为数据分析,为进一步提供个性化、智能化的服务提供数据支撑。

二、实施过程

实施过程主要经历了 3 个阶段:一是率先谋划,顶层设计;二是系统规划,分步实施;三是逐层推进,应用推广。

2018 年 11 月,浙江省教育厅公布《浙江省教育厅关于推进全省高等学校"最多跑一次"改革的实施意见》,学校随即成立了"最多跑一次"改革领导小组,学校党委书记和校长任"双组长",学校党政分管领导任副组长,各职能部门负责人为成员,并设立"最多跑一次"改革领导小组办公室(由党院办主任任办公室主任,现教中心主任任副主任负责)统筹推进各项改革工作。2020年 6 月,根据《浙江省教育厅办公室关于印发〈2020 年浙江省教育领域深化"最多跑一次"改革推进教育治理数字化转型工作要点〉的通知》,结合学校"最多跑一次"改革和智慧校园建设的实际,学校成立了由党院办主任兼任主任的学校数字化转型办公室。

2019 年,学校提出把建设"最多跑一次"校务服务网作为年度重点建设项目,先后出台了《加快推进"最多跑一次"改革实施方案》等文件,并将该项工作列入学校 2019 年党政工作要点和"不忘初心、牢记使命"主题教育的整改落实工作中。2020 年 5 月,学校出台了《关于全面深化"最多跑一次"改革 推进校本治理现代化的若干意见》等文件。2021 年,学校将"加快推进数字化改革,着力提升校本治理现代化水平"纳入 2021 年党政工作要点,并以《2021 年度党政工作要点任务分解"五张清单"》文件形式,明确了该模块的目标任务清单、工作措施清单、成果清单、时间清单和责任清单。连续出台的系列方案、办法和意见,有力地推动了学校治理体系和治理能力现代化,确保了各项工作的落实落地。

三、特色创新

校本治理现代化涉及多个职能部门,管理育人更是一个系统性工程,需要各个部门的协同。在实施过程中,学校的特色创新主要有 3 点。

(一)保障措施有力

学校根据工作要求成立各种特色机构,由党委(院长)办公室而不是现代教育技术中心这个技术部门作为协调部门,指派专人具体负责校务服务改革和平台建设工作。各牵头部门制订具体的行动方案,明确时间表和路线图,确保改革顺利推进。在经费方面,学校加大智慧校园建设经费保障和资金筹措力度,优先安排"最多跑一次"改革专项工作的经费投入,加强校务服务平台、数据共享平台建设工作经费的统筹安排和使用,确保各项任务按时圆满完成。同时,学校将推进"最多跑一次"改革工作纳入学校二级单位年度考核体系,发挥学校督察督办机制在改革推进过程中的监督、促进作用,定期对"最多跑一次"改革工作落实情况进行检查,对于不认真履行职责、工作明显滞后的部门和人员,按照有关规定启动追责机制,加快推动改革落地。

(二)宣传引导有方

各二级学院、部门广泛宣传"最多跑一次"改革,及时准确发布相关信息,正确引导师生,积极回应师生关切,凝聚各方共识,营造良好氛围。若有师生首次线下来办理某个已经上网的事务,业务部门的管理人员会在线下办理的同时,温馨提醒对方在网上走一个流程,一方面为避免师生"白跑腿",另一方面也推广了网上办事流程,方便师生今后办事"不跑腿",从而使管理成为春风化雨、润物无声的教育活动。

(三)助力疫情防控工作

抗击新冠肺炎疫情期间,为更加高质高效地做好学校1万多名师生员工的疫情信息和来湖、返湖排查工作,依托学校"最多跑一次"网上办事大厅平台及其技术力量,开发了师生疫情信息网上报送系统,全面提升了信息摸排工作的速度和准确性。疫情防控重点不断变化,上级要求统计的项目内容也不断变化。对此,学校实时调整该系统。2020年5月春季开学复课后,为了持续做好后疫情的常态防控工作,学校网上办事大厅与"浙江省教育政务数据共享平台"对接,自动获取师生的健康码信息,根据防控要求实行每日健康打卡制度(见图1)。其间,学校师生凭"湖职通行码"外加测温进入学校大门。

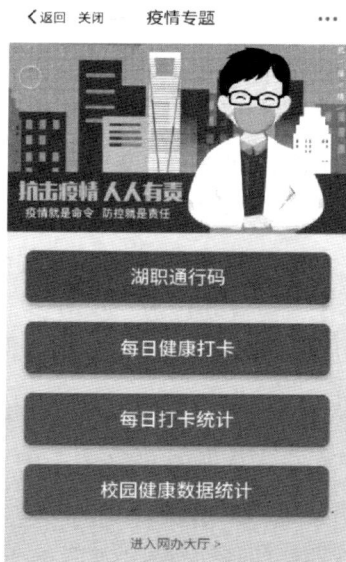

图 1　"网上办事大厅"疫情专题(手机端)

四、育人实效

湖州职业技术学院网上办事大厅于 2019 年底正式试运行,上线事务 49 项,涉及学校行政职能部门 12 个(共 21 个)。其中,面向教职工的事务 21 项,面向学生的事务 28 项;即办件 15 项,跨部门的联办件 34 项。网上办事大厅上线以来,在上级部门需要每日上报疫情信息时,服务次数最多的项目是 1 万多名师生的疫情信息上报。除此之外,办事频度位居前四的是:学生的请假申请 17390 人次,教师的请假申请 1660 人次,学生的体育免考申请 1160 人次和印章使用申请 1100 次。以每次事务办理少跑腿 0.5 千米计算,共计让师生少跑腿 100 多万千米,大大增强了师生的获得感和幸福感。

校本治理现代化视域下管理育人是高职院校的永恒主题。随着整个社会的治理水平的提升,人们对治理现代化建设的期待也越来越高。2021 年,浙江省发布了《浙江省数字化改革总体方案》,要求未来 5 年内,浙江省以数字化改革撬动各领域各方面的改革,运用数字化技术、数字化思维、数字化认知对省域治理的体制机制、组织架构、方式流程、手段工具进行全方位系统性重塑,推动各地各部门流程再造、数字赋能、高效协同、整体智治,整体推动质量变革、效率变革、动力变革,高水平推进省域治理体系和治理能力现代化,争创社会主义现代化先行省。学校也将贯彻《浙江省数字化改革总体方案》和浙江省教育厅印发的《浙江省教育领域数字化改革工作方案》等文件精神,持续推进校本治理现代化下的管理育人工作。

下一步学校将进行大学工系统的建设,为绘制学生画像提供更好的数据来源,进一步完善学校中心机房大数据平台中心的建设,探索基于大数据的智能化决策和精细化管理,加强学生日常行为数据分析,为进一步做好学生思想政治工作提供数据支撑。同时,深化"互联网＋"教学模式改革,开展个性化、智能化服务,不断提升高职院校管理服务质量和水平。

后　记

　　《浙江省高校"三全育人"综合改革理论与实践丛书》是浙江作为全国首批"三全育人"综合改革试点省(区、市)之一的建设成果,生动体现了浙江"努力成为新时代全面展示中国特色社会主义制度优越性的重要窗口"的新目标新定位。

　　丛书的完成是集体智慧的结晶。浙江省教育厅党委书记、厅长陈根芳,副书记干武东亲自谋划、亲自推动,编委会成员多次研究全书框架结构,宣教处丁晓同志具体负责协调、统稿工作,浙江大学、中国美术学院、浙江工业大学、浙江师范大学、宁波大学、浙江理工大学、杭州电子科技大学、浙江工商大学、浙江海洋大学和温州医科大学10所"三全育人"综合改革重点支持高校开展案例征集和编撰工作。在此,对10所牵头高校的专家学者表示衷心的感谢,对所有参与本书编写、案例征集工作的同人致以诚挚的敬意。本套丛书得到了浙江工商大学出版社的大力支持,一并致谢。由于时间仓促,不足之处在所难免,欢迎广大读者批评指正。

2021 年 7 月